本书系教育部哲学社会科学研究重大课题攻关项目"粤港澳大湾区法律建设研究"（20JZD019）的阶段性成果

区域法治与地方立法研究文丛
丛书主编　石佑启

地方智库报告
Local Think Tank

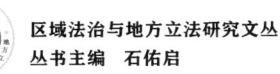

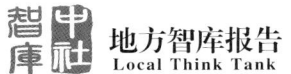

中国地方立法蓝皮书

广东省地方立法年度观察报告（2020）

GUANGDONGSHENG DIFANG LIFA NIANDU GUANCHA BAOGAO (2020)

主编　石佑启　朱最新

中国社会科学出版社

图书在版编目（CIP）数据

中国地方立法蓝皮书．广东省地方立法年度观察报告：2020／石佑启，朱最新主编．—北京：中国社会科学出版社，2020.11
　ISBN 978－7－5203－7090－5

Ⅰ.①中… Ⅱ.①石…②朱… Ⅲ.①地方法规—立法—研究报告—广东—2020 Ⅳ.①D927

中国版本图书馆 CIP 数据核字（2020）第 164079 号

出 版 人	赵剑英
责任编辑	许　琳
责任校对	鲁　明
责任印制	郝美娜

出　　版	中国社会科学出版社
社　　址	北京鼓楼西大街甲 158 号
邮　　编	100720
网　　址	http://www.csspw.cn
发 行 部	010－84083685
门 市 部	010－84029450
经　　销	新华书店及其他书店

印　　刷	北京君升印刷有限公司
装　　订	廊坊市广阳区广增装订厂
版　　次	2020 年 11 月第 1 版
印　　次	2020 年 11 月第 1 次印刷

开　　本	710×1000　1/16
印　　张	21.25
插　　页	2
字　　数	357 千字
定　　价	128.00 元

凡购买中国社会科学出版社图书，如有质量问题请与本社营销中心联系调换
电话：010－84083683
版权所有　侵权必究

前　　言

为了落实党的十八届三中全会、四中全会精神，适应全面深化改革、全面推进依法治国的要求，总结全省地方立法情况，深入探讨新形势下进一步完善地方立法制度、提高地方立法质量的有效途径，积极推进地方立法工作的改革创新，充分发挥地方立法的引领和推动作用，广东外语外贸大学区域一体化法治研究中心（即广东省地方立法研究评估与咨询服务基地）自2015年以来连续五年公开发行《地方立法蓝皮书：广东省地方立法年度观察报告》（以下简称《年度观察报告》）。《年度观察报告》的公开发行，获得了境内外媒体的广泛关注，对提高广东省，乃至全国地方立法质量发挥了积极作用。地方立法法治的定量观察是一个新事物，评估指标体系也是在不断完善之中。

为了确保地方立法法治评估指标体系的客观性、科学性，更好地推动广东地方立法工作，在构建相关指标体系中课题组始终坚持合法性评估、总体绩效评估、分类评估的思路，始终坚持客观性、可操作性和定性研究与定量分析相结合的原则，根据近年来年度观察的经验教训，对广东地方人大立法法治评估指标体系、广东地方政府立法法治指标体系进行了全面的修改完善。修改后的广东人大立法法治评估指标体系，包括立法程序、立法结果、立法内容、立法公开和立法机制完善五个一级指标，立法计划的制定与执行等21个二级指标，广泛向社会公开征求立法项目等36个三级指标；修改后的广东政府立法法治评估指标体系包括立法程序、立法结果、立法内容、立法公开和立法机制完善五个一级指标，规章制定工作计划等20个二级指标，向社会公开征集立法项目建议并反馈等34个三级指标。（具体情况见附录一、附录二）。

经过观察，2019年广东省各级人大共制定地方性法规37件，修改65件；废止17件。其中，广东省人大常委会制定地方性法规最多，为8件；

阳江、云浮、河源、湛江、韶关没有制定地方性法规。省和地级市政府共制定地方政府规章36件，修改117件；废止18件。其中，制定政府规章最多的是广东省政府、深圳市政府；潮州、惠州、阳江三市政府没有制定政府规章。在立法程序方面，各级立法机关大多能够严格依照《立法法》《规章制定程序条例》等法律法规的要求，制定立法程序规则或议事规则并依照执行，但立法建议项目的论证评估情况，与法律法规要求还存在较大距离。在立法内容方面，制定的地方性法规、规章绝大多数能够严格遵循依法立法的原则，不与上位法相抵触。但也有少部分地方性法规、规章存在与上位法不一致的地方。在立法公开方面，各级立法机关则或多或少存在一些问题。即使是一些立法经验丰富的设区的市，也存在一些问题。在立法机制完善方面，相关制度基本上都以各种形式建立，但立法协商制度还有部分地区未建立。而且制度实施情况也是极度不平衡。

"广东人大立法法治评估指标体系"和"广东政府立法法治评估指标体系"两个地方立法质量评价指标体系，都属于国内首创。虽然经过了四年的调整，但疏漏、问题与不足仍然存在。地方立法数量的多寡，不可避免会影响评分的可比性、客观性。而且不同评估作者，其操作标准、认知水平、认真程度也会存在细微差别，收集资料的全面性也因受到各种因素制约而难以完全达到，各地市门户网站信息的发布、更新也不一致，从而使在此基础上撰写的《广东省地方立法年度观察报告（2020）》客观性和科学性也难免受到影响。欢迎社会各界，尤其是广东省、各设区的市的立法机关对《广东省地方立法年度观察报告（2020）》存在的疏漏、问题与不足提出批评指正，也敬请社会各界，尤其是广东省、各设区的市的立法机关对《广东省地方立法年度观察报告》的研究继续提供更多的支持与帮助。在此，也对一直以来支持、关心、爱护、帮助《广东省地方立法年度观察报告》成长的各位领导、专家、学者、立法机关的工作人员表示诚挚的谢意！

目 录

上编 人大立法编

第一章 广东省人大及其常委会年度立法观察报告（2020）…………（3）
第二章 广州市人大及其常委会年度立法观察报告（2020）………（11）
第三章 深圳市人大及其常委会年度立法观察报告（2020）………（19）
第四章 珠海市人大及其常委会年度立法观察报告（2020）………（28）
第五章 汕头市人大及其常委会年度立法观察报告（2020）………（35）
第六章 佛山市人大及其常委会年度立法观察报告（2020）………（42）
第七章 韶关市人大及其常委会年度立法观察报告（2020）………（49）
第八章 河源市人大及其常委会年度立法观察报告（2020）………（55）
第九章 梅州市人大及其常委会年度立法观察报告（2020）………（61）
第十章 惠州市人大及其常委会年度立法观察报告（2020）………（68）
第十一章 肇庆市人大及其常委会年度立法观察报告（2020）……（75）
第十二章 东莞市人大及其常委会年度立法观察报告（2020）……（81）
第十三章 中山市人大及其常委会年度立法观察报告（2020）……（88）
第十四章 江门市人大及其常委会年度立法观察报告（2020）……（94）
第十五章 阳江市人大及其常委会年度立法观察报告（2020）……（101）
第十六章 湛江市人大及其常委会年度立法观察报告（2020）……（106）
第十七章 茂名市人大及其常委会年度立法观察报告（2020）……（111）
第十八章 汕尾市人大及其常委会年度立法观察报告（2020）……（116）

第十九章　清远市人大及其常委会年度立法观察报告（2020）……（122）

第二十章　潮州市人大及其常委会年度立法观察报告（2020）……（128）

第二十一章　揭阳市人大及其常委会年度立法观察报告
（2020）……………………………………………………（134）

第二十二章　云浮市人大及其常委会年度立法观察报告
（2020）……………………………………………………（140）

第二十三章　乳源瑶族自治县人大年度立法观察报告（2020）……（147）

第二十四章　连山壮族瑶族自治县人大年度立法观察报告
（2020）……………………………………………………（153）

第二十五章　连南瑶族自治县人大年度立法观察报告（2020）……（159）

下编　政府立法编

第一章　广东省人民政府年度立法观察报告（2020）……………（167）

第二章　广州市人民政府年度立法观察报告（2020）……………（174）

第三章　深圳市人民政府年度立法观察报告（2020）……………（180）

第四章　珠海市人民政府年度立法观察报告（2020）……………（188）

第五章　汕头市人民政府年度立法观察报告（2020）……………（194）

第六章　佛山市人民政府年度立法观察报告（2020）……………（200）

第七章　韶关市人民政府年度立法观察报告（2020）……………（206）

第八章　河源市人民政府年度立法观察报告（2020）……………（212）

第九章　梅州市人民政府年度立法观察报告（2020）……………（217）

第十章　惠州市人民政府年度立法观察报告（2020）……………（222）

第十一章　肇庆市人民政府年度立法观察报告（2020）…………（227）

第十二章　东莞市人民政府年度立法观察报告（2020）…………（232）

第十三章　中山市人民政府年度立法观察报告（2020）…………（238）

第十四章　江门市人民政府年度立法观察报告（2020）…………（244）

第十五章　阳江市人民政府年度立法观察报告（2020）…………（251）

第十六章　湛江市人民政府年度立法观察报告（2020）……（256）
第十七章　茂名市人民政府年度立法观察报告（2020）……（262）
第十八章　汕尾市人民政府年度立法观察报告（2020）……（268）
第十九章　清远市人民政府年度立法观察报告（2020）……（274）
第二十章　潮州市人民政府年度立法观察报告（2020）……（280）
第二十一章　揭阳市人民政府年度立法观察报告（2020）……（285）
第二十二章　云浮市人民政府年度立法观察报告（2020）……（291）

附录一　广东地方人大立法法治年度观察指标体系（2020）………（298）
附录二　广东地方政府立法法治评估指标体系（2020）……………（317）

上编　人大立法编

第一章

广东省人大及其常委会年度立法观察报告（2020）

一 观察评估

A. 立法程序

A01. 广泛向社会公开征集立法项目（3分）

经网络检索，2018年9月25日广东省人大常委会公布《关于向社会各界公开征集广东省人大常委会2019年立法工作计划建议项目的公告》向社会公开征集立法项目建议，截止日期为2018年10月15日，少于"三十日"。本项得2分。

A02. 对法规立项项目进行论证评估并向社会公布论证评估情况（1分）

经网络检索，《广东省人大常委会2019年立法工作计划》表明，该计划经过广泛征求意见、深入调查研究、认真论证评估、充分统筹协调。本项得1分。

A03. 立法规划的制定（1分）

经网络检索，广东省人大常委会制定了《广东省第十三届人大常委会立法规划（2018—2022年）》。本项得1分。

A04. 年度立法计划的制定与执行（2分）

经网络检索、比对，广东省人大常委会公布了《广东省人大常委会2019年立法工作计划》，其中拟"初次审议的法规案"共12项。截至2019年12月31日，已出台的法规项目有7项，分别为《广东省劳动保障监察条例》《广东省工伤保险条例》《广东省促进中小企业发展条例》《广东省自主创新促进条例》《广东省种子条例》《广东省河道管理条例》《广东省行政事业性收费管理条例》;已由广东省人大常委会征求意见的项目有5项,分别为《广东省学校安全条例》《广东省标准化条例》《广东省宗教事务条例(修改)》《广东省社会信用条例》《广东省水污染防治条例》。本项得2分。

A05. 年度立法计划明确法规草案拟提请人大及其常委会审议时间(2分)

经网络检索,《广东省人大常委会2019年立法工作计划》明确了法规草案拟提请人大常委会审议时间。本项得2分。

A06. 年度立法计划的调整(1分)

经网络检索、比对,2019年广东省人大常委会增加了两件立法项目:《广东省促进民族地区发展条例》《广东省促进革命老区发展条例》。其中一件已经制定,一件正在审议中。本项得1分。

A07. 地方人大及其常委会在立法起草(含修改、废止)中发挥主导作用(4分)

经网络检索,《广东省预算审批监督条例(修改)》《广东省各级人民代表大会代表建议、批评和意见办理规定(修改)》分别由广东省人大常委会工作机构或者广东省人大专门委员会自主起草。本项得4分。

A08. 立法起草(含修改)过程中的社会参与情况(4分)

经网络检索,《广东省劳动保障监察条例》《广东省工伤保险条例》《广东省促进中小企业发展条例》《广东省自主创新促进条例》《广东省种子条例》《广东省河道管理条例》《广东省行政事业性收费管理条例》均已通过广东省人大常委会及起草单位门户网站、政府法制机构门户网站公开征求意见,在广东省人大常委会门户网站征求意见的链接中,明确了反馈意见的地址、邮编、传真和电子邮箱。本项得4分。

A09. 立法起草(含修改)过程中的市场主体参与情况(2分)

经网络检索,广东省司法厅和广东省工商联联合召开了《广东省促进中小企业发展条例》修订征求意见座谈会,有关商会协会和企业代表等40多人参加座谈。本项得2分。

A10. 常委会审议法规草案遵循三审制(不含法规修改、废止案)(2分)

经网络检索,《广东省河道管理条例》《广东省种子条例》是三审通过,其他通过的皆为法规修改。本项得 2 分。

A11. 已通过法规在审议时听取提案人说明（1 分）

经网络检索,《广东省人民代表大会常务委员会公报》显示,在审议过程中提案人（广东省政府）到会作立法起草情况说明,在公报中有书面说明材料。本项得 1 分。

A12. 法规草案在表决前进行评估,并将表决前评估情况向社会公开（2 分）

经网络检索,广东省人大常委会对《广东省促进中小企业发展条例（修订草案）》《广东省自主创新促进条例（修订草案）》《广东省行政事业性收费管理条例（修订草案）》《广东省河道管理条例（草案修改稿）》召开了表决前评估会。但未向社会公布相关法规表决前评估情况。本项得 1 分。

A13. 有权机关提出法规解释请求后及时作出解释（1 分）

经网络检索,有权机关没有提出法规解释请求。本项得 1 分。

B. 立法结果

B01. 根据社会需要通过一定数量的法规（含制定、修改和废止）（2 分）

经网络检索,广东省人大常委会制定了《广东省防汛防旱防风条例》《广东省全民阅读促进条例》《广东省化妆品安全条例》《广东省全民健身条例》《广东省农村公路条例》《广东省种子条例》《广东省河道管理条例》《广东省促进革命老区发展条例》等 8 项地方性法规；修订了《广东省行政事业性收费管理条例》《广东省促进中小企业发展条例》《广东省自主创新促进条例》《广东省河道采砂管理条例》《广东省无线电管理条例》《广东省红十字会条例》等 6 项地方性法规；通过《关于修改〈广东省食品安全条例〉等十项地方性法规的决定》等 3 个修改决定打包修改 28 项地方性法规；废止了《广东省经纪人管理条例》《广东省风景名胜区条例》《广东省城镇房地产权登记条例》《广东省地质环境管理条例》《广东省沿海砂石出口作业点和港澳籍小型船舶进出砂石出口作业点作业的行政许可规定》等 5 项地方性法规；通过《广东省人民代表大会常务委员会关于大力推进法治化营商环境建设的决定》等两个决定。本项得 2 分。

C. 立法内容

经网络检索，广东省人大常委会 2019 年计划内通过的地方性法规（含制定和修改）共 7 项，本观察报告选取《广东省自主创新促进条例》作为考察对象，进行立法内容方面的观察。

C01. 法规内容符合法治精神、法治原则，与上位法不相抵触（22 分）

经比对，《广东省自主创新促进条例》符合法治精神、法治原则，与上位法不相抵触。本项得 22 分。

C02. 法规与本级人大及其常委会制定的其他法规相协调（1 分）

经比对，《广东省自主创新促进条例》条文没有与广东省人大及其常委会制定的其他法规不协调。本项得 1 分。

C03. 法规内部协调（2 分）

经比对，《广东省自主创新促进条例》的条文内容内部协调，不存在冲突。本项得 2 分。

C04. 法规内容具有可操作性（1 分）

经比对，《广东省自主创新促进条例》的规定明确具体，具有可操作性。本项得 1 分。

C05. 法规名称科学（1 分）

经比对，《广东省自主创新促进条例》的名称科学准确。本项得 1 分。

C06. 法规结构合理（2 分）

经比对，《广东省自主创新促进条例》体系结构合理。本项得 2 分。

C07. 法规语言文字符合要求，清晰准确（1 分）

经比对，《广东省自主创新促进条例》的立法语言符合立法语言基本要求。本项得 1 分。

D. 立法公开

D01. 建立地方立法专网或专栏（2 分）

经网络检索，广东省人大常委会门户网站有关于"立法专网"的内容，但相关内容目前正在维护中。本项得 1 分。

D02. 年度立法计划依法向社会公布（1 分）

经网络检索，广东省人大常委会在其门户网站公布了《广东省人大常委会 2019 年立法工作计划》。本项得 1 分。

D03. 年度立法计划调整后及时向公众公开说明（2分）

经网络检索、比对，2019年广东省人大常委会增加了两件立法项目：《广东省促进民族地区发展条例》《广东省促进革命老区发展条例》，但未向社会公开说明理由。本项得0分。

D04. 法规制定过程中，草案依法向社会公开征求意见（4分）

经网络检索，《广东省劳动保障监察条例》《广东省工伤保险条例》《广东省促进中小企业发展条例》《广东省自主创新促进条例》《广东省种子条例》《广东省河道管理条例》《广东省行政事业性收费管理条例》均已通过广东省人大常委会及起草单位门户网站、政府法制机构门户网站公开征求意见。本项得4分。

D05. 草案公开附有立法说明（8分）

经网络检索，广东省人大常委会网站公布的征求意见稿，全部未附专门的立法说明，部分已进入二次审议或三次审议阶段的"草案修改稿"或"草案修改二稿"，在征求意见稿中对重点修改条文进行了简要解读说明。在广东省司法厅立法公众意见征集栏目中，《广东省劳动保障监察条例》《广东省自主创新促进条例》《广东省种子条例》《广东省行政事业性收费管理条例》《广东省学校安全条例》《广东省标准化条例》《广东省宗教事务条例》《广东省水污染防治条例》等8项法规征求意见稿附有详细的立法说明，包括立法必要性、立法目的、立法原则以及个别条款的说明等内容。本项得4分。

D06. 法规文本依法公布（1分）

经网络检索，广东省人大常委会所有法规文本都按照《立法法》的法定形式（常委会公报、人大门户网站、报纸）公布。本项得1分。

D07. 地方人大、政府或政府法制机构门户网站建立具有检索功能的地方立法数据库、专栏或提供数据库外部链接（6分）

经网络检索，广东省人大常委会门户网站"法律法规查询"栏目，但截至2020年3月18日点击显示"系统正在维护"，该网站的"最新法规"栏目，仅公布了相关地方性法规文本，不能够按照法规颁布年份、法规效力以及法规类型进行检索。本项得6分。

D08. 地方立法数据库或相应外部链接数据库收录地方性法规齐全（2分）

经网络检索，广东省人大常委会网站"法律法规查询"栏目"系统正在维护",无法查询。本项得0分。

D09. 立法工作总结向社会公布（2分）

经网络检索，广东省人大常委会门户网站未公布地方立法工作总结，但《广东省人民代表大会常务委员会工作报告——2020年1月15日在广东省第十三届人民代表大会第三次会议上》中有广东省人大常委会立法工作总结相关内容。本项得2分。

D10. 立法过程中的审议情况等立法资料主动向社会公布（8分）

经网络检索，查阅广东省人大常委会网站并下载《广东省人大常委会公报》进行逐条筛查，广东省人大常委会审议的法规项目，均在常委会公报对立法过程中的审议情况等资料进行了主动公开。如，《广东省人民代表大会常务委员会公报2019年第七号（总第86号）》中收录了《广东省种子条例》全文、广东省人民政府《关于提请审议〈广东省种子条例（草案）〉的议案》、广东省农业农村厅《关于〈广东省种子条例（草案）〉的说明》、广东省人大法制委员会《关于〈广东省种子条例（草案）〉的审议意见》、广东省人大法制委员会《关于〈广东省种子条例（草案）〉审议结果的报告》等材料。本项得8分。

E. 立法机制完善

E01. 法规立法后评估制度的建立和实施（2分）

经网络检索，广东省人大常委会于2013年出台了《广东省人民代表大会常务委员会立法评估工作规定（试行）》，其中包括立法后评估的内容。根据检索，《广东省第十三届人民代表大会法制委员会工作报告》中表明，2019年广东省人大常委会法制工作委员会共对6件法规进行立法后评估。本项得2分。

E02. 法规清理制度的建立和实施（1分）

经网络检索，广东省人大常委会于2014年出台了《广东省人民代表大会常务委员会关于全面清理地方性法规和进一步完善地方性法规案审议程序的决定》。经网络检索，《广东省人民代表大会常务委员会工作报告（2020）》相关信息显示，广东省人大常委会于2019年开展了涉及外商投资法有关规定的法规清理。此外，《广东省第十三届人民代表大会法制委员会工作报告》中表明，2019年广东省人大常委会法制工作委员会组织开展了机构改革涉及的地方性法规清理，审议了关于《广东省经纪人管理条例》等五项法规的废止案草案、关于《广东省食品安全条例》等十项法规和《广东省水利工程管理条例》等十六项法规的修正案草案,对不符合不衔接不适应法律规定、中央精神、时代要求的相关内容作出修改。本项得1分。

E03. 建立立法专家顾问制度（1分）

经网络检索,广东省第十二届人大常委会第八次主任会议通过了《广东省人民代表大会常务委员会立法咨询专家工作规定》。本项得1分。

E04. 建立地方立法基层联系点制度（1分）

经网络检索,广东省人大常委会在其门户网站公布了《广东省人大常委会基层立法联系点工作规则》。本项得1分。

E05. 建立立法协商制度（1分）

经网络检索,未发现广东省人大常委会出台立法协商相关制度。本项得0分。

二 问题与建议

本次人大及其常委会立法年度观察报告,广东省人大及其常委会得89分。

2019年,广东省人大及其常委会围绕国家重点发展战略和全省工作大局,加强重要领域立法,加快立法工作步伐,坚持科学立法、民主立法、依法立法,着力提高立法质量和效率,较好实施了《广东省人大常委会2019年度立法计划》。但也存在以下主要问题:（1）在立法公开方面存在不足。一是在立法项目公开征集意见方面,如公开征集意见时间不充分,公开时间仅有二十天,不符合《广东省人民代表大会常务委员会立法公开工作规定》第十二条规定的"不少于三十日"的要求。二是表决前评估相关情况未向社会公开,在广东省人大常委会公报中表明了相关法规项目进行了表决前评估,但未发现其公布表决前评估的具体情况。三是省人大常委会将法规草案公开征求意见时,对起草背景、立法原则、立法目的、主要条款内容等起草说明信息公开做得不够全面。（2）立法工作信息化建设方面有待加强。一是广东省人大常委会官方网站虽有"立法专网"的相关链接,但一直处于维护建设阶段。二是广东省人大常委会门户网站和政府法制机构没有建立地方立法数据库或提供链接，公众无法按照法规颁布年份、法规效力以及法规类型进行便捷的信息检索。（3）相关立法听取意见工作机制有待进一步完善。经网络检索，广东省人大常委会未建立立法协商制度，在健全立法机关和社会公众沟通机制方面有待进一步完善。

　　针对上述问题，建议广东省人大及其常委会可以从以下三个方面改善地方立法工作：（1）加强立法信息公开。建议按照"信息公开"相关法律规定和工作要求，完善立法公开工作机制。一是严格遵守《广东省人民代表大会常务委员会立法公开工作规定》，明确充足的征求意见时间，确保社会公众意见得到充分反馈；二是结合地方立法工作特点，梳理地方立法过程中应当公开、可以公开和不公开信息的类别，对于草案立法说明等有关材料予以主动公开；三是加强信息宣传，对于立法项目开展的进度情况及时通过门户网站向社会反馈，使社会公众能够及时了解立法动态。（2）加快立法信息化建设，充分运用信息手段加强立法专网建设和立法数据服务。建议加强立法工作的信息化技术保障，加快立法专网建设，通过专网的方式加强立法信息的集中呈现，推进法规数据库建设或数据库运用，完善检索功能，根据法规的立改废情况对数据库进行及时更新。（3）加强立法工作机制建设与完善。对立法公开等相关工作制度予以修改完善，积极推进立法协商工作，健全立法工作机制。

（撰稿：广东外语外贸大学　刘　浩）
（审定：广东外语外贸大学　谢　宇）

第二章

广州市人大及其常委会年度立法观察报告（2020）

一　观察评估

A. 立法程序

A01. 广泛向社会公开征集立法项目（3分）

经网络检索，为广泛向社会征集立法项目，广州市人大及其常委会分别于2016年5月和2018年4月在门户网站公布了《广州市人大及其常委会关于公开征集2017—2021年度立法规划和2017年度立法计划建议项目的公告》《广州市人大及其常委会关于公开征集2019年度立法计划建议项目的公告（第21号）》等两份公告，向社会公开征集立法项目，征集意见时间超过30天。本项得3分。

A02. 对法规立项项目进行论证评估并向社会公布论证评估情况（1分）

经网络检索，广州市人大及其常委会就法规立项项目举办了座谈会、论证会和专家咨询会。本项得1分。

A03. 立法规划的制定（1分）

经网络检索，2017年初，《广州市人大及其常委会2017—2021年立法规划》制定完成并在广州人大立法专网公布。本项得1分。

A04. 年度立法计划的制定与执行（2分）

经网络检索，广州市人大及其常委会在《广州市人大常委会2019年度立法计划》含正式项目23项，其中审议项目18项，提案项目5项；审议项目中，制定3项、修订5项、废止8项、集中修正2项。上述立法项目均达到了年度计划中规定的进度。年度计划执行100%。本项得2分。

A05. 年度立法计划明确法规草案拟提请地方人大及其常委会审议时间（2分）

经网络检索，《广州市人大常委会2019年度立法计划》中的18件审议项目均明确了草案拟提请人大常委会审议的时间。本项得2分。

A06. 年度立法计划的调整（1分）

经网络检索，广州人大网显示，2019年8月7日广州市人大常委会第67次主任会议审议了关于调整《广州市人大常委会2019年度立法计划》的报告，调整后的立法计划并未公布。2019年10月29日，广州市人大常委通过了《广州市母乳喂养促进条例》。广州市人大及其常委会年度立法计划发生实质变更，且变更后的计划得到落实。本项得1分。

A07. 地方人大及其常委会在立法起草（含修改、废止）中发挥主导作用（4分）

经网络检索、综合分析，《广州市人大常委会2019年度立法计划》中的18件审议项目均未明确起草单位，其中16件由广州市政府提案、起草，2件由广州市人大法制委员会提案，《广州市实施〈中华人民共和国工会法〉办法（修订）》由广州市总工会起草，《广州市人民代表大会常务委员会监督地方性法规实施办法（修订）》由广州市人大常委会法制委员会起草制定，广州市人大常委会在上述法案的立法过程中发挥了主导作用。本项得4分。

A08. 立法起草（含修改）过程中的社会参与情况（4分）

经网络检索，已完成（包括制定和修订）的11项地方性法规均通过广州人大门户网站公开征求过公众意见，并提供公众意见反馈渠道。本项得4分。

A09. 立法起草（含修改）过程中的市场主体参与情况（2分）

经网络检索、综合分析，《广州市人大常委会2019年度立法计划》，与市场主体生产经营活动密切相关的有两项，虽未检索到《广州市机动车排气污染防治规定（修订）》立法起草过程中市场主体参与的信息，但《广州市巡游出租汽车客运管理条例》在起草过程中在座谈会上向出租汽车协会、企业、驾驶员征求意见。本项得2分。

A10. 常委会审议法规草案遵循三审制（不含法规修改、废止案）（2 分）

经网络检索，根据《广州市人大常委会 2019 年度立法计划》，已完成的 15 项法规中，仅《广州市巡游出租汽车客运管理条例》为广州市人大及其常委会三次审议通过。除此之外，广州市人大及其常委会一次审议通过的项目中，含废止项目 8 件、集中修正项目 1 件，视为三审通过的法规。因此，广州市人大及其常委会经三次审议通过的法规超过本年度制定法规总数的 50% 以上。本项得 2 分。

A11. 已通过法规在审议时听取提案人说明（1 分）

经网络检索，根据《广州市人民代表大会常务委员会公报》书面文字记录，确认已通过法规提案人在审议过程中到会作立法起草情况说明。本项得 1 分。

A12. 法规草案在表决前进行评估，并将表决前评估情况向社会公开（2 分）

经网络检索，广州市人大及其常委会门户网站未公布法规草案表决前评估的情况。本项得 0 分。

A13. 有权机关提出法规解释请求后及时作出解释（1 分）

经网络检索，未查询到有权机关提出法规解释请求的相关信息。本项得 1 分。

B. 立法结果

B01. 根据社会需要通过一定数量的法规（含制定、修改和废止）（2 分）

经网络检索，广州市人大及其常委会 2019 年通过的地方性法规（含制定、修改和废止）总计 19 件，其中制定 4 件、修改 7 件、废止 8 件。本项得 2 分。

C. 立法内容

经网络检索，广州市人大及其常委会 2019 年通过的地方性法规（含制定和修改）共 8 项，本观察报告选取《广州市母乳喂养促进条例》作为考察对象，进行立法内容方面的观察评估。

C01. 法规内容符合法治精神、法治原则，与上位法不相抵触（22 分）

经比对，《广州市母乳喂养促进条例》与上位法不抵触、不冲突。本项得 22 分。

C02. 法规与本级人大及其常委会制定的其他法规相协调（1 分）

经比对，未发现《广州市母乳喂养促进条例》条文与广州市人大及常委会制定的其他法规相冲突的情况。本项得 1 分。

C03. 法规内部协调（2 分）

经比对，未发现《广州市母乳喂养促进条例》条文内容内部不协调之处。本项得 2 分。

C04. 法规内容具有可操作性（1 分）

经分析，《广州市母乳喂养促进条例》相关条款明确具体，可操作性较强。本项得 1 分。

C05. 法规名称科学（1 分）

《广州市母乳喂养促进条例》的名称，明确了法规的适用空间、规范事项和行为，即明确了适用范围，适用于广州市行政区域内母乳喂养促进活动。以"母乳喂养"概括事项范围、以"条例"为种类名称符合相关立法技术规范要求，名称科学。本项得 1 分。

C06. 法规结构合理（2 分）

经分析，《广州市母乳喂养促进条例》体系结构科学合理。本项得 2 分。

C07. 法规语言文字符合要求，清晰准确（1 分）

经分析，《广州市母乳喂养促进条例》的立法语言符合立法语言要求。本项得 1 分。

D. 立法公开

D01. 建立地方立法专网或专栏（2 分）

经网络检索，广州市人大及其常委会建立了地方立法专网"广州人大立法"，并在广州人大门户网站"人大履职"一栏下设"立法工作"专栏。本项得 2 分。

D02. 年度立法计划依法向社会公布（1 分）

经网络检索，广州市人大及其常委会在门户网站和人大立法专网公布了年度立法计划。本项得 1 分。

D03. 年度立法计划调整后及时向公众公开说明（2分）

经网络检索，广州市人大及其常委会在《广州市人大常委会2019年度立法计划》计划项目之外制定并通过了《广州市母乳喂养促进条例》，增加了年度计划以外的项目，立法计划发生实质调整，但广州市人大常委并未向社会公布调整后的立法计划，也未及时向社会公开说明理由。本项得0分。

D04. 法规制定过程中，草案依法向社会公开征求意见（4分）

经网络检索，《广州市人大及其常委会2018年度立法计划》13项"审议项目"中，共有制定、修改项目10项，其中7项已完成。在制定、修改过程中，所有法规均通过门户网站公开征求过公众意见。本项得4分。

D05. 草案公开附有立法说明（8分）

经网络检索，广州市人大立法专网上公布的征求意见公告和供下载的征求意见文本内均未附立法说明。2019年12月31日，广州人大立法专网发布的《〈广州市养犬管理条例（修订草案征求意见稿）〉向社会各界公开征求意见》，文中随附《广州市人大监察和司法委员会关于〈广州市养犬管理条例（修订草案）〉审议意见的报告》中包含了立法说明等系列信息。但除该法规外，未检索到2019年度其他法规项目公开的草案附有立法说明。本项得2分。

D06. 法规文本依法公布（1分）

经网络检索，广州市人大及其常委会2019年通过的地方性法规项目，均通过广州市人大及其常委会门户网站以"常委会公告"的形式公布。本项得1分。

D07. 地方人大、政府或政府法制机构门户网站建立具有检索功能的地方立法数据库或提供数据库外部链接（6分）

经网络检索，广州市人大及其常委会门户网站"信息库"一栏设"法律法规文件库"，并以效力为标准，分设"全国人大法律法规"、"广州市地方性数据库"和"广州人大规范性文件"三栏。广州市地方性数据库具有检索功能，地方性法规按照生效时间依次排列，且根据法规类型的不同进行了分类，以便于检索。本项得6分。

D08. 地方立法数据库或相应外部链接数据库收录地方性法规齐全（2分）

经网络检索，广州市人大及其常委会门户网站"法律法规文件库"

中,"广州市人大法律法规"收录的法规文本不齐全。截至2020年3月24日,本年度已废止《广州市传染病防治规定》《广州市人才市场管理条例》《广州市劳动力市场管理条例》并未在该信息库及时更新。本项得0分。

D09. 立法工作总结向社会公布(2分)

经网络检索,广州市人大及其常委会门户网站及广州人大立法门户网站上未公布专门的地方立法工作总结,相关网站上也未能检索到。本项得0分。

D10. 立法过程中的审议情况等立法资料主动向社会公布(8分)

经网络检索,《广州市人大常委会2019年度立法计划》含"审议项目"18项,广州市人大及其常委会根据各个项目的不同情况在《广州市人大常委会公报》中向社会公开了立法资料,包括提案单位的提请议案及说明、广州市人大专门委员会的审议意见报告、广州市人大常委会审议决定等内容。截至2020年3月24日,《广州市人大常委会公报》公布至总第320期,2019年度的18个项目中,仅《广州市人民代表大会常务委员会关于市人民政府机构改革涉及市地方性法规规定的行政机关职责调整问题的决定》《广州市房屋租赁管理规定》《广州市实施〈中华人民共和国工会法〉办法(修订)》和《广州市环境保护条例》《广州市大气污染防治规定》《广州市环境噪声污染防治规定》《广州市固体废物污染环境防治规定》等五件废止项立法资料公布齐全,《广州市机动车排气污染防治规定(修订)》《广州市巡游出租汽车客运管理条例》等两项资料公布不全,《广州市人民代表大会常务委员会监督地方性法规实施办法(修订)》《广州市养犬管理条例(修订)》《广州市科技创新促进条例》等8项尚未公布立法资料。本项得0分。

E. 立法机制完善

E01. 法规立法后评估制度的建立和实施(2分)

经网络检索,广州市人大及其常委会出台了《广州市人大及其常委会立法后评估办法》,其门户网站上也有相关报道。本项得2分。

E02. 法规清理制度的建立和实施(1分)

经网络检索,《广州市地方性法规制定办法》第68条建立了法规清理制度。本项得1分。

E03. 建立立法专家顾问制度（1分）

经网络检索，2016年1月22日通过了《广州市人大及其常委会立法顾问工作规定》，建立了立法顾问制度。本项得1分。

E04. 建立地方立法基层联系点制度（1分）

经网络检索，2015年6月1日通过了《广州市人大及其常委会基层立法联系点工作规定》，首批基层立法联络站已于2018年揭牌。本项得1分。

E05. 建立立法协商制度（1分）

经网络检索，广州市未制定专门的地方立法协商的相关规定或制度。但2019年，广州市人大常委会先后就《广州市母乳喂养促进条例》、《广州市机动车排气污染防治规定（修订）》《广州市实施〈中华人民共和国工会法〉办法（修订）》《广州市巡游出租汽车客运管理条例》等法规草案与政协委员、民主党派、工商联、无党派人士、相关人民团体和社会组织等进行了立法协商。因此，可以认定广州市立法工作中制定实施了立法协商制度。本项得1分。

二 问题与建议

本次人大及其常委会立法年度观察报告，广州市人大及其常委会得78分。

2019年度的立法工作中，广州市人大及其常委会进一步完善、落实地方立法工作制度，坚持目标和问题导向，立改废并举，有效维护了法制统一，但立法工作中存在的问题也较突出：（1）立法工作机制方面。广州市人大常委会虽提前介入了实际安排的19件审议项目，但由广州市人大及其常委会自主起草、委托起草或联合其他部门共同起草的地方性法规项目仅有1件，其余绝大多数法规由广州市政府组织起草。（2）立法程序方面。一是在制定立法规划、年度立法计划前，广州人大及其常委会并未对法规立项项目进行论证评估，也未向社会公布论证评估情况。二是在制定与市场主体的生产经营活动密切相的法规时，市场主体参与情况不够理想。三是经网络检索，未发现广州市人大及其常委会2019年通过的法规草案开展表决前评估，且未检索到广州市人大常委会有表决前评估相关制度。(3)立法信息公开方面。一是信息公开平台的建设和维护力度欠缺,如广州市人大立法专网"法规审议"、"立法后评估"等栏目自2014年后再无更新,广州市人大常委会门户网站"法律法规信息库"中"中国法律法规信息库"链接失效。二是信息公开的全面性有待提升,如:法规草案公开征求意见时,起草背景、立法原则、立法目的、主要条款内容等起草说明信息公开不够全面,且意见征询结束后没有作出意见征询总结或反馈;立法审议过程中的资料也未向社会完全公开。三是信息公开的时效性不足。如:年度计划变更后未及时向公众公布、说明,已经于2019年9月25日批准废止《广州市传染病防治规定》《广州市人才市场管理条例》《广州市劳动力市场管理条例》等三项法规依旧未在法规信息库中更新。

　　针对上述问题,建议广州市人大及其常委会在从以下三方面着手,提高地方立法工作质量。(1)建立健全并严格落实地方立法工作机制,以成文形式明确立法协商制度和法规清理工作制度,健全人大主导立法工作的机制,积极探索多元化的法规起草工作机制,积极探索联合起草或委托第三方起草法规草案的立法起草模式。(2)严格遵照立法程序,完善工作流程。编制立法规划和年度立法计划前应当认真研究代表议案和建议,科学论证评估,确定立法项目;对与市场主体生产经营活动密切相关的行政法规,积极探索市场主体参与立法的有效渠道,充分听取市场主体、行业协会商会的意见;抓紧建立表决前评估制度,保障科学立法、民主立法。(3)加强立法工作信息化建设。一方面要加强立法工作的信息化技术保障,加强法规数据库的建设运用,完善检索功能,保证链接有效;另一方面,提高立法工作公开的全面性和时效性,对于草案立法说明、审议资料等有关材料予以主动公开,根据法规的立改废情况对数据库进行及时更新,并加强对社会公众意见的反馈。

(撰稿:广东外语外贸大学　熊　潇)
(审定:广东外语外贸大学　余　彦)

第三章

深圳市人大及其常委会年度立法观察报告(2020)

一 观察评估

A. 立法程序

A01. 广泛向社会公开征集立法项目（3分）

2018年9月30日，深圳市人大及其常委会门户网站发布了《关于向社会公开征集深圳市人大常委会2019年度立法项目建议的公告》，时间为三十日。本项得3分。

A02. 对法规立项项目进行论证评估并向社会公布论证评估情况（1分）

经网络检索，未发现深圳市人大及其常委会立法前对法规立项项目进行论证评估并将论证评估结果向社会公布。本项得0分。

A03. 立法规划的制定（1分）

经网络检索，深圳市六届人大常委会第十二次主任会议通过并公布了《深圳市第六届人大常委会立法规划》。本项得1分。

A04. 年度立法计划的制定与执行（2分）

经网络检索、比对，深圳市人大常委会在其门户网站公布了《深圳市人大常委会2019年度立法计划》。《深圳市人大常委会2019年度立法计划》中的"继续审议项目"共3项，已全部出台：《深圳经济特区科学技术普及条例》（2019年6月26日通过）、《深圳经济特区股份合作公司条例（修改）》（2019年8月29日通过）、《深圳经济特区物业管理条例（修改）》（2019 年 8 月 29 日通过）；"拟新提交审议项目"共 7 项，其中已经出台的项目有 4 项：《深圳市生活垃圾分类管理条例》（2019 年 12 月 31 日通过）、《深圳经济特区海域使用管理条例》（2019 年 12 月 31 日通过）、《深圳经济特区文明行为条例（修改）》（2019 年 12 月 31 日通过）、《深圳经济特区道路交通安全违法行为处罚条例（修改）》（2019 年 8 月 29 日通过）；已征求意见的项目有 1 项：《深圳经济特区养老服务条例》。暂未搜索到《深圳经济特区档案与文件收集利用条例（修改）》审议、通过或征求意见情况。剩下的技术性修改已分批次对 133 件现行有效法规进行。立法项目执行 50% 以上。本项得 1 分。

A05. 年度立法计划明确法规草案拟提请地方人大及其常委会审议时间（2 分）

经网络检索、比对，《深圳市人大常委会 2019 年度立法计划》未明确法规草案拟提请人大常委会审议时间。本项得 0 分。

A06. 年度立法计划的调整（1 分）

经网络检索、比对，《深圳经济特区注册会计师条例修正案（草案）》于 2019 年 9 月 30 日在深圳市人大常委会门户网站公开征求意见，2019 年 12 月 31 日通过。《深圳经济特区注册会计师条例（修改）》不属于《深圳市人大常委会 2019 年度立法计划》，也不属于《深圳市人大常委会 2018 年度立法计划》，视为 2019 年度立法计划已进行调整，但未发现深圳市人大公开调整立法计划的信息。目前调整后的此项目已得到执行。本项得 1 分。

A07. 地方人大及其常委会在立法起草（含修改、废止）中发挥主导作用（4 分）

经网络检索、综合分析，《深圳经济特区科学技术普及条例》由深圳市人大常委会成立法规起草领导小组全面领导立法工作，开展了多部门、多省市的专题调研，赴全国人大、全国科协进行了请示汇报，多次召开协调会评估论证、讨论并修改《条例》草案论证稿、征求意见稿及审议稿，为立法的出台和实施做了大量扎实基础的工作。本项得 2 分。

A08. 立法起草（含修改）过程中的社会参与情况（4 分）

经网络检索，深圳市已制定（包括修改）的地方性法规有通过相关网站公开征求公众意见，提供公众意见反馈渠道，且在意见征询结束后在网上有反馈征求意见情况。本项得 4 分。

A09. 立法起草（含修改）过程中的市场主体参与情况（2分）

经网络检索，"继续审议项目"中的《深圳经济特区股份合作公司条例》通过召开立法座谈会的形式在修订过程中听取市场主体的意见。2019年5月14日，市人大常委会主任赴罗湖和龙岗分别召开立法座谈会，就该条例的修订听取基层的意见和建议。本项得2分。

A10. 常委会审议法规草案遵循三审制（不含法规修改、废止案）（2分）

根据网络检索，深圳市人大常委会本年度计划内制定出台（含修改）的地方性法规共7项，除法规修改、废止案外，均遵循三审制。本项得2分。

A11. 已通过法规在审议时听取提案人说明（1分）

经网络检索，深圳市人大常委会门户网站无法查阅到已通过的法规在审议过程中有提案人到会作立法起草情况说明。本项得0分。

A12. 法规草案在表决前进行评估，并将表决前评估情况向社会公开（2分）

经网络检索，未发现深圳市人大常委会门户网站公布法规草案表决前评估的情况。本项得0分。

A13. 有权机关提出法规解释请求后及时作出解释（1分）

经网络检索，有权机关未提出法规解释请求，视为有权机关提出法规解释请求后及时作出解释。本项得1分。

B. 立法结果

B01. 根据社会需要通过一定数量的法规（含制定、修改和废止）（2分）

经网络检索，深圳市人大常委会2019年按立法计划通过的地方性法规总数共7件：《深圳经济特区科学技术普及条例》《深圳市生活垃圾分类管理条例》《深圳经济特区股份合作公司条例（修改）》《深圳经济特区物业管理条例（修改）》《深圳经济特区海域使用管理条例》《深圳经济特区文明行为条例（修改）》《深圳经济特区道路交通安全违法行为处罚条例（修改）》。本项得2分。

C. 立法内容

经网络检索，深圳市人大常委会2019年计划内通过的地方性法规

（含制定和修改）共 7 项，本观察报告选取《深圳经济特区科学技术普及条例》作为考察对象，进行立法内容方面的观察。

C01. 法规内容符合法治精神、法治原则，与上位法不相抵触（22 分）

经网络检索、比对，发现《深圳经济特区科学技术普及条例》不存在与法治精神、法治原则不符，与上位法相抵触的情况。本项得 22 分。

C02. 法规与本级人大及其常委会制定的其他法规相协调（1 分）

经分析，《深圳经济特区科学技术普及条例》与本级人大及其常委会制定的其他法规相协调。本项得 1 分。

C03. 法规内部协调（2 分）

经逐条研究分析，认为《深圳经济特区科学技术普及条例》的条文内容内部协调，不存在冲突。本项得 2 分。

C04. 法规内容具有可操作性（1 分）

经分析，《深圳经济特区科学技术普及条例》相关条款明确具体，可操作性较强。本项得 1 分。

C05. 法规名称科学（1 分）

经分析，《深圳经济特区科学技术普及条例》名称科学。本项得 1 分。

C06. 法规结构合理（2 分）

《深圳经济特区科学技术普及条例》共七章、八十一条，包括总则、组织管理、社会责任、科普资源、科普人才、科普活动、附则。根据《广东省人民代表大会常务委员会立法技术与工作程序规范》第二编第一章第三节第二十一条规定"分则是地方性法规的主体部分，位于地方性法规总则之后，附则之前，一般规定地方性法规调整对象的权利和义务、具体行为规范、与实体规范相对应的程序、法律责任和救济条款等内容，比较具体、全面。"《深圳经济特区科学技术普及条例》无论是从体系结构上还是内容上均缺少关于法律责任的规定。该项法规结构不够合理。本项得 0 分。

C07. 法规语言文字符合要求，清晰准确（1 分）

经分析研究，《深圳经济特区科学技术普及条例》的立法语言符合立法语言的基本要求，句式的使用、词语的使用、数量词的使用、标点符号的使用均符合《深圳市人民代表大会常务委员会立法技术规范（2014）》第四章"立法语言规范"的相关规定。本项得 1 分。

D. 立法公开

D01. 建立地方立法专网或专栏（2分）

经网络检索，深圳市人大常委会门户网站有建立地方立法专栏，名为"立法工作"。本项得2分。

D02. 年度立法计划依法向社会公布（1分）

经网络检索，《深圳市人大常委会2019年度立法计划》于2019年3月1日在深圳市人大常委会网向社会公布。本项得1分。

D03. 年度立法计划调整后及时向公众公开说明（2分）

经网络检索，发现《深圳经济特区注册会计师条例修正案（草案）》于2019年9月30日在深圳市人大常委会门户网站公开征求意见，并且于2019年12月31日获得通过。经查看，《深圳经济特区注册会计师条例（修改）》不属于《深圳市人大常委会2019年度立法计划》，也不属于《深圳市人大常委会2018年度立法计划》，视为2019年度立法计划已进行调整。但未检索到相关立法计划调整的公开说明。本项得0分。

D04. 法规制定过程中，草案依法向社会公开征求意见（4分）

经网络检索，除了"拟新提交审议项目"中的《深圳经济特区档案与文件收集利用条例（修改）》和"167项现行有效法规的技术性修改"此两项没有搜索到公开征求意见的情况，其余5项"拟新提交审议项目"和3项"继续审议项目"均通过起草单位、政府法制机构、人大常委会网站或者其他媒体网站公开征求公众意见。本项得4分。

D05. 草案公开附有立法说明（8分）

经网络检索、下载查看，《深圳经济特区科学技术普及条例》《深圳经济特区物业管理条例（修改）》《深圳经济特区养老服务条例》《深圳经济特区道路交通安全违法行为处罚条例（修改）》《深圳经济特区海域使用与保护条例》通过"深圳政府在线"网站向社会公开征求了意见，并附有立法说明；《深圳经济特区文明行为促进条例（修改）》《深圳经济特区股份合作公司条例修正案（修改）》通过"深圳人大"网站向社会公开征求了意见，并附有立法说明。《深圳经济特区生活垃圾分类条例》通过"深圳市城市管理局"网站向社会公开征求了意见，并附有立法说明。同时，上述立法说明内容完备。本项得8分。

D06. 法规文本依法公布（1分）

经网络检索，深圳市人大常委会2019年通过的地方性法规项目，均通过深圳市人大常委会门户网站以"常委会公告"的形式公布。本项得 1 分。

D07. 地方人大、政府或政府法制机构门户网站建立具有检索功能的地方立法数据库或提供数据库外部链接（6 分）

经网络检索，可以通过深圳市人大常委会门户网站首页"资料档案"一栏中进入"法律法规"栏目，其中包含"深圳法规""全国人大""国务院""中央部委""两高""各省"等分类的法律法规，建立了"法律法规数据库"，无需通过账号密码登录即可进入查看，且有显示法规通过时间、实行时间及版本。但通过搜索框进行法规检索后没有按照法规颁布年份、法规效力以及法规类型进行法规分类。本项得 3 分。

D08. 地方立法数据库或相应外部链接数据库收录地方性法规齐全（2 分）

经网络检索，深圳市人大常委会门户网站"深圳法规"栏目中收录的深圳市地方性法规文本齐全。本项得 2 分。

D09. 立法工作总结向社会公布（2 分）

经网络检索，深圳市人大常委会门户网站公布的《深圳市人民代表大会常务委员会工作报告——2020 年 1 月 9 日在深圳市第六届人民代表大会第八次会议上》中有深圳市人大立法工作总结相关内容。本项得 2 分。

D10. 立法过程中的审议情况等立法资料主动向社会公布（8 分）

经网络检索，《深圳经济特区科学技术普及条例》《深圳经济特区物业管理条例（修改）》《深圳经济特区道路交通安全违法行为处罚条例（修改）》《深圳经济特区海域使用与保护条例》《深圳经济特区文明行为促进条例（修改）》《深圳经济特区股份合作公司条例（修改）》《深圳经济特区生活垃圾分类条例》在征求意见阶段均公布了"起草单位的起草说明"。仅搜索到《深圳经济特区海域保护与使用条例》《深圳经济特区文明行为促进条例（修改）》审议报告的情况，但未见公布其他法规的相关审查报告和审议情况报告。本项得 6 分。

E. 立法机制完善

E01. 法规立法后评估制度的建立和实施（2 分）

经网络检索，《深圳市制定法规条例（2019）》第七十八条规定："制定或者修改的法规实施满一年后，由专门委员会或者常务委员会工作委员会根据需要组织对该法规或者法规中有关规定进行立法后评估。"但未发现深圳市人大及其常委会于 2019 年开展了立法后评估工作。本项得 1 分。

E02. 法规清理制度的建立和实施（1 分）

经网络检索，深圳市人大常委会于 2014 年出台了《深圳市人大常委会法规即时清理办法》。2019 年 10 月 31 日，深圳市第六届人大常委会第三十六次会议通过了《深圳市人民代表大会常务委员会关于打好污染防治攻坚战全面加强生态文明建设的决定》，文件中指出"全面开展生态环境保护法规、规章及规范性文件清理，加快推进《深圳经济特区环境保护条例》《深圳市排水条例》等法规的修订及《深圳经济特区大气污染防治条例》的制定工作。"其中，《深圳市排水条例》的修改已于 2019 年 8 月 29 日通过。本项得 1 分。

E03. 建立立法专家顾问制度（1 分）

经网络检索，《深圳市制定法规条例（2019）》第八十二条规定："常务委员会可以聘请立法咨询专家为专门委员会、常务委员会工作委员会开展立法相关工作提供咨询论证意见。"深圳市已建立立法专家顾问制度。本项得 1 分。

E04. 建立地方立法基层联系点制度（1 分）

经网络检索，深圳市未制定专门的地方立法协商的相关规定或制度。但是，《深圳市制定法规条例（2019）》第五十二条规定："法规草案、法规草案修改稿应当征求市人民代表大会代表、各区人民代表大会常务委员会的意见。各区人民代表大会常务委员会应当听取市、区人民代表大会代表和基层市民以及有关方面的意见，并将意见反馈有关专门委员会、常务委员会工作委员会。"实践中，深圳市人大常委会早在 2014 年就成立首个立法联系点。本项得 1 分。

E05. 建立立法协商制度（1 分）

经网络检索，暂未搜索到深圳市人大关于建立立法协商制度的法规内容，未发现深圳市人大建立立法协商制度。深圳市曾于 2018 年围绕即将出台的《深圳经济特区知识产权保护条例（草案）》，政协委员、专家学者与市人大常委会法工委、市法制办、市中级法院、深圳海关、市知识产权局相关负责人进行开放式讨论。但并未搜索到 2019 年相关法规草案进行立法协商的情况，深圳市未明确建立立法协商制度。本项得 0 分。

二 问题与建议

本次人大及其常委会立法年度观察报告，深圳市得分80分。

2019年，深圳市人大及其常委会地方立法工作存在的主要问题是：（1）立法程序存在不足。一是立法计划制定和执行相关程序有待完善，比如，未发现对法规立项项目进行论证评估并向社会公布论证评估情况。二是法规审议相关程序有待完善，比如，未发现法规草案在表决前进行评估，并将表决前评估情况向社会公开。（2）立法公开存在不足。一是深圳市人大及其常委会立法工作中主动公开相关立法信息等工作仍做得不够全面，比如，立法过程中审议情况等立法资料未充分、全面、主动向社会公开；二是在立法工作的某些具体事项方面，信息发布或信息公开工作略显不足。比如，未发现公布的2019年度立法计划明确法规草案拟提请人大常委会审议时间、未有相关信息显示已经通过的法规在审议时有听取提案人说明、发现2019年度立法计划有调整但未搜索到相关调整说明。（3）立法工作机制仍待完善。未搜索到2019年相关法规草案进行立法协商的情况，也未发现深圳市建立立法协商制度。立法协商制度有待建立。（4）在相关工作执行落实方面。一是通过网络检索，发现《深圳市人大常委会2019年度立法计划》中有1个"拟新提交审议项目"，即《深圳经济特区档案与文件收集利用条例（修改）》，未搜索到是否公开征求意见，无任何立法动态和其他信息展示，是否开展该项目立法工作无法准确判断，因此，推断该项目未得到执行落实。二是经网络检索，发现深圳市于较早前已出台了立法后评估相关制度，但未发现深圳市人大及其常委会在2019年对相关法规草案开展立法后评估工作。

针对上述问题，建议深圳市人大及其常委会可以从以下方面改善地方立法工作：（1）注重立法程序化，严格执行立法程序。保证对立法程序的严格执行，并加强在程序方面的立法是保证立法工作有效进行的关键因素。完善立法计划制定和执行、法规审议等相关立法程序，并严格按照规定执行，保障科学、民主立法。（2）进一步加强立法公开。一方面是加强研究判断工作，按照"信息公开"相关法律规定和工作要求，结合地方立法工作特点，梳理地方立法过程中应当公开、可以公开和不公开信息的类别，对于审议报告等有关材料予以主动公开；另一方面是加强信息宣传，对于立法项目开展的进度情况及时通过门户网站向社会反馈，使社会公众能够及时了解立法动态。（3）不断健全立法工作机制。明确建立立法协商制度，有助于充分践行和保障协商民主。同时，不断完善法规立法后评估制度、法规清理制度、立法专家顾问制度等等，为科学、民主立法提供保障。（4）加强立法工作落实，提高工作执行力度。一方面是要积极推进立法项目落实，对于计划内未开展的项目应当及时调整并通过相应的工作程序视实际情况予以暂缓或者终止；另一方面是要对已出台的相关工作制度予以落实，如继续落实法规清理机制，做到制定、修改、废止、解释并举，提高法规整体质量；积极推进立法专家顾问制度，使立法在起跑线上就获得足够的智力支持；积极推进地方性法规立法后评估工作，通过检验衡量法规制度执行效果，及时发现法律法规制度本身存在的问题，做到及时修改调整。

（撰稿：广东外语外贸大学　钟楚怡）

（审定：广东外语外贸大学　余　彦）

第四章

珠海市人大及其常委会
年度立法观察报告(2020)

一 观察评估

A. 立法程序

A01. 广泛向社会公开征集立法项目（3分）

经网络检索，珠海市人大及其常委会在制定立法规划、年度立法计划前向社会公开征集立法项目建议且时间不少于三十日。本项得3分。

A02. 对法规立项项目进行论证评估并向社会公布论证评估情况（1分）

经网络检索，珠海市人大及其常委会立法前对法规立项项目进行论证评估，并将论证评估结果向社会公布。本项得1分。

A03. 立法规划的制定（1分）

经网络检索，珠海市人大及其常委会制定了《珠海市人大常委会2017—2021年度立法规划》。本项得1分。

A04. 年度立法计划的制定与执行（2分）

经网络检索，珠海市人大常委会制定了《珠海市人大常委会2019年立法计划》并公布于官方网站上，并且立法计划得到全面执行。本项得2分。

A05. 年度立法计划明确法规草案拟提请地方人大及其常委会审议时间（2分）

经网络检索，珠海市人大常委会制定的年度立法计划明确了法规草案拟提请人大常委会审议时间。本项得 2 分。

A06. 年度立法计划的调整（1 分）

经网络检索，珠海市人大常委会制定的《珠海市人大常委会 2019 年立法计划》有 2 处调整，2 处调整都切实得到执行。本项得 1 分。

A07. 地方人大及其常委会在立法起草（含修改、废止）中发挥主导作用（4 分）

经网络检索，《珠海市人大常委会 2019 年立法计划》的 6 个审议项目均由珠海市人大常委会委托起草，发挥了主导作用。本项得 4 分。

A08. 立法起草（含修改）过程中的社会参与情况（4 分）

经网络检索，珠海市人大及其常委会 2019 年已制定的地方性法规草案中，《珠海经济特区防台风条例（征求意见稿）》《珠海经济特区禁毒条例（征求意见稿）》《珠海经济特区横琴新区港澳建筑及相关工程咨询企业资质和专业人士执业资格认可规定（征求意见稿）》《珠海经济特区园林绿化条例（征求意见稿）》均通过起草单位、政府法制机构或者人大常委会网站等公开征求公众意见并提供公众意见反馈渠道，但意见征询结束后未在网上反馈征求意见情况。本项得 2 分。

A09. 立法起草（含修改）过程中的市场主体参与情况（2 分）

经网络检索，珠海市人大及其常委会 2019 年制定（含修改）的 8 件地方性法规草案均听取了市场主体、行业协会或者商会的意见。例如珠海市公安局曾在 2019 年 4 月中旬就《珠海经济特区禁毒条例》（草稿）举行听证会，相关企业，技术部门代表等相关市场主体均参加了此次听证会。本项得 2 分。

A10. 常委会审议法规草案遵循三审制（不含法规修改、废止案）（2 分）

经网络检索，珠海市人大常委会本年度计划内制定出台（不含法规修订、废止案）的地方性法规共 4 件。《珠海经济特区防台风条例》《珠海经济特区园林绿化条例》《珠海经济特区禁毒条例》《珠海经济特区横琴新区港澳建筑及相关工程咨询企业资质和专业人士执业资格认可规定》4 件地方性法规均经珠海市人大常委会经三次审议通过，超过本年度制定法规总数的 50% 及以上。本项得 2 分。

A11. 已通过法规在审议时听取提案人说明（1 分）

经网络检索，珠海市人大常委会在本年度内制定出台（含修订和废止）的地方性法在审议时均有提案人到会并作立法起草情况说明。本项得1分。

A12. 法规草案在表决前进行评估，并将表决前评估情况向社会公开（2分）

经网络检索，在珠海市人大常委会门户网站未发现珠海市人大及其常委会对2019年通过的法规草案进行表决前评估等相关信息。本项得0分。

A13. 有权机关提出法规解释请求后及时作出解释（1分）

经网络检索、调查，有权机关没有提出法规解释请求。本项得1分。

B. 立法结果

B01. 根据社会需要通过一定数量的法规（含制定、修改和废止）（2分）

经网络检索，2019年，珠海市人大及其常委会通过的地方性法规总数（含制定、修改和废止）为8件，其中制定出台4件、修改2件、废止2件。制定了《珠海经济特区防台风条例》《珠海经济特区园林绿化条例》《珠海经济特区禁毒条例》《珠海经济特区横琴新区港澳建筑及相关工程咨询企业资质和专业人士执业资格认可规定》；修改了《珠海经济特区前山河流域管理条例》《珠海经济特区生态文明建设促进条例》；废止了《珠海经济特区市容和环境卫生管理条例》《珠海市社会养老保险条例》。本项得2分。

C. 立法内容

经网络检索，珠海市人大常委会2019年计划内通过的地方性法规（含制定和修改）共8项，本观察报告选取《珠海经济特区禁毒条例》作为考察对象，进行立法内容方面的观察。

C01. 法规内容符合法治精神、法治原则，与上位法不相抵触（22分）

经比对，《珠海经济特区禁毒条例》没有违反法治精神、法治原则，没有和上位法相抵触。本项得22分。

C02. 法规与本级人大及其常委会制定的其他法规相协调（1分）

经分析，认为《珠海经济特区禁毒条例》条文没有与珠海市人大及常委会制定的其他法规相冲突。本项得1分。

C03. 法规内部协调（2分）

经逐条研究分析，认为《珠海经济特区禁毒条例》的条文内容内部协调，不存在冲突。本项得2分。

C04. 法规内容具有可操作性（1分）

经分析，《珠海经济特区禁毒条例》相关条款明确具体，可操作性较强，其中的强制性条款不存在不可操作条款。本项得1分。

C05. 法规名称科学（1分）

经比对，《珠海经济特区禁毒条例》名称科学。本项得1分。

C06. 法规结构合理（2分）

经比对，《珠海经济特区禁毒条例》法规结构合理。本项得2分。

C07. 法规语言文字符合要求，清晰准确（1分）

经比对，《珠海经济特区禁毒条例》的语言文字符合技术规范要求。本项得1分。

D. 立法公开

D01. 建立地方立法专网或专栏（2分）

经网络检索，珠海市人大及其常委会在其门户网站上建立了地方立法专栏。本项得2分。

D02. 年度立法计划依法向社会公布（1分）

经网络检索，珠海市人大常委会制定的《珠海市人大常委会2019年立法计划》已依法在人大常委会门户网站上向社会公布。本项得1分。

D03. 年度立法计划调整后及时向公众公开说明（2分）

经网络检索，珠海市人大常委会制定的《珠海市人大常委会2019年立法计划》未进行调整。本项得2分。

D04. 法规制定过程中，草案依法向社会公开征求意见（4分）

经网络检索，珠海市在2019年已制定（含修改、废止案）的8件地方性法规中，《珠海经济特区防台风条例》《珠海经济特区园林绿化条例》《珠海经济特区禁毒条例》《珠海经济特区横琴新区港澳建筑及相关工程咨询企业资质和专业人士执业资格认可规定》均通过起草单位、政府法制机构或者人大常委会网站，或者官方媒体网站公开征求过公众意见。但《珠海经济特区前山河流域管理条例（修改）》《珠海经济特区生态文明建设促进条例（修改）》并未通过起草单位、政府法制机构或者人大常委会网站，或者官方媒体网站公开征求过公众意见。征求意见的法规草案超过本年度制定法规总数的50%及以上。本项得2分。

D05. 草案公开附有立法说明（8分）

经网络检索，珠海市人大及其常委会立法专网上公布的征求意见公告并未附有供下载的征求意见文本内也并未含立法说明，而是以链接的方式将法规草案的征求意见稿或草案修改稿登载于珠海市人大常委会网站，但未附有立法说明。经网络检索，在其他相关网站上检索到《珠海经济特区防台风条例（征求意见稿）》《珠海经济特区禁毒条例（征求意见稿）》《珠海经济特区横琴新区港澳建筑及相关工程咨询企业资质和专业人士执业资格认可规定（征求意见稿）》《珠海经济特区城市绿化条例（征求意见稿）》的立法说明。立法说明中均附有立法必要性、起草过程或依据、立法内容或个别条款说明。本项得8分。

D06. 法规文本依法公布（1分）

经网络检索，珠海市2019年通过的地方性法规项目均在珠海市人大门户网站的"珠海法规"栏目上公布或者以常委会公告的形式公布。本项得1分。

D07. 地方人大、政府或政府法制机构门户网站建立具有检索功能的地方立法数据库或提供数据库外部链接（6分）

经网络检索，珠海市人大常委会门户网站建立了"珠海法规"数据库并按照法规颁布年份分类，但没有按照法规效力以及法规类型为检索类型进行法规分类。本项得4分。

D08. 地方立法数据库或相应外部链接数据库收录地方性法规齐全（2分）

经网络检索，珠海市人大常委会门户网站建立的"珠海法规"数据库所收录的珠海行政区域内的地方性法规齐全。本项得2分。

D09. 立法工作总结向社会公布（2分）

经网络检索，截至2020年2月14日，珠海市人大常委会门户网站上未公布2019年珠海市立法工作总结，也未公布珠海市人大常委会工作报告。本项得0分。

D10. 立法过程中的审议情况等立法资料主动向社会公布（8分）

经网络检索、查阅，《珠海经济特区防台风条例（征求意见稿）》《珠海经济特区禁毒条例（征求意见稿）》《珠海经济特区横琴新区港澳建筑及相关工程咨询企业资质和专业人士执业资格认可规定（征求意见稿）》《珠海经济特区城市绿化条例（征求意见稿）》的起草说明均已向社会公布，但珠海市政府法制机构或珠海市人大常委会法工委对以上法规草案的审查报告和审议情况的报告等相关立法资料并未向社会公布。本项得0分。

E. 立法机制完善

E01. 法规立法后评估制度的建立和实施（2分）

经网络检索，根据《珠海市制定法规条例》（2016年修正）第56条建立了立法后评估制度。依据该制度本年度不需要进行立法后评估。本项得2分。

E02. 法规清理制度的建立和实施（1分）

经网络检索，珠海市人大常委会已建立起法规清理制度并严格按照法规清理制度的具体规定进行法规清理。本项得1分。

E03. 建立立法专家顾问制度（1分）

经网络检索、调查，珠海市人大常委会制定了《珠海市人民代表大会常务委员会立法咨询专家工作规定》，已建立了立法专家顾问制度。本项得1分。

E04. 建立地方立法基层联系点制度（1分）

经网络检索，珠海市已制定了基层立法联系点制度。本项得1分。

E05. 建立立法协商制度（1分）

经网络检索，在地方立法工作中，珠海市人大常委会已制定了立法协商制度。本项得1分。

二　问题与建议

本次人大及其常委会立法年度观察报告，珠海市人大及其常委会得82分。

珠海市人大及其常委会地方立法工作存在的主要问题有：（1）在立法程序与立法工作机制的建设与落实方面，一是未发现珠海市人大及其常委会对2019年通过的法规草案开展表决前评估；二是虽然珠海市人大及其常委会已建立立法后评估制度，但在其门户网站上并未检索到其对地方法规进行立法后评估等相关信息。（2）在立法公开方面，一是公众对法规草案的意见征询结束后珠海市人大及其常委会没有作出意见征询总结或反馈；二是未及时公布珠海市2019年立法工作总结以及立法过程中法规草案的审查报告、审议情况的报告等相关立法资料未及时向社会公布。（3）在相关技术支持方面，地方立法数据库检索功能不完整，缺乏对法规效力以及法规类型为检索的法规分类。

针对上述问题，建议珠海市人大及其常委会可以从以下三个方面改善地方立法工作：（1）进一步完善相关立法工作机制。尽快建立健全表决前评估和落实立法后评估，在程序方面构建常态化、制度化工作机制。（2）进一步加强立法信息公开，按照相关法律规定和工作要求，结合当地实际情况，梳理地方立法过程中应当公开、可以公开和不公开信息的类别，对于草案立法说明、法规草案审议报告等有关材料予以主动公开。（3）加强立法技术保障，加强法规数据库建设，完善检索功能。

（撰稿：广东外语外贸大学　肖佳琪）
（审定：广东外语外贸大学　黄　喆）

第五章

汕头市人大及其常委会年度立法观察报告(2020)

一 观察评估

A. 立法程序

A01. 广泛向社会公开征集立法项目（3分）

经网络检索，汕头市人大及其常委会在制定立法规划、年度立法计划前向社会公开征集立法项目建议且时间不少于三十日。本项得3分。

A02. 对法规立项项目进行论证评估并向社会公布论证评估情况（1分）

经网络检索，汕头人大及其常委会制定了《汕头市人民代表大会常务委员会法规立项论证工作规则》，但未在立法前对法规立项项目进行论证评估。本项得0分。

A03. 立法规划的制定（1分）

经网络检索，汕头市人大及其常委会未在期限内制定立法规划。本项得0分。

A04. 年度立法计划的制定与执行（2分）

经网络检索，汕头市人大常委会制定了《汕头市人大常委会2019年立法计划》并公布于官方网站上，并且立法计划得到全面执行。本项得2分。

A05. 年度立法计划明确法规草案拟提请地方人大及其常委会审议时间（2分）

经网络检索，汕头市人大常委会制定的年度立法计划中明确了法规草案拟提请人大常委会审议时间。本项得 2 分。

A06. 年度立法计划的调整（1 分）

经网络检索，汕头市人大常委会制定的《汕头市人大常委会 2019 年立法计划》未进行调整。本项得 1 分。

A07. 地方人大及其常委会在立法起草（含修改、废止）中发挥主导作用（4 分）

经网络检索，《汕头市立法条例修订案》是由汕头市人大法工委起草并提请审议的。汕头市人大常委会在立法起草中发挥了主导作用。本项得 4 分。

A08. 立法起草（含修改）过程中的社会参与情况（4 分）

经网络检索，汕头市人大及其常委会 2019 年已制定的地方性法规草案中，均通过汕头市人大常委会网站公开征求公众意见并提供公众意见反馈渠道，但意见征询结束后未在网上反馈征求意见情况。本项得 2 分。

A09. 立法起草（含修改）过程中的市场主体参与情况（2 分）

经网络检索，汕头市人大及其常委会 2019 年制定（含修改）的 3 件地方性法规草案在制定过程中均专门听取了市场主体、行业协会或者商会的意见。本项得 2 分。

A10. 常委会审议法规草案遵循三审制（不含法规修改、废止案）（2 分）

经网络检索，汕头市人大常委会本年度计划内制定出台（不含法规修订、废止案）的地方性法规共 1 件。《汕头经济特区消费品质量促进条例》经汕头市人大常委会经三次审议通过。本项得 2 分。

A11. 已通过法规在审议时听取提案人说明（1 分）

经网络检索，汕头市人大常委会在本年度内制定出台（含修订、废止）的地方性法规共 3 件，汕头市人大常委会在审议时均有提案人到会并作立法起草情况说明。本项得 1 分。

A12. 法规草案在表决前进行评估，并将表决前评估情况向社会公开（2 分）

经网络检索，汕头市人大常委法工委在 2019 年 12 月 5 日对《汕头经济特区城市公共汽车交通条例（修订草案修改稿）》进行表决前评估，并已将表决前评估情况向社会公开。本项得 2 分。

A13. 有权机关提出法规解释请求后及时作出解释（1 分）

经网络检索、调查，有权机关没有提出法规解释请求。本项得 1 分。

B. 立法结果

B01. 根据社会需要通过一定数量的法规（含制定、修改和废止）（2分）

经网络检索，2019年，汕头市人大及其常委会通过的地方性法规总数（含制定、修改和废止）为3件。制定了《汕头经济特区消费品质量促进条例》1件地方性法规；修改了《汕头市立法条例》《汕头经济特区城市公共汽车交通条例》2件地方性法规。本项得2分。

C. 立法内容

经网络检索，汕头市人大常委会2019年计划内通过的地方性法规（含制定和修改）共3项，本观察报告选取《汕头经济特区消费品质量促进条例》作为考察对象，进行立法内容方面的观察。

C01. 法规内容符合法治精神、法治原则，与上位法不相抵触（22分）

经逐条比对，《汕头经济特区消费品质量促进条例》存在与上位法不一致的地方。但根据《立法法》规定，经济特区立法可以对上位法作变通规定。因而，符合法治精神、法治原则，与上位法不相抵触。本项得22分。

C02. 法规与本级人大及其常委会制定的其他法规相协调（1分）

经分析，认为《汕头经济特区消费品质量促进条例》条文没有与汕头市人大及常委会制定的其他法规相冲突。本项得1分。

C03. 法规内部协调（2分）

经逐条研究分析，认为《汕头经济特区消费品质量促进条例》的条文内容内部协调，不存在冲突。本项得2分。

C04. 法规内容具有可操作性（1分）

经比对，《汕头经济特区消费品质量促进条例》相关条款明确具体，可操作性较强，其中的强制性条款不存在不可操作条款，符合《立法法》第六条、《广东省人民政府法规规章起草工作规定》第五条、《广东省人民代表大会常务委员会立法技术与工作程序规范（试行）》第四条的规定。本项得1分。

C05. 法规名称科学（1分）

经比对，《汕头经济特区消费品质量促进条例》的内容并不是促进消费品质量，而是有关消费品质量管理，并且设立了数量较多的罚则。因此，其名称不符合《广东省人民代表大会常务委员会立法技术与工作程序规范（试行）》要求。本项得 0 分。

C06. 法规结构合理（2 分）

《汕头经济特区消费品质量促进条例》第十六条规定："生产或者销售消费品，不得有下列情形：（一）生产国家明令淘汰的消费品；（二）销售国家明令淘汰并停止销售以及失效、变质的消费品；（三）伪造、篡改生产日期、质量保证期；（四）掺杂、掺假，以假充真、以次充好，以不合格冒充合格；（五）伪造或者冒用认证标志等质量标志；（六）伪造产地，伪造或者冒用他人厂名、厂址；（七）法律、法规规定的其他禁止情形。"第二十六条规定："生产、销售消费品有本条例第十六条规定情形之一的，由市场监督管理部门责令停止生产、销售，没收违法生产、销售的消费品；违法生产、销售的消费品货值金额不足一万元的，并处二万元以上五万元以下罚款，货值金额一万元以上的，并处货值金额五倍以上十倍以下的罚款；有违法所得的，并处没收违法所得；情节严重的，依法吊销营业执照。"经比对，《汕头经济特区消费品质量促进条例》未将第十六条所规定的违法情形分类处理，《产品质量法》是将每种违法情形都作出了详细的规定，并限定了每种违法情形的罚款数额范围，本条款的体系结构不合理。本项得 1 分。

C07. 法规语言文字符合要求，清晰准确（1 分）

经比对，《汕头经济特区消费品质量促进条例》语言文字符合技术规范要求。本项得 1 分。

D. 立法公开

D01. 建立地方立法专网或专栏（2 分）

经网络检索，汕头市人大及其常委会在其门户网站上建立了地方立法专栏。本项得 2 分。

D02. 年度立法计划依法向社会公布（1 分）

经网络检索，汕头市人大常委会制定的《汕头市人大常委会 2019 年立法计划》已依法在人大常委会门户网站上向社会公布。本项得 1 分。

D03. 年度立法计划调整后及时向公众公开说明（2 分）

经网络检索，汕头市人大常委会制定的《汕头市人大常委会 2019 年立法计划》没有进行调整。本项得 2 分。

D04. 法规制定过程中，草案依法向社会公开征求意见（4 分）

经网络检索，汕头市在 2019 年已制定（含修改、废止案）的 3 件地方性法规中，《汕头经济特区消费品质量促进条例（草案修改稿）》《汕头经济特区城市公共汽车交通条例（修订草案）》《汕头市人民代表大会常务委员会关于修改〈汕头市立法条例〉的决定》（草案）》均通过汕头市人大常委会网站公开征求过公众意见。本项得 4 分。

D05. 草案公开附有立法说明（8 分）

经网络检索，汕头市人大及其常委会在其立法专网上公布的征求《汕头经济特区城市公共汽车交通条例修正案（草案）》《汕头经济特区消费品质量保障条例（草案）》《汕头市立法条例修正案（草案）》意见公告中均附有立法说明且立法说明中附有立法必要性、起草过程或依据、立法内容或个别条款说明。本项得 8 分。

D06. 法规文本依法公布（1 分）

经网络检索，汕头市 2019 年通过的地方性法规项目均在汕头市人大门户网站的"法律法规"栏目公布或者以常委会公告的形式公布。本项得 1 分。

D07. 地方人大、政府或政府法制机构门户网站建立具有检索功能的地方立法数据库或提供数据库外部链接（6 分）

经网络检索，汕头市人大常委会门户网站没有建立地方立法数据库或相应外部链接数据库。本项得 0 分。

D08. 地方立法数据库或相应外部链接数据库收录地方性法规齐全（2 分）

经网络检索，汕头市人大常委会门户网站没有建立地方立法数据库或相应外部链接数据库。本项得 0 分。

D09. 立法工作总结向社会公布（2 分）

经网络检索，截至 2020 年 2 月 14 日，汕头市人大常委会门户网站上未公布 2019 年汕头市立法工作总结，也未公布汕头市人大常委会工作报告。本项得 0 分。

D10. 立法过程中的审议情况等立法资料主动向社会公布（8 分）

经网络检索、查阅，《汕头经济特区消费品质量保障条例（草案）》的起草说明、汕头市人大常委会财政经济工作委员会对《汕头经济特区消费品质量条例（草案）》的审查意见、汕头市人大法制委员会关于《汕头经济特区消费品质量促进条例（草案修改稿）》审议结果的报告均已向社会公布。《汕头经济特区城市公共汽车交通条例修正案（草案）》的起草说明与汕头市人大常委会财政经济工作委员会对《汕头经济特区城市公共汽车交通条例修正案（草案）》的审查意见均已向社会公布，但有关其审议结果的报告未向社会公布。《汕头市立法条例（修订草案）》的起草说明、汕头市人大法制委员会关于《汕头市立法条例修正案（草案）》审议结果的报告已向社会公布。但有关其审查报告未向社会公布。本项得 4 分。

E. 立法机制完善

E01. 法规立法后评估制度的建立和实施（2 分）

经网络检索，汕头市人大常委会制定了《汕头市人民代表大会常务委员会立法后评估办法》，由此推断，汕头市人大已建立立法后评估制度，但在汕头市人大常委会门户网站上并未检索到汕头市人大常委会对地方法规进行立法后评估等相关信息。本项得 1 分。

E02. 法规清理制度的建立和实施（1 分）

经网络检索，根据《汕头市人民代表大会常务委员会工作报告——2019 年 1 月 21 日汕头市第十四届人民代表大会第五次会议》相关信息显示，汕头市人大常委会共审议法规 10 件，出台法规性决定 1 件，完成涉及生态文明和环境保护法规的清理工作。本项得 1 分。

E03. 建立立法专家顾问制度（1 分）

经网络检索，汕头市已建立了立法专家顾问制度。本项得 1 分。

E04. 建立地方立法基层联系点制度（1 分）

经网络检索，根据《汕头市人民代表大会常务委员会工作报告——2019 年 1 月 21 日汕头市第十四届人民代表大会第五次会议》相关信息显示，汕头市在全市已经建立 12 个基层立法联系点。本项得 1 分。

E05. 建立立法协商制度（1 分）

经网络检索，汕头市人大常委会没有建立立法协商制度。本项得 0 分。

二 问题与建议

本次人大及其常委会立法年度观察报告，汕头市人大及其常委会得78分。

2019年，汕头市人大及其常委会地方立法工作存在的主要问题是：（1）在立法程序与立法工作机制的建设与落实方面的不足。一是汕头市人大及其常委会未在期限内制定立法规划。二是未在立法前对法规立项项目进行论证评估并将论证评估情况向社会公布。三是未贯彻落实法规立法后评估机制。（2）在立法公开和相关技术支持方面的不足。一是公众对法规草案的意见征询结束后汕头市人大及其常委会没有作出意见征询总结或反馈。二是未及时公布汕头市2019年立法工作总结以及立法过程中的法规草案的审查报告、审议情况的报告等相关立法资料公布不全面。三是地方立法数据库检索功能不完整，缺乏对法规效力以及法规类型为检索的法规分类。

针对上述问题，建议汕头市人大及其常委会可以从以下四个方面改善地方立法工作：（1）在期限内制定立法规划。（2）制定立项项目论证评估实施机制，根据《汕头市人民代表大会常务委员会法规立项论证工作规则》，对符合论证评估条件的立项项目，应当进行论证评估。（3）进一步完善相关立法工作机制。建立立法后评估制度后应当严格按照立法后评估制度的具体规定进行立法后评估，在程序方面构建常态化、制度化工作机制。（4）进一步加强立法信息公开，按照相关法律规定和工作要求，结合当地实际情况，梳理地方立法过程中应当公开、可以公开和不公开信息的类别，对于立法工作总结、法规草案审查报告和审议情况的报告等有关立法材料应当全面予以公开。（5）加强立法信息化建设，充分运用信息手段加强立法数据服务。建议加强立法工作的信息化技术保障，加强法规数据库建设或数据库运用，完善检索功能，根据法规的立改废情况对数据库进行及时更新。

（撰稿：广东外语外贸大学　肖佳琪）
（审定：广东外语外贸大学　谢　宇）

第六章

佛山市人大及其常委会
年度立法观察报告（2020）

一　观察评估

A. 立法程序

A01. 广泛向社会公开征集立法项目（3分）

经网络检索，佛山市人大及其常委会在制定立法规划、年度立法计划前向社会公开征集立法项目建议且时间不少于三十日。本项得3分。

A02. 对法规立项项目进行论证评估并向社会公布论证评估情况（1分）

经网络检索，佛山市人大及其常委会制定了《佛山市人民代表大会常务委员会立法论证办法》，但未在立法前对法规立项项目进行论证评估。本项得0分。

A03. 立法规划的制定（1分）

经网络检索，佛山市人大及其常委会制定了《佛山市第十五届人大常委会立法规划》。本项得1分。

A04. 年度立法计划的制定与执行（2分）

经网络检索，佛山市人大常委会制定了《佛山市人大常委会2019年立法计划》已公布于官方网站上并予以全面执行。本项得2分。

A05. 年度立法计划明确法规草案拟提请地方人大及其常委会审议时间（2分）

经网络检索，佛山市人大常委会制定的年度立法计划中明确了法规草案拟提请人大常委会审议时间。本项得 2 分。

A06. 年度立法计划的调整（1 分）

经网络检索，佛山市人大常委会制定的《佛山市人大常委会 2019 年立法计划》未进行调整。本项得 1 分。

A07. 地方人大及其常委会在立法起草（含修改、废止）中发挥主导作用（4 分）

经网络检索，《佛山市人大常委会 2019 年立法计划》的 6 个审议项目均由佛山市政府相关职能部门起草，由佛山市政府提起审议。佛山市人大常委会及专门委员会并未进行自主起草、委托起草或联合其他部门共同起草。本项得 0 分。

A08. 立法起草（含修改）过程中的社会参与情况（4 分）

经网络检索，佛山市人大及其常委会 2019 年已制定的地方性法规草案中，《〈佛山市历史文化街区和历史建筑保护条例〉〈佛山市治理货物运输车辆超限超载条例〉〈佛山市扬尘污染防治条例〉修改稿草案》《佛山市养犬管理条例（草案修改稿）》《佛山市住宅物业管理条例（草案）》均已通过佛山市人大常委会网站公开征求过公众意见并提供了公众意见反馈渠道，但意见征询结束后未在网上反馈征求意见情况。本项得 2 分。

A09. 立法起草（含修改）过程中的市场主体参与情况（2 分）

经网络检索，佛山市人大及其常委会 2019 年制定（含修改）的 4 件地方性法规草案在制定过程中专门听取了市场主体、行业协会或者商会的意见。例如，2019 年 5 月 15 日佛山市城市管理和综合执法局、佛山市司法局举行《佛山市养犬管理条例》立法听证会，物业服务企业、动物保护协会、动物诊疗机构等相关市场主体均参加了此次会议并提出了意见和建议。本项得 2 分。

A10. 常委会审议法规草案遵循三审制（不含法规修改、废止案）（2 分）

经网络检索，佛山市人大常委会本年度计划内制定出台的地方性法规（不含修改、废止案）共 1 件。《佛山市养犬管理条例》经佛山市人大常委会三次审议通过。本项得 2 分。

A11. 已通过法规在审议时听取提案人说明（1 分）

经网络检索，佛山市人大常委会在本年度内制定出台（含修订、废止）的地方性法规共 4 件，在审议时均有提案人到会作并立法起草情况说明。本项得 1 分。

A12. 法规草案在表决前进行评估，并将表决前评估情况向社会公开（2 分）

经网络检索，已通过的《〈佛山市历史文化街区和历史建筑保护条例〉〈佛山市治理货物运输车辆超限超载条例〉〈佛山市扬尘污染防治条例〉修改稿草案》《佛山市养犬管理条例（草案修改稿）》在表决前并未进行评估。本项得 0 分。

A13. 有权机关提出法规解释请求后及时作出解释（1 分）

经网络检索、调查，有权机关没有提出法规解释请求。本项得 1 分。

B. 立法结果

B01. 根据社会需要通过一定数量的法规（含制定、修改和废止）（2 分）

经网络检索，2019 年，佛山市人大及其常委会通过的地方性法规总数（含制定、修改和废止）为 4 件。共制定了《佛山市养犬管理条例》1 件地方性法规；修改了《佛山市历史文化街区和历史建筑保护条例》《佛山市治理货物运输车辆超限超载条例》《佛山市扬尘污染防治条例》3 件地方性法规。本项得 2 分。

C. 立法内容

经网络检索，佛山市人大常委会 2019 年计划内通过的地方性法规（含制定和修改）共 4 项，本观察报告选取《佛山市养犬管理条例》》作为考察对象，进行立法内容方面的观察。

C01. 法规内容符合法治精神、法治原则，与上位法不相抵触（22 分）

经比对，《佛山市养犬管理条例》内容符合法治精神、法治原则，与上位法不相抵触。本项得 22 分。

C02. 法规与本级人大及其常委会制定的其他法规相协调（1 分）

经分析，认为《佛山市养犬管理条例》条文没有与佛山市人大及其常委会制定的其他法规相冲突。本项得 1 分。

C03. 法规内部协调（2 分）

经逐条研究分析，认为《佛山市养犬管理条例》的条文内容内部协调，不存在冲突。本项得 2 分。

C04. 法规内容具有可操作性（1分）

经比对，《佛山市养犬管理条例》相关条款明确具体，可操作性较强，其中的强制性条款不存在不可操作条款，符合《立法法》第六条、《广东省人民政府法规规章起草工作规定》第五条、《广东省人民代表大会常务委员会立法技术与工作程序规范（试行）》第四条的规定。本项得1分。

C05. 法规名称科学（1分）

经比对，《佛山市养犬管理条例》符合《广东省人民代表大会常务委员会立法技术与工作程序规范（试行）》第十四条规定，该地方性法规的种类名称使用"条例"符合相关立法技术规范要求，法规名称是科学的。本项得1分。

C06. 法规结构合理（2分）

经比对，《佛山市养犬管理条例》法规体系合理，逻辑结构完备。本项得2分。

C07. 法规语言文字符合要求，清晰准确（1分）

经比对，《佛山市养犬管理条例》语言文字符合技术规范要求。本项得1分。

D. 立法公开

D01. 建立地方立法专网或专栏（2分）

经网络检索，佛山市人大及其常委会在其门户网站上建立了地方立法专栏。本项得2分。

D02. 年度立法计划依法向社会公布（1分）

经网络检索，佛山市人大常委会制定的《佛山市人大常委会2019年立法计划》已依法在人大常委会门户网站上向社会公布。本项得1分。

D03. 年度立法计划调整后及时向公众公开说明（2分）

经网络检索，佛山市人大常委会制定的《佛山市人大常委会2019年立法计划》没有进行调整。本项得2分。

D04. 法规制定过程中，草案依法向社会公开征求意见（4分）

经网络检索，佛山市在2019年已制定（含修改、废止案）的4件地方性法规中，《〈佛山市历史文化街区和历史建筑保护条例〉〈佛山市治理货物运输车辆超限超载条例〉〈佛山市扬尘污染防治条例〉修改稿草案》《佛山市养犬管理条例（草案修改稿）》均通过佛山市人大常委会网站公开征求过公众意见。本项得 4 分。

D05. 草案公开附有立法说明（8 分）

经网络检索，佛山市人大及其常委会在其立法专网上公布的征求《〈佛山市历史文化街区和历史建筑保护条例〉〈佛山市治理货物运输车辆超限超载条例〉〈佛山市扬尘污染防治条例〉修改稿草案》《佛山市养犬管理条例（草案修改稿）》意见公告中，均附有立法说明且立法说明中附有立法必要性或起草背景、起草过程或依据、立法内容或个别条款说明。本项得 8 分。

D06. 法规文本依法公布（1 分）

经网络检索，佛山市 2019 年通过的地方性法规文本并未在常委会公报、人大门户网站或报纸上公布。本项得 0 分。

D07. 地方人大、政府或政府法制机构门户网站建立具有检索功能的地方立法数据库或提供数据库外部链接（6 分）

经网络检索，佛山市人大常委会门户网站建立了"立法专版—地方法规"具有检索功能的立法数据库，但没有按照法规颁布年份、法规效力以及法规类型为检索类型进行法规分类。本项得 3 分。

D08. 地方立法数据库或相应外部链接数据库收录地方性法规齐全（2 分）

经网络检索，佛山市人大常委会门户网站建立的"立法专版—地方法规"数据库所收录的佛山市行政区域内的地方性法规并不齐全，2019 年通过的《佛山市历史文化街区和历史建筑保护条例（修订）》《佛山市治理货物运输车辆超限超载条例（修订）》《佛山市扬尘污染防治条例（修订）》《佛山市养犬管理条例》并未纳入立法数据库中。本项得 0 分。

D09. 立法工作总结向社会公布（2 分）

经网络检索，截至 2020 年 2 月 14 日，佛山市人大常委会门户网站上未公布 2019 年佛山市立法工作总结，也未公布 2019 年佛山市人大常委会工作报告。本项得 0 分。

D10. 立法过程中的审议情况等立法资料主动向社会公布（8 分）

经网络检索、查阅，《〈佛山市历史文化街区和历史建筑保护条例〉〈佛山市治理货物运输车辆超限超载条例〉〈佛山市扬尘污染防治条例〉修改稿草案》《佛山市养犬管理条例（草案修改稿）》《佛山市住宅物业管理条例（草案）》的起草说明均已向社会公布，关于《佛山市养犬管理条例（草案修改稿）》修改情况的报告也已向社会公布，但对以上法规草案的审查报告与审议情况的报告并未向社会公布。本项得 3 分。

E. 立法机制完善

E01. 法规立法后评估制度的建立和实施（2 分）

经网络检索，佛山市人大常委会制定了《佛山市人民代表大会常务委员会立法评估工作规定（试行）》，建立起法规立法后评估制度并严格按照立法后评估制度的具体规定进行立法后评估，例如 2018 年佛山市人大常委会首次开展地方立法后评估工作，专门成立评估工作组对《佛山市历史文化街区和历史建筑保护条例》和《佛山市机动车和非道路移动机械排气污染防治条例》开展立法后评估。本项得 2 分。

E02. 法规清理制度的建立和实施（1 分）

经网络检索，佛山市人大常委会制定了《佛山市人民代表大会常务委员会地方性法规清理工作规定（试行）》。根据《2018 年佛山市人民代表大会常务委员会工作报告》相关信息显示，佛山市人大常委会组织开展了全市生态环保方面法规、规章和规范性文件的清理工作。本项得 1 分。

E03. 建立立法专家顾问制度（1 分）

经网络检索，佛山市人大常委会制定了《佛山市人大常委会立法咨询专家顾问工作规定》。本项得 1 分。

E04. 建立地方立法基层联系点制度（1 分）

经网络检索，佛山市人大常委会制定了《佛山市人民代表大会常务委员会基层立法联系点工作规定》。本项得 1 分。

E05. 建立立法协商制度（1 分）

经网络检索，佛山市人大常委会制定的《佛山市人民代表大会专门委员会及常务委员会工作机构地方性法规草案审议审查工作规定》中规定了关于立法协商的内容。本项得 1 分。

二　问题与建议

本次人大及其常委会立法年度观察报告，佛山市人大及其常委会得 78 分。

佛山市人大及其常委会地方立法工作存在的主要问题是：（1）在立法程序与立法工作机制的建设与落实方面的不足。一是未在立法前对法规立项项目进行论证评估并将论证评估情况向社会公布。二是人大及其常委会自主起草、委托起草或联合其他部门共同起草的地方性法规项目较少。三是未贯彻落实法规草案表决前评估机制。（2）在立法公开和相关技术支持方面的不足。一是公众对法规草案的意见征询结束后佛山人大及其常委会没有作出意见征询总结或反馈。二是法规文本更新不及时以及人大常委会门户网站设立的立法数据库收录的法规不齐全。三是未及时公布佛山市2019年立法工作总结，立法过程中法规草案的审查报告、审议情况的报告等相关立法资料未主动向社会公布。四是地方立法数据库检索功能不完整，缺乏对法规颁布年份、法规效力以及法规类型为检索内容的法规分类。

针对上述问题，建议佛山市人大及其常委会可以从以下四个方面改善地方立法工作：（1）制定立项项目论证评估实施机制，严格按照《佛山市人民代表大会常务委员会立法论证办法》，对符合论证评估条件的立项项目进行论证评估。（2）进一步发挥人大常委会在立法起草方面的主导作用。积极探索多元化的法规起草工作机制，通过建立立法研究基地等方式开展委托第三方起草工作实践探索。（3）进一步完善相关立法工作机制。严格按照表决前评估制度的具体规定进行表决前评估，在程序方面构建常态化、制度化工作机制。（3）进一步加强立法信息公开，按照相关法律规定和工作要求，结合当地实际情况，梳理地方立法过程中应当公开、可以公开和不公开信息的类别，对于立法工作总结、法规草案审查报告和审议情况的报告等有关立法材料应当全面予以公开。（4）加强立法信息化建设，充分运用信息手段加强立法数据服务。加强法规数据库建设或数据库运用，根据法规的立改废情况对数据库进行及时更新，完善检索功能，按照法规颁布年份、法规效力、法规类型为检索内容对法规进行分类。

（撰稿：广东外语外贸大学　肖佳琪）

（审定：广东外语外贸大学　谢　宇）

第七章

韶关市人大及其常委会
年度立法观察报告(2020)

一 观察评估

A. 立法程序

A01. 广泛向社会公开征集立法项目（3分）

经网络检索，韶关市人大及其常委会在制定立法规划、年度立法计划前向社会公开征集立法项目建议且时间不少于三十日。本项得3分。

A02. 对法规立项项目进行论证评估并向社会公布论证评估情况（1分）

经网络检索，韶关市人大及其常委会制定了《韶关市人民代表大会常务委员会立法论证工作办法》，但未在立法前对法规立项项目进行论证评估。本项得0分。

A03. 立法规划的制定（1分）

经网络检索，韶关市人大及其常委会制定了《韶关市人大常委会2017—2021年立法规划》。本项得1分。

A04. 年度立法计划的制定与执行（2分）

经网络检索，韶关市人大常委会制定的《韶关市人大常委会2019年立法计划》已公布于官方网站上并予以全面执行。本项得2分。

A05. 年度立法计划明确法规草案拟提请地方人大及其常委会审议时间（2分）

经网络检索，韶关市人大常委会制定的年度立法计划中未明确法规草案拟提请人大常委会审议时间。本项得 0 分。

A06. 年度立法计划的调整（1 分）

经网络检索，韶关市人大常委会制定的《韶关市人大常委会 2019 年立法计划》未进行调整。本项得 1 分。

A07. 地方人大及其常委会在立法起草（含修改、废止）中发挥主导作用（4 分）

经网络检索，《丹霞山风景名胜区保护条例（草案）》是由韶关市人大法工委负责起草，并由人大常委会提起审议，已确切得到执行。韶关市人大常委会在立法起草中发挥了主导作用。本项得 4 分。

A08. 立法起草（含修改）过程中的社会参与情况（4 分）

经网络检索，《韶关市文明行为促进条例（草案修改二稿）》《韶关市城市建筑垃圾管理条例（草案）》《丹霞山风景名胜区保护条例（草案修改三稿）》均已通过韶关市人大常委会网站公开征求过公众意见并提供了公众意见反馈渠道，但意见征询结束后未在网上反馈征求意见情况。本项得 2 分。

A09. 立法起草（含修改）过程中的市场主体参与情况（2 分）

经网络检索，韶关市人大常委会在 2019 年 6 月 13 日曾召开《丹霞山风景名胜区保护条例（草案修改二稿）》修改论证会，丹霞山管委会以及相关市场主体参加此次会议。本项得 2 分。

A10. 常委会审议法规草案遵循三审制（不含法规修改、废止案）（2 分）

经网络检索，韶关市十四届人大常委会第二十六次会议对《丹霞山风景名胜区保护条例（草案）》进行了第三次审议，但是并未通过。本项得 2 分。

A11. 已通过法规在审议时听取提案人说明（1 分）

经网络检索，韶关市人大及其常委会已通过法规在审议时听取了提案人说明。本项得 1 分。

A12. 法规草案在表决前进行评估，并将表决前评估情况向社会公开（2 分）

经网络检索，韶关市人大常委会制定了《韶关市人民代表大会常务委员会立法评估工作办法》，其中包含了表决前评估制度。本项得 2 分。

第七章　韶关市人大及其常委会年度立法观察报告(2020)

A13. 有权机关提出法规解释请求后及时作出解释（1 分）

经网络检索、调查，有权机关没有提出法规解释请求。本项得 1 分。

B. 立法结果

B01. 根据社会需要制定一定数量的规章（2 分）

经网络检索，2019 年，韶关市人大及其常委会并未通过新的法规（含制定、修改、废止）。本项得 0 分。

C. 立法内容

经网络检索，韶关市人大及其常委会 2019 年未通过新的法规（含制定、修改、废止）。C 部分以总分 60% 计算。本部分得 18 分。

D. 立法公开

D01. 建立地方立法专网或专栏（2 分）

经网络检索，韶关市人大及其常委会在其门户网站上建立了地方立法专栏。本项得 2 分。

D02. 年度立法计划依法向社会公布（1 分）

经网络检索，韶关市人大常委会制定的《韶关市人大常委会 2019 年立法计划》已依法在人大常委会门户网站上向社会公布。本项得 1 分。

D03. 年度立法计划调整后及时向公众公开说明（2 分）

经网络检索，韶关市人大常委会制定的《韶关市人大常委会 2019 年立法计划》没有进行调整。本项得 2 分。

D04. 法规制定过程中，草案依法向社会公开征求意见（4 分）

经网络检索，《韶关市文明行为促进条例（草案修改二稿）》《韶关市城市建筑垃圾管理条例（草案）》《丹霞山风景名胜区保护条例（草案修改三稿）》均通过韶关市人大常委会网站公开征求过公众意见。本项得 4 分。

D05. 草案公开附有立法说明（8 分）

经网络检索，韶关市人大及其常委会在其立法专网上公布的征求《韶关市文明行为促进条例（草案修改二稿）》《韶关市城市建筑垃圾管理条例（草案）》《丹霞山风景名胜区保护条例（草案修改三稿）》意见公告中均未附有立法说明。本项得 0 分。

D06. 法规文本依法公布（1分）

经网络检索，韶关市2019年未通过新的地方性法规（含制定、修改、废止）。

本项得1分。

D07. 地方人大、政府或政府法制机构门户网站建立具有检索功能的地方立法数据库或提供数据库外部链接（6分）

经网络检索，韶关市人大常委会门户网站建立了"立法专网—地方法规"具有检索功能的立法数据库，但只按照法规颁布年份进行分类，没有按照法规效力以及法规类型为检索类型进行法规分类。本项得4分。

D08. 地方立法数据库或相应外部链接数据库收录地方性法规齐全（2分）

经网络检索，韶关市人大常委会门户网站建立的"立法专网—地方法规"数据库所收录的韶关市行政区域内的地方性法规齐全。本项得2分。

D09. 立法工作总结向社会公布（2分）

经网络检索，截至2020年2月19日，韶关市人大常委会门户网站上未公布2019年韶关市立法工作总结，也未公布2019年韶关市人大常委会工作报告。本项得0分。

D10. 立法过程中的审议情况等立法资料主动向社会公布（8分）

经网络检索、查阅，韶关市人大常委会网站上公布了《丹霞山风景名胜区保护条例（草案）》的修改情况的报告、初审报告和审议结果的报告。本项得3分。

E. 立法机制完善

E01. 法规立法后评估制度的建立和实施（2分）

经网络检索，韶关市人大常委会制定了《韶关市人民代表大会常务委员会立法评估工作办法》，由此推断，韶关市人大已建立立法后评估制度，但在韶关市人大常委会门户网站上并未检索到韶关市人大常委会对地方法规进行立法后评估等相关信息。本项得1分。

E02. 法规清理制度的建立和实施（1分）

经网络检索、调查，未发现韶关市人大常委会制定相关的法规清理制度和实施法规清理工作等相关信息。本项得0分。

第七章　韶关市人大及其常委会年度立法观察报告(2020)

E03. 建立立法专家顾问制度（1 分）

经网络检索，韶关市人大常委会制定了《韶关市人大常委会立法咨询专家顾问工作办法》，建立了立法专家顾问制度。本项得 1 分。

E04. 建立地方立法基层联系点制度（1 分）

经网络检索、调查，韶关市人大常委会未制定立法基层联系点制度。本项得 0 分。

E05. 建立立法协商制度（1 分）

经网络检索，韶关市人大常委会制定的《韶关市人大常务委员会关于在立法工作中发扬民主的指引》中规定了关于立法协商的内容。本项得 1 分。

二　问题与建议

本次人大及其常委会立法年度观察报告，韶关市人大及其常委会得 61 分。

2019 年，韶关市人大及其常委会地方立法工作存在的主要问题是：（1）在立法程序与立法工作机制的建设落实方面的不足。一是没有出台一部地方性法规。二是立项论证评估机制落实不到位。三是《韶关市人大常委会 2019 年立法计划》未明确法规草案拟提请韶关人大常委会审议时间。四是未建立立法基层联系点制度与法规清理制度。（2）在立法公开和相关技术支持方面的不足。一是公众对法规草案的意见征询结束后韶关市人大及其常委会没有作出意见征询总结或反馈。二是法规草案公开时未附立法说明。三是未及时公布韶关市 2019 年立法工作总结；立法过程中法规草案的审查报告、审议情况的报告等相关立法资料也未及时向社会公布。四是地方立法数据库检索功能不完整，缺乏对法规效力以及法规类型为检索内容的法规分类。

针对上述问题，建议韶关市人大及其常委会可以从以下六个方面改善地方立法工作：（1）充分发挥人大及其常委会的立法主导作用，要积极制定出台地方性法规；（2）确切落实立项论证评估机制，进一步完善相关立法工作机制，不仅要建立相应的制度，更要在程序方面构建常态化、制度化工作机制。（3）立法计划要具体明确，韶关市人大常委会在立法计划时要将立法审议项目的起草单位、提请单位、审议单位、拟提请人大常委会审议的时间等相关内容明确下来。（4）建立立法基层联系点制度与法规清理制度，并严格按照相关制度执行，在韶关市内建立一定数量的立法基层联系点，对符合清理条件的法规进行清理，保证立法的质量。（5）进一步加强立法信息公开，按照相关法律规定和工作要求，结合当地实际情况，梳理地方立法过程中应当公开、可以公开和不公开信息的类别，对于草案立法说明、法规草案审议报告等有关材料予以主动公开。（6）加强立法技术保障，加强法规数据库建设，完善检索功能。

（撰稿：广东外语外贸大学　肖佳琪）

（审定：广东外语外贸大学　谢　宇）

第八章

河源市人大及其常委会
年度立法观察报告（2020）

一 观察评估

A. 立法程序

A01. 广泛向社会公开征集立法项目（3分）

经网络检索，河源市人大及其常委会在制定立法规划、年度立法计划前向社会公开征集立法项目建议且时间不少于三十日。本项得3分。

A02. 对法规立项项目进行论证评估并向社会公布论证评估情况（1分）

经网络检索，河源市人大及其常委会制定了《河源市人大常委会立法论证工作指引》，但未在立法前对法规立项项目进行论证评估。本项得0分。

A03. 立法规划的制定（1分）

经网络检索，河源市人大及其常委会未制定以"立法规划"为名称的文件，但制定了《河源市人大常委会立法项目库》，该库包含两类共31项立法项目，内容上属于立法规划。本项得1分。

A04. 年度立法计划的制定与执行（2分）

经网络检索，河源市人大常委会制定了《河源市人大常委会2019年立法计划》并公布于官方网站上，并且立法计划得到全面执行。本项得2分。

A05. 年度立法计划明确法规草案拟提请地方人大及其常委会审议时间（2分）

经网络检索，河源市人大常委会制定的《河源市人大常委会2019年立法计划》中明确了法规草案拟提请人大常委会审议时间。本项得 2 分。

A06. 年度立法计划的调整（1 分）

经网络检索，河源市人大常委会制定的《河源市人大常委会 2019 年立法计划》未进行调整。本项得 1 分。

A07. 地方人大及其常委会在立法起草（含修改、废止）中发挥主导作用（4 分）

经网络检索，《河源市人大常委会 2019 年立法计划》中的正式项目《河源市革命遗址保护条例》是由河源市人大常委会法工委、河源市政府及其职能部门成立河源市革命遗址保护条例起草工作小组负责起草，已确切得到执行。河源市人大常委会在上述法案的立法过程中发挥了主导作用。本项得 4 分。

A08. 立法起草（含修改）过程中的社会参与情况（4 分）

经网络检索，《河源市扬尘污染防治条例（征求意见稿）》《河源市革命遗址保护条例》（修改稿）均通过河源市政府门户网站公开征求公众意见并提供公众意见反馈渠道，意见征询结束后河源市司法局在河源市政府门户网站上反馈了征求意见的情况。本项得 4 分。

A09. 立法起草（含修改）过程中的市场主体参与情况（2 分）

经网络检索，《河源市革命遗址保护条例》是一部保护革命遗址的地方性法规，与市场主体生产经营活动关联度并不大。在起草过程中，河源市人大常委会曾组织调研组听取相关部门的意见和建议。本项得 2 分。

A10. 常委会审议法规草案遵循三审制（不含法规修改、废止案）（2 分）

经网络检索，河源市人大常委会在本年度内未制定出台地方性法规。《河源市革命遗址保护条例》正在征求意见阶段，还未提交人大常委会审议。本项得 2 分。

A11. 已通过法规在审议时听取提案人说明（1 分）

经网络检索，河源市人大常委会在本年度内未通过（含制定、修订、废止）地方性法规。本项得 1 分。

A12. 法规草案在表决前进行评估，并将表决前评估情况向社会公开（2 分）

经网络检索，河源市人大常委会在本年度内未通过地方性法规，《河源市革命遗址保护条例》正在征求意见阶段，未进行表决前评估。本项得

2 分。

A13. 有权机关提出法规解释请求后及时作出解释（1 分）

经网络检索、调查，有权机关没有提出法规解释请求，视为有权机关提出法规解释请求后及时作出解释。本项得 1 分。

B. 立法结果

B01. 根据社会需要通过一定数量的法规（含制定、修改和废止）（2 分）

经网络检索，2019 年，河源市人大及其常委会未通过新的法规（含制定、修改、废止）。本项得 0 分。

C. 立法内容

经网络检索，河源市人大及其常委会 2019 年未通过新的法规（含制定、修改、废止）。C 部分以总分 60% 计算。本部分得 18 分。

D. 立法公开

D01. 建立地方立法专网或专栏（2 分）

经网络检索，河源市人大及其常委会在其门户网站上建立了地方立法专栏。本项得 2 分。

D02. 年度立法计划依法向社会公布（1 分）

经网络检索，河源市人大常委会制定的《河源市人大常委会 2019 年立法计划》已依法在人大常委会门户网站上向社会公布。本项得 1 分。

D03. 年度立法计划调整后及时向公众公开说明（2 分）

经网络检索，河源市人大常委会制定的《河源市人大常委会 2019 年立法计划》没有进行调整。本项得 2 分。

D04. 法规制定过程中，草案依法向社会公开征求意见（4 分）

经网络检索，《河源市革命遗址保护条例》（修改稿）均通过河源市政府门户网站公开征求过公众意见。本项得 4 分。

D05. 草案公开附有立法说明（8 分）

经网络检索，河源市司法局在河源市政府门户网站上公布的征求《河源市革命遗址保护条例》（修改稿）意见公告中未附有立法说明。河源市生态环境局在河源市政府门户网站上公布的征求《河源市扬尘污染防治条例（征求意见稿）》意见公告中也未附有立法说明。本项得 0 分。

D06. 法规文本依法公布（1 分）

经网络检索，河源市已通过的地方性法规项目均在河源市人大门户网站的"立法工作—地方性法规"栏目上公布。本项得 1 分。

D07. 地方人大、政府或政府法制机构门户网站建立具有检索功能的地方立法数据库或提供数据库外部链接（6 分）

经网络检索，河源市人大常委会门户网站建立了"立法工作—地方性法规"立法数据库并按照法规颁布年份分类，但没有按照法规效力以及法规类型为检索类型进行法规分类。本项得 4 分。

D08. 地方立法数据库或相应外部链接数据库收录地方性法规齐全（2 分）

经网络检索，河源市人大常委会门户网站建立的"立法工作—地方性法规"数据库所收录的河源市行政区域内的地方性法规齐全。本项得 2 分。

D09. 立法工作总结向社会公布（2 分）

经网络检索，截至 2020 年 2 月 22 日，河源市人大常委会门户网站上未公布 2019 年河源市立法工作总结，也未公布河源市人大常委会工作报告。本项得 0 分。

D10. 立法过程中的审议情况等立法资料主动向社会公布（8 分）

经网络检索、查阅，河源市人大常委会在本年度内未通过（含制定、修订、废止）地方性法规。《河源市人大常委会 2019 年立法计划中》仅有《河源市革命遗址保护条例》一件正式项目，目前，《河源市革命遗址保护条例》正在征求意见阶段，还未提交河源市人大常委会审议表决。经网络检索，《河源市革命遗址保护条例（征求意见稿）》在公开征求意见时并未附有起草说明，在河源市人大常委会网站上也未检索到《河源市革命遗址保护条例》的审查报告和审议情况的报告等相关立法资料。本项得 0 分。

E. 立法机制完善

E01. 法规立法后评估制度的建立和实施（2 分）

经网络检索，河源市人大常委会制定了《河源市人大常委会立法评估工作指引》，建立了立法后评估制度。2019 年河源市人大常委会专门成立立法后评估工作组对《河源市恐龙地质遗迹保护条例》开展立法后评估工作，形成了《〈河源市恐龙地质遗迹保护条例〉立法后评估报告（草案）》，由河源市人大常委会审议后通过。本项得 2 分。

E02. 法规清理制度的建立和实施（1 分）

经网络检索，《河源市制定地方性法规条例》规定了法规清理相关内容，河源市人大常委会已建立起法规清理制度。本项得 1 分。

E03. 建立立法专家顾问制度（1 分）

经网络检索，河源市人大常委会制定了《河源市人民代表大会常务委员会立法咨询专家工作规则（试行）》，已建立起立法专家顾问制度。本项得 1 分。

E04. 建立地方立法基层联系点制度（1 分）

经网络检索，河源市人大常委会已建立立法基层联系点制度。根据《河源市人民代表大会常务委员会公告〔七届〕18 号》，河源市第七届人大常委会第 36 次主任会议审议将河源市残疾人联合会、源城区政府办公室、东源县新回龙镇政府、和平县阳明镇人大、龙川县民政局、紫金县市场监督管理局、连平县环保局等 7 个单位为 2019—2021 年河源市人大常委会立法联系点。本项得 1 分。

E05. 建立立法协商制度（1 分）

经网络检索、调查，在地方立法工作中，河源市人大常委会已制定了立法协商制度。本项得 1 分。

二 问题与建议

本次人大及其常委会立法年度观察报告，河源市人大及其常委会得 65 分。

2019 年，河源市人大及其常委会地方立法工作存在的主要问题是：（1）在立法程序与立法工作机制的建设落实方面的不足，主要是立项论证评估机制落实不到位。（2）在立法公开和相关技术支持方面的不足。一是法规草案公开时未附立法说明；二是未及时公布河源市 2019 年立法工作总结；三是立法过程中法规草案的审查报告、审议情况的报告等相关立法资料也未及时向社会公布；四是地方立法数据库检索功能不完整，缺乏对法规效力以及法规类型为检索内容的法规分类。

  针对上述问题,建议河源市人大及其常委会可以从以下五个方面改善地方立法工作:(1)确切落实立项论证评估机制,进一步完善相关立法工作机制,不仅要建立相应的制度,更要在程序方面构建常态化、制度化工作机制。(2)进一步加强立法信息公开,按照相关法律规定和工作要求,结合当地实际情况,梳理地方立法过程中应当公开、可以公开和不公开信息的类别,对于草案立法说明、法规草案审议报告等有关材料予以主动公开。(3)加强立法技术保障,加强法规数据库建设,完善检索功能。

(撰稿:广东外语外贸大学　肖佳琪)
(审定:广东外语外贸大学　谢　宇)

第九章

梅州市人大及其常委会
年度立法观察报告（2020）

一 观察评估

A. 立法程序

A01. 广泛向社会公开征集立法项目（3分）

经网络检索，梅州市本届人大任期为2017年至2021年，在制定立法规划过程中并未向社会征集立法项目。2018年7月25日，梅州市人大及其常委会在梅州市人大门户网站公布了《关于向社会各界公开征集2019年立法计划建议项目的公告》，并载明征集时间自公布之日起至2018年9月28日。除在门户网站对社会公开外，梅州数字日报网站也转载了相关公告。本项得1分。

A02. 对法规立项项目进行论证评估并向社会公布论证评估情况（1分）

经网络检索，未发现梅州市人大及其常委会就立法建议项目举办座谈会、听证会、论证会和专家咨询会的信息，也未检索到法规立项项目的论证评估结果。本项得0分。

A03. 立法规划的制定（1分）

经网络检索，2018年梅州市第七届人大常委会第22次主任会议通过《梅州市第七届人大常委会立法规划》。2018年7月23日，梅州市人大门户网站公布了《梅州市第七届人大常委会立法规划》。本项得1分。

A04. 年度立法计划的制定与执行（2 分）

经网络检索，《梅州市人大常委会 2019 年立法工作计划》中含继续安排审议的法规案 2 件：《梅州市城市市容和环境卫生管理条例》《梅州市农村生活垃圾处理条例》；预备项目 3 件：《梅州市扬尘污染防治条例》《梅州市农村建房管理条例》。其中，《梅州市城市市容和环境卫生管理条例》于 2019 年 3 月 19 日经梅州市第七届人大常委会第二十六次会议通过，《梅州市农村生活垃圾处理条例》也即将进入二审阶段。年度计划执行 100%。本项得 2 分。

A05. 年度立法计划明确法规草案拟提请地方人大及其常委会审议时间（2 分）

经网络检索，《梅州市人大常委会 2019 年立法工作计划》虽在提及 "这些立法项目请有关方面搞好调研和起草工作，市人大常委会按照'成熟一个审议一个'的原则视情况在 2019 年或者以后年度安排审议"，但并未明确草案拟提请人大常委会审议时间。本项得 0 分。

A06. 年度立法计划的调整（1 分）

经网络检索、比对，相关新闻信息显示，未发现《梅州市人大常委会 2018 年立法工作计划》发生变更。本项得 1 分。

A07. 地方人大及其常委会在立法起草（含修改、废止）中发挥主导作用（4 分）

经网络检索、综合分析，《梅州市人大常委会 2019 年立法工作计划》共有审议项目 2 件，均未明确起草单位；从实际工作落实情况来看，《梅州市城市市容和环境卫生管理条例》修订草案、《梅州市农村生活垃圾处理条例》修订草案均由梅州市政府拟定。本项得 0 分。

A08. 立法起草（含修改）过程中的社会参与情况（4 分）

经网络检索，已完成（包括制定和修订）的 2 项地方性法规，均通过梅州市人大门户网站公开征求过公众意见，并提供公众意见反馈渠道，但未在网上反馈意见征求情况。本项得 2 分。

A09. 立法起草（含修改）过程中的市场主体参与情况（2 分）

经网络检索、综合分析，《梅州市城市市容和环境卫生管理条例》涉及到部分企事业单位、个体工商户的生产经营活动，但尚无信息显示草案在起草过程中专门听取了市场主体、行业协会或者商会意见。本项得 0 分。

A10. 常委会审议法规草案遵循三审制（不含法规修改、废止案）（2分）

经网络检索，《梅州市人大常委会 2019 年立法工作计划》中的 2 项审议项目已完成一项，即《梅州市城市市容和环境卫生管理条例》。《梅州市城市市容和环境卫生管理条例》为梅州市人大及其常委会三次审议通过。本项得 2 分。

A11. 已通过法规在审议时听取提案人说明（1分）

经网络检索，梅州市人大及其常委会门户网站无法查阅到在审议过程中是否有提案人到会作立法起草情况说明的直接记录、报道，但"立法工作"栏目公开的文件，查阅到市七届人大常委会第十二次会议上，梅州市城市管理和综合执法局局长到场做立法起草情况说明。本项得 1 分。

A12. 法规草案在表决前进行评估，并将表决前评估情况向社会公开（2分）

经网络检索，梅州市人大及其常委会未公布法规草案表决前评估的情况。本项得 0 分。

A13. 有权机关提出法规解释请求后及时作出解释（1分）

经网络检索，未查询到有权机关提出法规解释请求的相关信息，视为有权机关提出法规解释请求后及时作出解释。本项得 1 分。

B. 立法结果

B01. 根据社会需要通过一定数量的法规（含制定、修改和废止）（2分）

经网络检索，梅州市人大及其常委会 2019 年通过 1 件地方性法规（修改）。本项得 2 分。

C. 立法内容

经网络检索，梅州市人大常委会 2019 年通过的地方性法规（含制定和修改）仅 1 项，即《梅州市城市市容和环境卫生管理条例》。本观察报告以此为考察对象，进行立法内容方面的观察评估。

C01. 法规内容符合法治精神、法治原则，与上位法不相抵触（22分）

经比对，《梅州市城市市容和环境卫生管理条例》内容符合法治精神、法治原则，与上位法不相抵触。本项得 22 分。

C02. 法规与本级人大及其常委会制定的其他法规相协调（1分）

经比对，未发现《梅州市城市市容和环境卫生管理条例》条文与梅州市人大及常委会制定的其他法规相冲突的情况。本项得1分。

C03. 法规内部协调（2分）

经比对，未发现《梅州市城市市容和环境卫生管理条例》条文内容内部不协调之处。本项得2分。

C04. 法规内容具有可操作性（1分）

经分析，《梅州市城市市容和环境卫生管理条例》相关条款明确具体，可操作性较强，其中的强制性条款不存在不可操作条款。本项得1分。

C05. 法规名称科学（1分）

经分析，《梅州市城市市容和环境卫生管理条例》法规名称科学，符合相关立法技术规范要求。本项得1分。

C06. 法规结构合理（2分）

经分析，《梅州市城市市容和环境卫生管理条例》体系合理，逻辑结果完备。本项得2分。

C07. 法规语言文字符合要求，清晰准确（1分）

经分析，《梅州市城市市容和环境卫生管理条例》的立法语言符合立法语言的基本要求。本项得1分。

D. 立法公开

D01. 建立地方立法专网或专栏（2分）

经网络检索，梅州市人大未建立立法专网，但在门户网站设"立法工作"专栏。本项得2分。

D02. 年度立法计划依法向社会公布（1分）

经网络检索，梅州市人大及其常委会在门户网站公布了年度立法计划。本项得1分。

D03. 年度立法计划调整后及时向公众公开说明（2分）

经网络检索，《梅州市人大常委会2019年立法工作计划》在执行中没有调整。本项得2分。

D04. 法规制定过程中，草案依法向社会公开征求意见（4分）

经网络检索，《梅州市人大常委会2019年立法工作计划》的2项修订项目在修改过程中均通过梅州市人大门户网站公开征求过公众意见。本项

第九章 梅州市人大及其常委会年度立法观察报告（2020） 65

得 4 分。

D05. 草案公开附有立法说明（8 分）

经网络检索，梅州市人大门户网站公布的征求意见公告文中未附立法说明，但在同一栏目中，同时发布了法规提案议案、起草单位说明、审议报告等相关信息，因此可以认定梅州市人大 2019 年法规草案公开附有立法说明。本项得 8 分。

D06. 法规文本依法公布（1 分）

经网络检索，梅州市人大门户网站发布《梅州市第七届人民代表大会常务委员会公告（第 13 号）》，依法向社会公布《梅州市城市市容和环境卫生管理条例》。本项得 1 分。

D07. 地方人大、政府或政府法制机构门户网站建立具有检索功能的地方立法数据库或提供数据库外部链接（6 分）

经网络检索，梅州市人大门户网站设"立法工作"一栏，但并未建立具有检索功能的地方立法数据库、专栏，也没有提供数据库外部链接。本项得 0 分。

D08. 地方立法数据库或相应外部链接数据库收录地方性法规齐全（2 分）

经网络检索，梅州市人大门户网站设"立法工作"一栏，但并未建立具有检索功能的地方立法数据库、专栏，也没有提供数据库外部链接。本项得 0 分。

D09. 立法工作总结向社会公布（2 分）

经网络检索，梅州市人大及其常委会尚未在门户网站上公布地方立法工作总结，梅州市第七届人大第七次会议通过的《梅州市人民代表大会常务委员会工作报告》中也没有发现对地方立法工作进行总结的专门章节。本项得 0 分。

D10. 立法过程中的审议情况等立法资料主动向社会公布（8 分）

经网络检索，《梅州市人大常委会 2019 年立法工作计划》含审议项目 2 项，梅州市人大及其常委会根据各个项目的不同情况在门户网站"立法工作"一栏中公开了立法资料，包括提案单位的起草说明、梅州市人大专门委员会的审议意见报告、梅州市人大常委会审议决定等内容。本项得 8 分。

E. 立法机制完善

E01. 法规立法后评估制度的建立和实施（2分）

经网络检索，梅州市人大常委会于2017年公布了《梅州市人民代表大会常务委员会立法评估工作规定》，但尚未公开法规立法后评估实施的相关信息。本项得1分。

E02. 法规清理制度的建立和实施（1分）

经网络检索，梅州市人大及其常委会未建立法规清理制度。本项得0分。

E03. 建立立法专家顾问制度（1分）

经网络检索，梅州市人大常委会于2017年在门户网站公布了《梅州市人民代表大会常务委员会立法咨询专家工作规定》，建立了立法顾问制度。本项得1分。

E04. 建立地方立法基层联系点制度（1分）

经网络检索，梅州市人大及其常委会尚未建立基层立法联系点制度。本项得0分。

E05. 建立立法协商制度（1分）

经网络检索，梅州市尚未制定专门的地方立法协商的相关规定或制度，现有法规文件中也没有查阅到相关规定。本项得0分。

二　问题与建议

本次人大及其常委会立法年度观察报告，梅州市人大及其常委会得72分。

2019年，梅州市人大及其常委会在立法工作中仍存在三方面的问题，建议梅州市人大及其常委会采取相应措施，切实提高立法质量。

（1）在立法工作机制的建设与落实方面。一是2019年审议的法规均由梅州市政府相关部门起草，梅州市人大及其常委会并无自主起草、委托起草或联合其他部门共同起草的地方性法规项目，建议梅州市人大及其常委会积极探索多元化的法规起草工作机制，通过建立立法研究基地等方式开展委托第三方起草工作实践探索。二是从立法程序上看，2019年梅州市人大及其常委会在地方立法工作中征求市场主体参与状况不理想，也未开展表决前评估。梅州市人大及其常委会应当充分听取市场主体、行业协会商会的意见，并抓紧建立表决前评估制度。三是要进一步完善相关立法工作机制，抓紧制定成文的法规清理工作制度。专家顾问制度、基层联系点制度和立法协商制度，构建常态化、制度化工作机制，保障科学立法、民主立法，保障法制统一。

（2）在立法公开方面。一方面，梅州市人大及其常委会没有建立地方立法数据库或提供数据库链接，另一方面没有对立法过程意见征求的情况作出反馈。建议梅州市人大及其常委会加大对立法公开技术支持力度，结合地方立法工作特点，梳理地方立法过程中应当公开、可以公开和不公开信息的类别，建立、完善地方法规数据库；同时，加强与社会的互动，在意见征询结束后作出意见征询总结或反馈，保障社会公众有效参与立法和对信息的及时知悉。

（3）其他方面。梅州市第七届人大常委会任期为2017至2021年，但直到2018年11月27日才通过《梅州市第七届人大常委会立法规划》，且规划制定前未依法向社会征集立法项目。另外，梅州市人大及其常委会也未进行2019年度立法工作总结。建议梅州市人大常委会在规定期限内启动立法规划的制定工作，注重立法工作的总结提升，注重工作时效性，加强对立法工作的统筹安排，提高立法的及时性、针对性和系统性，保障规划制定中的民意畅通和民众参与。

（撰稿：广东外语外贸大学　熊　潇）
（审定：广东外语外贸大学　余　彦）

第十章

惠州市人大及其常委会
年度立法观察报告(2020)

一 观察评估

A. 立法程序

A01. 广泛向社会公开征集立法项目（3分）

经网络检索，为广泛向社会征集立法项目，惠州市人大及其常委会于2018年10月15日在门户网站公布了《惠州市人大常委会关于公开征集2019年立法计划建议项目的公告》，向社会征集立法计划项目，意见征集时间至2018年11月16日；但惠州市人大常委会未曾公开征集立法规划建议。本项得1分。

A02. 对法规立项项目进行论证评估并向社会公布论证评估情况（1分）

经网络检索，未发现惠州市人大及其常委会就法规立项项目举办座谈会、听证会、论证会和专家咨询会的信息，也未检索到法规立项项目的论证评估结果。本项得0分。

A03. 立法规划的制定（1分）

经网络检索，惠州市人大及其常委会本届任期为2017至2021年，未制定立法规划。本项得0分。

A04. 年度立法计划的制定与执行（2分）

经网络检索，惠州市人大及其常委会在《惠州市人大常委会2019年立法工作计划》含审议项目2件，预备项目3件。其中，2019年8月27

第十章　惠州市人大及其常委会年度立法观察报告（2020）

日召开的惠州市十二届人大常委会第二十五次会议表决通过《惠州西湖风景名胜区保护条例》，《惠州市扬尘污染防治条例（草案）》也将于2020年6月提请市人大常委会会议进行第二次审议。年度计划执行100%。本项得2分。

A05. 年度立法计划明确法规草案拟提请地方人大及其常委会审议时间（2分）

经网络检索，《惠州市人大常委会2019年立法工作计划》明确《惠州西湖风景名胜区保护条例》于2019年6月提交市人大常委会会议进行第三次审议并交付表决，《惠州市扬尘污染防治条例》于2019年12月提交市人大常委会会议进行第一次审议。本项得2分。

A06. 年度立法计划的调整（1分）

经网络检索、比对，相关新闻信息显示，未发现《惠州市人大常委会2019年立法工作计划》发生变更。本项得1分。

A07. 地方人大常委会在立法起草（含修改、废止）中发挥主导作用（4分）

经网络检索，根据《惠州市人大常委会2019年立法工作计划》规定，《惠州西湖风景名胜区保护条例》由市政园林事务中心负责起草，《惠州市扬尘污染防治条例》由市生态环境局负责起草，惠州市人大常委会在立法过程中发挥了主导作用。本项得4分。

A08. 立法起草（含修改）过程中的社会参与情况（4分）

经网络检索，已完成的《惠州西湖风景名胜区保护条例》通过惠州人大信息网公开征求过公众意见，并提供公众意见反馈渠道，但未在网上反馈意见征求情况。本项得2分。

A09. 立法起草（含修改）过程中的市场主体参与情况（2分）

经网络检索、综合分析，《惠州市人大常委会2019年立法工作计划》中，《惠州市扬尘污染防治条例》已提交市人大一审，且与多个行业的市场主体生产经营活动密切相关，但尚无信息显示草案在起草过程中专门听取了市场主体、行业协会或者商会意见。本项得0分。

A10. 常委会审议法规草案遵循三审制（不含法规修改、废止案）（2分）

经网络检索，惠州市人大常委会2019年通过的地方性法规仅有1件，即《惠州西湖风景名胜区保护条例》。该法规于2019年7月提交市人大常委会会议进行第三次审议并交付表决通过。本项得 2 分。

A11. 已通过法规在审议时听取提案人说明（1 分）

经网络检索，2017 年 8 月 30 日，惠州市十二届人大常委会第五次会议审议惠州市政府关于提请审议《惠州市西湖风景名胜区保护条例（草案）》，受市政府的委托，市园林管理局（市西湖风景区管理局）局长就《惠州市西湖风景名胜区保护条例（草案）》作立法说明。本项得 1 分。

A12. 法规草案在表决前进行评估，并将表决前评估情况向社会公开（2 分）

经网络检索，惠州市人大及其常委会门户网站未公布法规草案表决前评估的情况。本项得 0 分。

A13. 有权机关提出法规解释请求后及时作出解释（1 分）

经网络检索，未查询到有权机关提出法规解释请求的相关信息。本项得 1 分。

B. 立法结果

B01. 根据社会需要通过一定数量的法规（含制定、修改和废止）（2 分）

经网络检索，惠州市人大及其常委会 2019 年通过的地方性法规（含制定、修改和废止）仅有 1 件。本项得 2 分。

C. 立法内容

经网络检索，惠州市人大常委会 2019 年通过的地方性法规（含制定和修改）仅 1 项，即《惠州西湖风景名胜区保护条例》。本观察报告以此为考察对象，进行立法内容方面的观察评估。

C01. 法规内容符合法治精神、法治原则，与上位法不相抵触（22 分）

经分析，《惠州西湖风景名胜区保护条例》存在一处与上位法抵触的情况：《惠州西湖风景名胜区保护条例》第三十一条规定，违反本条例第十九条规定，在惠州西湖风景名胜区内使用高音广播喇叭的，或者组织娱乐、集会等活动使用音响器材，产生干扰周围生活环境的过大音量的，由公安机关给予警告，可以并处两百元以上一千元以下罚款。作为上位法之一的《治安管理处罚法》第五十八条规定，制造噪声干扰他人正常生活的，处警告；警告后不改正的，处 200 元以上 500 元以下罚款。本项得 18 分。

C02. 法规与本级人大及其常委会制定的其他法规相协调（1 分）

经分析，未发现《惠州西湖风景名胜区保护条例》条文与惠州市人大及常委会制定的其他法规相冲突的情况。本项得 1 分。

C03. 法规内部协调（2 分）

经分析，未发现《惠州西湖风景名胜区保护条例》条文内容内部不协调之处。本项得 2 分。

C04. 法规内容具有可操作性（1 分）

经分析，《惠州西湖风景名胜区保护条例》相关条款明确具体，可操作性较强。本项得 1 分。

C05. 法规名称科学（1 分）

经分析，《惠州西湖风景名胜区保护条例》的名称，明确了法规的适用空间、规范事项和行为，符合相关立法技术规范要求，法规名称科学。本项得 1 分。

C06. 法规结构合理（2 分）

经分析，《惠州西湖风景名胜区保护条例》共三十五条，没有划分章节，结构较为混乱。除文首的参与主体和文末的法律责任外，中间若干条款的规定排列没有清晰的逻辑思路。本项得 1 分。

C07. 法规语言文字符合要求，清晰准确（1 分）

经分析，《惠州西湖风景名胜区保护条例》的立法语言符合立法语言的基本要求。本项得 1 分。

D. 立法公开

D01. 建立地方立法专网或专栏（2 分）

经网络检索，惠州市人大及其常委会在惠州人大信息网设"立法工作"专栏。本项得 2 分。

D02. 年度立法计划依法向社会公布（1 分）

经网络检索，惠州市人大及其常委会在门户网站公布了年度立法计划。本项得 1 分。

D03. 年度立法计划调整后及时向公众公开说明（2 分）

经网络检索，惠州市人大常委会 2019 年立法工作计划在执行中没有调整。本项得 2 分。

D04. 法规制定过程中，草案依法向社会公开征求意见（4 分）

经网络检索，《梅州市人大常委会 2019 年立法工作计划》的 2 件法规在修改过程中均通过惠州人大信息网或惠州市政府门户网站公开征求公众意见。本项得 4 分。

D05. 草案公开附有立法说明（8 分）

经网络检索，惠州市人大及其常委会在惠州人大信息网公布的 2 件法规草案征求意见稿均未附立法说明。在惠州市政府网、惠州市司法局门户网站公布的《惠州市扬尘污染防治条例（征求意见稿）》中也未见立法说明相关信息。本项得 0 分。

D06. 法规文本依法公布（1 分）

经网络检索，惠州市人大及其常委会 2019 年通过的《惠州西湖风景名胜区保护条例》在惠州人大信息网"人大要闻"栏目对外公布。本项得 1 分。

D07. 地方人大、政府或政府法制机构门户网站建立具有检索功能的地方立法数据库或提供数据库外部链接（6 分）

经网络检索，惠州市人大信息网未设立法数据库外部链接，但在"立法工作"专栏设"地方法规"专栏。该栏目不具检索功能，仅按照时间先后顺序列出惠州市地方法规。本项得 0 分。

D08. 地方立法数据库或相应外部链接数据库收录地方性法规齐全（2 分）

经网络检索，惠州市人大信息网建立了"立法工作"栏目，且有"地方法规"的类别，收录齐全。本项得 2 分。

D09. 立法工作总结向社会公布（2 分）

经网络检索，2020 年 1 月 9 日在惠州市第十二届人大第七次会议通过的《惠州市人民代表大会常务委员会工作报告》对惠州市人大及其常委会 2019 年度立法工作进行了总结。本项得 2 分。

D10. 立法过程中的审议情况等立法资料主动向社会公布（8 分）

经网络检索，2019 年审议的《惠州西湖风景名胜区保护条例》和《惠州市扬尘污染防治条例》均未向社会公布制定过程中的审议情况等立法资料。本项得 0 分。

E. 立法机制完善

E01. 法规立法后评估制度的建立和实施（2分）

经网络检索，2016年8月9日，惠州市第十一届人大常委会主任会议通过《惠州市人民代表大会常务委员会立法评估工作规定》，在惠州市人大信息网上也公布了惠州市人大关于开展立法后评估工作的相关信息。本项得2分。

E02. 法规清理制度的建立和实施（1分）

经网络检索，惠州市人大常委会于2016年公布了《惠州市人民代表大会常务委员会立法论证工作规定》，其中有关于法规清理的相关规定。本项得1分。

E03. 建立立法专家顾问制度（1分）

2016年8月9日，惠州市第十一届人大常委会主任会议通过《惠州市人民代表大会常务委员会立法咨询专家工作规定》，建立起立法顾问制度。本项得1分。

E04. 建立地方立法基层联系点制度（1分）

经网络检索，惠州市人大及其常委会尚未建立基层立法联系点制度。本项得0分。

E05. 建立立法协商制度（1分）

经网络检索，惠州市尚未制定专门的地方立法协商的相关规定或制度，现有法规文件中也没有查阅到相关规定。本项得0分。

二　问题与建议

本次人大及其常委会立法年度观察报告，惠州市人大及其常委会得61分。

2019年，惠州市人大及其常委会立法工作中以下四个方面问题较为明显，建议惠州市人大及其常委会进行调整、改进。

（1）惠州市第十二届人大任期为2017年至2021年。截至2020年3月24日，经网络检索，发现惠州市第十二届人大及其常委会未制定立法规划的相关制度规范，也未制定五年立法规划。建议惠州市人大及其常委会在规定期限内制定立法规划，提高对地方立法全局的统筹力度，提升立法工作的体系性、连续性和科学性。

（2）人大及其常委会在地方立法工作中的主导作用有待加强。经网络检索，惠州市在2019年度制定的两部法规均由政府部门起草，惠州市人大及其常委会并未在年度立法计划中规定地方性法规起草单位，也没有在实践中自主起草、委托起草或联合其他部门共同起草。建议惠州市人大及其常委会积极探索多元化的专业立法工作机制，建立立法研究中心或者通过与高校合作建立立法研究基地的模式，开展委托第三方起草的工作实践探索。

（3）要进一步完善相关立法工作机制，对表决前评估、法规清理、专家顾问、基层联系点和立法协商等工作制度机制要予以配套完善，抓紧制定成文规定，构建常态化、制度化工作机制，保障科学立法、民主立法，保障法制统一。

（4）惠州市人大信息网设"立法工作"作为立法公开的专栏，下设"立法动态"、"立法计划"、"立法制度"、"地方法规"、"立法文件"等五个分栏，其中，"地方法规"收纳了惠州市人大及其常委会通过的地方性法规6件，其中一件虽修订通过，但更新前的法规仍在分栏中对外公布；"立法文件"为立法过程中相关资料对外公布的平台，但资料公布明显不全。除此之外，在"立法动态"公布的草案也附上立法说明，立法的必要性、立法目的、立法原则及重要条款说明等内容均未可知。建议惠州市人大及其常委会进一步加强立法信息公开，拓展立法信息公开的手段和方式，充分运用当前信息化平台，以网站、微信、小程序等大众媒介为载体，向公众公开立法信息；及时完善和优化地方法规数据库的集成，并及时按照"立、改、废"情况更新数据库，加强检索的科学性；切实将立法说明、立法资料等配套资料及时向公众公开，并建立和完善行政内网和行政外网的意见系统，及时收集意见，掌握规章实施情况。

（撰稿：广东外语外贸大学　熊　潇）
（审定：广东外语外贸大学　余　彦）

第十一章

肇庆市人大及其常委会年度立法观察报告(2020)

一 观察评估

A. 立法程序

A01. 广泛向社会公开征集立法项目（3分）

经网络检索，肇庆市人大常委会在肇庆市人大网站的立法工作专栏公布了《肇庆市人大常委会关于征集2019年度立法建议项目的公告》，立法项目有按照规定向社会公开征求立法项目，但征求立法项目时间不足30日。本项得2分。

A02. 对法规立项项目进行论证评估并向社会公布论证评估情况（1分）

经网络检索，肇庆市人大及其常委会未对法规立项项目进行论证评估并向社会公布论证评估情况。本项得0分。

A03. 立法规划的制定（1分）

经网络检索，肇庆市人大常委会制定了《肇庆市第十三届人大常委会立法规划（2017—2021年）》。本项得1分。

A04. 年度立法计划的制定与执行（2分）

经网络检索、比对，肇庆市人大常委会于2019年2月27日在肇庆人大网站的立法动态栏目公布了《肇庆市人大常委会2019年度立法工作计划》，且立法计划得到全面执行。本项得2分。

A05. 年度立法计划明确法规草案拟提请地方人大及其常委会审议时间（2分）

经网络检索，肇庆市年度立法计划有明确法规草案拟提请地方人大及其常委会审议时间。本项得2分。

A06. 年度立法计划的调整（1分）

经网络检索，肇庆市人大及其常委会制定的立法计划有调整，已经向社会公布。本项得1分。

A07. 地方人大及其常委会在立法起草（含修改、废止）中发挥主导作用（4分）

经网络检索，《肇庆市人大常委会2019年度立法工作计划》规定充分发挥市人大及其常委会在立法工作中的主导作用，市人大常委会法工委及有关工作机构要加强与起草单位的沟通联系，积极主动介入法规草案的调研和起草工作，并在实践中得到执行。本项得4分。

A08. 立法起草（含修改）过程中的社会参与情况（4分）

经网络检索，《肇庆市文明行为促进条例》形成初稿后，市人大常委会法工委通过召开座谈会、书面发函等方式多次征询了省人大法工委、省市直相关部门、立法基地、立法基层联系点和人大代表、群众代表的意见，利用媒体、门户网站、微信公众号等广泛征求社会意见，组织省市立法咨询专家对条例进行论证评估，但没有在网上反馈征求意见情况。本项得2分。

A09. 立法起草（含修改）过程中的市场主体参与情况（2分）

肇庆市本年度制定的《肇庆市文明行为促进条例》与市场主体生产经营活动关联不大，视为听取了市场主体意见。本项得2分。

A10. 常委会审议法规草案遵循三审制（不含法规修改、废止案）（2分）

经网络检索，肇庆市人大常委会本年度计划内制定出台《肇庆市文明行为促进条例》，《条例》经三次审议通过。本项得2分。

A11. 已通过法规在审议时听取提案人说明（1分）

经网络检索，《肇庆市文明行为促进条例（草案）》经市政府常务会议研究，以议案形式递交市人大常委会审议，但未发现在审议时有提案人到会作并立法起草情况说明。本项得0分。

A12. **法规草案在表决前进行评估，并将表决前评估情况向社会公开**（2分）

经网络检索，在肇庆市人大常委会门户网站未发现肇庆市人大及其常委会对 2019 年通过的法规草案进行表决前评估等相关信息。本项得 0 分。

A13. **有权机关提出法规解释请求后及时作出解释**（1分）

经网络检索、调查，有权机关没有提出法规解释请求。本项得 1 分。

B. 立法结果

B01. **根据社会需要通过一定数量的法规（含制定、修改和废止）**（2分）

经网络检索，肇庆市人大常委会 2019 年制定了《肇庆市文明行为促进条例》。本项得 2 分。

C. 立法内容

本部分主要考察肇庆市人大及其常委会 2019 年所制定法规的内容。在进行本部分的考察时，以 2019 年度肇庆市人大常委会制定的《肇庆市文明行为促进条例》作为考察对象。

C01. **法规内容符合法治精神、法治原则，与上位法不相抵触**（22分）

经比对，《肇庆市文明行为促进条例》没有违反法治精神、法治原则，没有和上位法相抵触。本项得 22 分。

C02. **法规与本级人大及其常委会制定的其他法规相协调**（1分）

经分析，《肇庆市文明行为促进条例》不存在条文与本级人大及其常委会制定的其他法规相冲突的情形。本项得 1 分。

C03. **法规内部协调**（2分）

经分析，《肇庆市文明行为促进条例》条文内部协调，不存在冲突。本项得 2 分。

C04. **法规内容具有可操作性**（1分）

经分析，《肇庆市文明行为促进条例》除了原则性规定之外，所有条款都具有可操作性。本项得 1 分。

C05. **法规名称科学**（1分）

经分析，《肇庆市文明行为促进条例》的名称符合立法技术规范要求，名称科学。本项得 1 分。

C06. 法规结构合理（2 分）

经分析，《肇庆市文明行为促进条例》的体系结构均符合立法技术规范要求，体系结构合理。本项得 2 分。

C07. 法规语言文字符合要求，清晰准确（1 分）

经分析，《肇庆市文明行为促进条例》的语言文字符合技术规范要求。本项得 1 分。

D. 立法公开

D01. 建立地方立法专网或专栏（2 分）

经网络检索，肇庆市人大及其常委会有建立地方立法工作专网或专栏。本项得 2 分。

D02. 年度立法计划依法向社会公布（1 分）

经网络检索，肇庆市 2019 年度立法计划已经依法向社会公布。本项得 1 分。

D03. 年度立法计划调整后及时向公众公开说明（2 分）

经网络检索，肇庆市 2019 年度立法计划调整后及时向公众公开说明。本项得 2 分。

D04. 法规制定过程中，草案依法向社会公开征求意见（4 分）

经网络检索，《肇庆市文明行为促进条例》经肇庆市人大常委会门户网站公开征求过公众意见。本项得 4 分。

D05. 草案公开附有立法说明（8 分）

经网络检索，肇庆市人大常委会门户网站公布《肇庆市文明行为促进条例（草案修改二稿征求意见稿）》未附有立法说明。本项得 2 分。

D06. 法规文本依法公布（1 分）

经网络检索，《肇庆市文明行为促进条例》依法公布。本项得 1 分。

D07. 地方人大、政府或政府法制机构门户网站建立具有检索功能的地方立法数据库或提供数据库外部链接（6 分）

经网络检索，肇庆市人大常委会门户网站"法律法规库"栏目中建立了地方立法数据库，但是不具备检索功能。也没有按照法规颁布年份、法规效力以及法规类型进行分类。本项得 3 分。

D08. 地方立法数据库或相应外部链接数据库收录地方性法规齐全（2 分）

经网络检索，肇庆市人大常委会门户网站"法律法规库"栏目中数据库收录的地方性法规缺少 2019 年通过的《肇庆市文明行为促进条例》。本项得 1 分。

D09. 立法工作总结向社会公布（2 分）

经网络检索，肇庆市立法工作总结未向社会公布。本项得 0 分。

D10. 立法过程中的审议情况等立法资料主动向社会公布（8 分）

经网络检索，肇庆市立法过程中《肇庆市文明行为促进条例》的审议情况等资料未向社会公布。本项得 4 分。

E. 立法机制完善

E01. 法规立法后评估制度的建立和实施（2 分）

经网络检索，肇庆市人大常委会制定了《肇庆市人民代表大会常务委员会立法评估工作规定》，建立起法规立法后评估制度，但并未检索到肇庆人大常委会对地方法规进行立法后评估等相关信息。本项得 1 分。

E02. 法规清理制度的建立和实施（1 分）

经网络检索、调查，《肇庆市制定地方性法规条例》未建立法规清理制度。本项得 0 分。

E03. 建立立法专家顾问制度（1 分）

经网络检索，肇庆市人大常委会通过《肇庆市人民代表大会常务委员会立法咨询专家工作规定》建立了立法专家顾问制度。本项得 1 分。

E04. 建立地方立法基层联系点制度（1 分）

经网络检索、调查，肇庆市人大及其常委会建立了立法基层联系点制度。本项得 1 分。

E05. 建立立法协商制度（1 分）

经网络检索、调查，肇庆市人大及其常委会未建立立法协商制度。本项得 0 分。

二　问题与建议

本次人大及其常委会立法年度观察报告，肇庆市人大及其常委会得

74分。

2019年，肇庆市人大及其常委会地方立法工作存在的主要问题是：(1) 立法信息公开存在不足。(2) 未建立具有检索功能的地方立法数据库。(3) 未建立和实施法规清理制度。

针对上述问题，根据本次立法观察的结果，提出以下几点建议：(1) 向社会公布立项项目论证评估情况、表决前评估情况、立法过程中的审议情况、立法工作总结等资料，方便公众了解。(2) 建立健全具有检索功能的地方立法数据库。(3) 及时建立和实施法规清理制度。

（撰稿：广东外语外贸大学　章　磊）
（审定：广东外语外贸大学　黄　喆）

第十二章

东莞市人大及其常委会年度立法观察报告（2020）

一　观察评估

A. 立法程序

A01. 广泛向社会公开征集立法项目（3分）

经网络检索，东莞市人大及其常委会在制定立法规划、年度立法计划前向社会公开征集立法项目建议且时间不少于三十日。本项得3分。

A02. 对法规立项项目进行论证评估并向社会公布论证评估情况（1分）

经网络检索，东莞人大及其常委会立法前对法规立项项目进行论证评估，并将论证评估结果向社会公布。本项得1分。

A03. 立法规划的制定（1分）

经网络检索，东莞人大及其常委会制定了《东莞市人大常委会2019年度立法计划》。本项得1分。

A04. 年度立法计划的制定与执行（2分）

经网络检索，东莞市人大常委会制定了《东莞市人大常委会2019年度立法计划》并公布于官方网站上，并且立法计划得到全面执行。本项得2分。

A05. 年度立法计划明确法规草案拟提请地方人大及其常委会审议时间（2分）

经网络检索，东莞市人大常委会制定的年度立法计划明确了法规草案拟提请人大常委会审议时间。本项得 2 分。

A06. 年度立法计划的调整（1 分）

经网络检索，东莞市第十六届人大常委会第二十四次会议废止部分规范性文件共 5 件，并通过东莞市人大门户网站予以公告。本项得 1 分。

A07. 地方人大及其常委会在立法起草（含修改、废止）中发挥主导作用（4 分）

经网络检索，东莞市第十六届人大常委会第二十四次会议废止部分规范性文件共 5 件。在立法起草（含修改、废止）中发挥了主导作用。本项得 4 分。

A08. 立法起草（含修改）过程中的社会参与情况（4 分）

经网络检索，东莞市人大及其常委会 2019 年制定的地方性法规草案《东莞市水土保持条例（草案修改稿征求意见稿）》，通过起草单位、政府法制机构或者人大常委会网站等公开征求公众意见并提供公众意见反馈渠道。本项得 4 分。

A09. 立法起草（含修改）过程中的市场主体参与情况（2 分）

经网络检索，东莞市人大及其常委会 2019 年制定（含修改）的地方性法规草案《东莞市养犬管理条例》《东莞市水土保持条例》均向社会各界人士征求意见。本项得 2 分。

A10. 常委会审议法规草案遵循三审制（不含法规修改、废止案）（2 分）

经网络检索，东莞市人大常委会本年度计划内制定出台（不含法规修订、废止案）的地方性法规《东莞市城市管理综合执法条例》，经三次以上审议通过，超过本年度制定法规总数的 50% 及以上。本项得 2 分。

A11. 已通过法规在审议时听取提案人说明（1 分）

经网络检索，东莞市人大常委会在本年度内制定出台（含修订和废止）的地方性法在审议时均有提案人到会作并立法起草情况说明。本项得 1 分。

A12. 法规草案在表决前进行评估，并将表决前评估情况向社会公开（2 分）

经网络检索，在东莞市人大常委会门户网站未发现东莞市人大及其常委会对 2019 年通过的法规草案进行表决前评估等相关信息。本项得 0 分。

A13. 有权机关提出法规解释请求后及时作出解释（1分）

经网络检索、调查，有权机关没有提出法规解释请求。本项得1分。

B. 立法结果

B01. 根据社会需要通过一定数量的法规（含制定、修改和废止）（2分）

经网络检索，2019年东莞市人大及其常委会通过的地方性法规总数（含制定、修改和废止）为1件。即制定了《东莞市城市管理综合执法条例》。本项得2分。

C. 立法内容

经网络检索，东莞市人大常委会2019年计划通过的地方性法规（含制定和修改）共1项，本观察报告选取《东莞市城市管理综合执法条例》作为考察对象，进行立法内容方面的观察。

C01. 法规内容符合法治精神、法治原则，与上位法不相抵触（22分）

经网络检索，《东莞市城市管理综合执法条例》规章内容存在以下违反上位法规定。

1.《东莞市城市管理综合执法条例》第十七条 城市管理综合执法部门在执法活动中应当严格遵守法律、法规、规章的规定，在查处违法行为时，应当全面、客观、公正地进行调查、取证。

国务院《城市管理行政执法条例》第十九条 执法人员调查取证，应当坚持及时、全面、客观、公正的原则。

由此可见，上位法规定了"及时"原则，而下位法省去了"及时"原则，不符合法治精神、法治原则。

2.《东莞市城市管理综合执法条例》第三十条 相关部门应当自收到协助函件之日起七个工作日内出具书面意见。案情复杂需要延期的，应当以书面形式向城市管理综合执法部门说明理由并明确答复期限。相关部门出具书面意见前需要城市管理综合执法部门补充资料的，应当在收到协助函件之日起两个工作日内告知，补充资料所用时间不计入答复期限。

国务院《城市管理行政执法条例》第四十四条 城管执法机关查处违法行为需要查询有关资料的，相关行政机关应当依法提供，不得阻挠并收取费用。需要相关行政机关提供专业鉴定、意见的，相关行政机关应当自收到协助通知之日起 5 日内出具书面意见；案情复杂，需要延期的，应当以书面形式向城管执法机关说明理由并明确答复期限，最长不得超过 15 日。相关行政机关出具书面意见前需要城管执法机关补充资料的，应当一次性告知，补充资料所用时间不计入答复期限。

由此可见，上位法规定相关行政机关应当自收到协助通知之日起 5 日内出具书面意见，而下位法则扩大了时限，相关部门应当自收到协助函件之日起七个工作日内出具书面意见。与上位法不相符。其二，上位法明确规定案情复杂，需要延期的，应当以书面形式向城管执法机关说明理由并明确答复期限，最长不得超过 15 日，而下位法则用模糊的笼统规定：案情复杂需要延期的，应当以书面形式向城市管理综合执法部门说明理由并明确答复期限。与上位法不相符。其三，上位法规定相关行政机关出具书面意见前需要城管执法机关补充资料的，应当一次性告知，而下位则违背上位法的一次性告知制度，改成应当在收到协助函件之日起两个工作日内告知，不符合法治精神。

综上，两个点，每处扣 4 分。本项得 14 分。

C02. 法规与本级人大及其常委会制定的其他法规相协调（1 分）

经网络检索、比对，未发现《东莞市城市管理综合执法条例》内容与本级人大及常委会制定的其他法规存在不协调问题。本项得 1 分。

C03. 法规内部协调（2 分）

经网络检索、比对，未发现《东莞市城市管理综合执法条例》内部存在矛盾与冲突等不协调问题。本项得 2 分。

C04. 法规内容具有可操作性（1 分）

经网络检索、比对，《东莞市城市管理综合执法条例》的强制性条款均具有可操作性。本项得 1 分。

C05. 法规名称科学（1 分）

《东莞市城市管理综合执法条例》法规名称是科学的。本项得 1 分。

C06. 法规结构合理（2 分）

经网络检索、比对，《东莞市城市管理综合执法条例》体系结构符合立法技术规范要求，且规章的条款、构成要件完备、法律效果齐备。本项得 2 分。

C07. 法规语言文字符合要求，清晰准确（1 分）

《东莞市城市管理综合执法条例》的语言文字符合技术规范要求。本项得 1 分。

D. 立法公开

D01. 建立地方立法专网或专栏（2 分）

经网络检索，东莞市人大及其常委会门户网站上建立了地方立法专栏。本项得 2 分。

D02. 年度立法计划依法向社会公布（1 分）

经网络检索，东莞市人大常委会制定的《东莞市人大常委会 2019 年度立法计划》已依法在人大常委会门户网站上向社会公布。本项得 1 分。

D03. 年度立法计划调整后及时向公众公开说明（2 分）

经网络检索，东莞市人大及其常委会未调整立法计划。本项得 2 分。

D04. 法规制定过程中，草案依法向社会公开征求意见（4 分）

经网络检索，东莞市在 2019 年已制定（含修改、废止案）的地方性法规中，《东莞市水土保持条例》《东莞市城市管理综合执法条例》《东莞市养犬管理条例》均通过起草单位、政府法制机构或者人大常委会网站，或者官方媒体网站公开征求过公众意见。征求意见的法规草案超过本年度制定法规总数的 50% 及以上。本项得 4 分。

D05. 草案公开附有立法说明（8 分）

经网络检索，东莞市人大及其常委会立法专网上公布的征求意见公告附有供下载的征求意见文本内容也包含立法说明。立法说明中均附有立法必要性、起草过程或依据、立法内容或个别条款说明。本项得 8 分。

D06. 法规文本依法公布（1 分）

经网络检索，东莞市 2019 年通过的地方性法规项目在东莞市人大网的"最新法规"栏目上公布。本项得 1 分。

D07. 地方人大、政府或政府法制机构门户网站建立具有检索功能的地方立法数据库或提供数据库外部链接（6 分）

经网络检索，东莞市人大门户网站建立了"法规查询""最新法规"数据库。本项得 6 分。

D08. 地方立法数据库或相应外部链接数据库收录地方性法规齐全（2 分）

经网络检索，东莞市人大门户网站建立的"法规查询"数据库未收录的东莞行政区域内的地方性法规，且"最新法规"一栏也未能收集东莞行政区域内的所有法规。本项得 0 分。

D09. 立法工作总结向社会公布（2 分）

经网络检索，截至 2020 年 3 月 20 日，东莞市人大常委会门户网站上未公布 2019 年东莞市立法工作总结，也未公布东莞市人大常委会工作报告。本项得 0 分。

D10. 立法过程中的审议情况等立法资料主动向社会公布（8 分）

经网络检索、查阅，《东莞市水土保持条例（征求意见稿）》《东莞市城市管理综合执法条例（征求意见稿）》《东莞市养犬管理条例（征求意见稿）》的起草说明均已向社会公布，但东莞市政府法制机构或东莞市人大常委会法工委对以上法规草案的审查报告和审议情况的报告等相关立法资料并未向社会公布。本项得 0 分。

E. 立法机制完善

E01. 法规立法后评估制度的建立和实施（2 分）

经网络检索，根据《东莞市政府规章立法后评估办法》可以推断，东莞市人大已建立立法后评估制度，但在东莞人大常委会门户网站上并未检索到东莞人大常委会对地方法规进行立法后评估等相关信息。本项得 1 分。

E02. 法规清理制度的建立和实施（1 分）

经网络检索，未搜索到东莞市人大常委会有关法规清理制度的具体内容。本项得 0 分。

E03. 建立立法专家顾问制度（1 分）

经网络检索、调查，东莞市人大常委会建立了立法专家顾问制度。本项得 1 分。

E04. 建立地方立法基层联系点制度（1 分）

经网络检索，东莞已经制定了基层立法联系点制度。本项得 1 分。

E05. 建立立法协商制度（1 分）

经网络检索，东莞市人大常委会已制定了立法协商制度。本项得 1 分。

第十二章　东莞市人大及其常委会年度立法观察报告(2020)

二　问题与建议

本次人大及其常委会立法年度观察报告，东莞市人大及其常委会得76分。

2019年，东莞市人大及其常委会地方立法工作存在的主要问题是，在立法程序与立法工作机制的建设与落实方面：（1）东莞市人大及其常委会年度立法计划并未得到贯彻落实。2019年的立法计划中，只制定出台一部地方性法规。（2）未形成草案表决前评估机制。经网络检索，未发现东莞市人大及其常委会对2019年通过的法规草案开展表决前评估。（3）未贯彻落实法规立法后评估机制。经网络检索，东莞市人大及其常委会已建立立法后评估制度，但在其门户网站上并未检索到东莞市人大及其常委会对地方法规进行立法后评估等相关信息。在立法公开和相关技术支持方面：（1）公众对法规草案的意见征询结束后东莞人大及其常委会没有作出意见征询总结或反馈。（2）未建立和实施法规清理制度。（3）未主动向社会公布立法过程中的审议情况等资料。（4）地方立法数据库建设不完善。检索功能不完整，缺乏对法规效力以及法规类型为检索内容的法规分类；此外，数据库有效数据过于单薄，收集不齐全。

针对上述问题，建议东莞市人大及其常委会可以从以下四个方面改善地方立法工作：（1）及时对法规草案的意见进行整理、汇总、分析，总结公布征询意见。（2）建立和实施法规清理制度，对不符合经济发展、社会进步的法规及时进行清理或修订。（3）进一步加强立法信息公开，按照相关法律规定和工作要求，结合当地实际情况，梳理地方立法过程中应当公开、可以公开和不公开信息的类别，对于草案立法说明、法规草案审议报告等有关材料予以主动公开。（4）加强立法技术保障，加强法规数据库建设，完善检索功能，丰富充实数据库内容。

（撰稿：广东外语外贸大学　廖　衡）
（审定：广东外语外贸大学　谢　宇）

第十三章

中山市人大及其常委会
年度立法观察报告（2020）

一　观察评估

A. 立法程序

A01. 广泛向社会公开征集立法项目（3分）

经网络检索，中山市人大及其常委会在制定立法规划、年度立法计划前向社会公开征集立法项目建议且时间不少于三十日。本项得3分。

A02. 对法规立项项目进行论证评估并向社会公布论证评估情况（1分）

经网络检索，中山市人大及其常委会立法前对法规立项项目进行论证评估，并将论证评估结果向社会公布。本项得1分。

A03. 立法规划的制定（1分）

经网络检索，中山市人大及其常委会制定了《中山市2017—2021年度地方性法规制定规划项目列表》。本项得1分。

A04. 年度立法计划的制定与执行（2分）

经网络检索，中山市人大常委会并未制定2019年度立法计划。本项得0分。

A05. 年度立法计划明确法规草案拟提请地方人大及其常委会审议时间（2分）

经网络检索，中山市人大常委会并未制定2019年度立法计划。本项得0分。

A06. 年度立法计划的调整（1分）

经网络检索，中山市人大常委会并未制定2019年度立法计划。本项得0分。

A07. 地方人大及其常委会在立法起草（含修改、废止）中发挥主导作用（4分）

经网络检索，《中山市停车场条例》由中山市人大常委会及其专门委员会主持领导，进行自主起草、委托起草或联合其他部门共同起草，中山市人大常委会召开立法工作协调会，研究推进中山市立法工作计划。本项得4分。

A08. 立法起草（含修改）过程中的社会参与情况（4分）

经网络检索，中山市人大及其常委会2019年已制定的地方性法规《中山市停车场条例》通过起草单位、政府法制机构或者人大常委会网站等公开征求公众意见并提供公众意见反馈渠道，同时，意见征询结束后未在网上反馈征求意见具体情况。本项得2分。

A09. 立法起草（含修改）过程中的市场主体参与情况（2分）

经网络检索，中山市人大及其常委会2019年制定的地方性法规《中山市停车场条例》听取了市场主体、行业协会或者商会的意见。本项得2分。

A10. 常委会审议法规草案遵循三审制（不含法规修改、废止案）（2分）

经网络检索，中山市人大常委会本年度制定出台的地方性法规《中山市停车场条例》经中山市人大常委会三次审议通过，超过本年度制定法规总数的50%及以上。本项得2分。

A11. 已通过法规在审议时听取提案人说明（1分）

经网络检索，中山市人大常委会在本年度内制定出台（含修订和废止）的地方性法规在审议时有提案人到会作并立法起草情况说明。本项得1分。

A12. 法规草案在表决前进行评估，并将表决前评估情况向社会公开（2分）

经网络检索，在中山市人大常委会门户网站未发现中山市人大及其常委会对2019年通过的法规草案进行表决前评估等相关信息。本项得0分。

A13. 有权机关提出法规解释请求后及时作出解释（1分）

经网络检索、调查，有权机关没有提出法规解释请求。本项得1分。

B. 立法结果

B01. 根据社会需要通过一定数量的法规（含制定、修改和废止）(2 分)

经网络检索，2019 年，中山市人大及其常委会通过的地方性法规总数（含制定、修改和废止）为 1 件，即《中山市停车场条例》。本项得 2 分。

C. 立法内容

经网络检索，中山市人大常委会 2019 年通过的地方性法规（含制定和修改）共 1 项，本观察报告选取《中山市停车场条例》作为考察对象，进行立法内容方面的观察。

C01. 法规内容符合法治精神、法治原则，与上位法不相抵触（22 分）

经分析，认为《中山市停车场条例》符合法治精神、法治原则，与上位法不相抵触。本项得 22 分。

C02. 法规与本级人大及其常委会制定的其他法规相协调（1 分）

经分析，认为《中山市停车场条例》条文没有与中山市人大及常委会制定的其他法规相冲突。本项得 1 分。

C03. 法规内部协调（2 分）

经分析，认为《中山市停车场条例》的条文内容内部协调，不存在冲突。本项得 2 分。

C04. 法规内容具有可操作性（1 分）

经分析，《中山市停车场条例》相关条款明确具体，可操作性较强，其中的强制性条款不存在不可操作条款。本项得 1 分。

C05. 法规名称科学（1 分）

经比对，《中山市停车场条例》法规名称是科学的。本项得 1 分。

C06. 法规结构合理（2 分）

经比对，《中山市停车场条例》法规结构合理。本项得 2 分。

C07. 法规语言文字符合要求，清晰准确（1 分）

经比对，《中山市停车场条例》语言文字符合技术规范要求。本项得 1 分。

D. 立法公开

D01. 建立地方立法专网或专栏（2分）

经网络检索，中山市人大及其常委会在其门户网站上建立了地方立法专栏。本项得2分。

D02. 年度立法计划依法向社会公布（1分）

经网络检索，中山市人大常委会制定的《中山市2017—2021年度地方性法规制定规划项目列表》已依法在人大常委会门户网站上向社会公布。本项得1分。

D03. 年度立法计划调整后及时向公众公开说明（2分）

经网络检索，中山市人大常委会年度立法计划未调整。本项得2分。

D04. 法规制定过程中，草案依法向社会公开征求意见（4分）

经网络检索，中山市在2019年已制定的《中山市停车场条例》，通过起草单位、政府法制机构或者人大常委会网站，或者官方媒体网站公开征求过公众意见。征求意见的法规草案超过本年度制定法规总数的50%及以上。本项得4分。

D05. 草案公开附有立法说明（8分）

经网络检索，中山市人大及其常委会立法专网上公布的征求意见公告并附有供下载的征求意见文本内容也并含立法说明。立法说明中包含有立法必要性、起草过程或依据、立法内容或个别条款说明。本项得8分。

D06. 法规文本依法公布（1分）

经网络检索，中山市2019年通过的地方性法规项目在中山市人大门户网站的"地方性法规"栏目上公布或者以常委会公告的形式公布。本项得1分。

D07. 地方人大、政府或政府法制机构门户网站建立具有检索功能的地方立法数据库或提供数据库外部链接（6分）

经网络检索，中山市人大常委会门户网站建立了"法规数据库"，但该页面显示"暂无数据"，并没有按照法规效力以及法规类型为检索类型进行法规分类。本项得2分。

D08. 地方立法数据库或相应外部链接数据库收录地方性法规齐全（2分）

经网络检索，中山市人大常委会门户网站建立的"法规数据库"，并未收录中山市行政区域内的地方性法规。本项得 0 分。

D09. 立法工作总结向社会公布（2 分）

经网络检索，截至 2020 年 3 月 20 日，中山市人大常委会门户网站上未公布 2019 年中山市立法工作总结，也未公布中山市人大常委会工作报告。本项得 0 分。

D10. 立法过程中的审议情况等立法资料主动向社会公布（8 分）

经网络检索、查阅，《中山市停车场条例》的起草说明已向社会公布，但中山市人大常委会网站"立法资料"一栏显示"暂无数据"。中山市政府法制机构或中山市人大常委会法工委对以上法规草案的审查报告和审议情况的报告等相关立法资料并未通过门户网站向社会公布。本项得 0 分。

E. 立法机制完善

E01. 法规立法后评估制度的建立和实施（2 分）

经网络检索，根据中山市人大常委会门户网站上"立法优化"—"立法后评估"一栏可以推出建立了立法后评估制度。并未检索到"立法后评估"一栏有相关信息，证明其实施了立法后评估制度。本项得 2 分。

E02. 法规清理制度的建立和实施（1 分）

经网络检索，中山市人大常委会已建立起法规清理制度。本项得 1 分。

E03. 建立立法专家顾问制度（1 分）

经网络检索、调查，中山市人大常委会建立了立法专家顾问制度。本项得 1 分。

E04. 建立地方立法基层联系点制度（1 分）

经网络检索，中山市已经制定了基层立法联系点制度。本项得 1 分。

E05. 建立立法协商制度（1 分）

经网络检索，在地方立法工作中，中山市人大常委会已制定了立法协商制度。本项得 1 分。

二　问题与建议

本次人大及其常委会立法年度观察报告，中山市人大及其常委会得

第十三章 中山市人大及其常委会年度立法观察报告(2020)

75分。

2019年,中山市人大及其常委会地方立法工作存在的主要问题是:(1)中山市人大及其常委会在2019年仅出台一部地方性法规,根据《中山市2017—2021年度地方性法规制定规划项目列表》,2019年度的年度立法计划并不明确,且在中山市人大及其常委会门户网站2019年度并未搜索到年度立法计划。(2)未形成草案表决前评估机制。经网络检索,未发现中山市人大及其常委会对2019年通过的法规草案开展表决前评估。(3)未贯彻落实法规立法后评估机制。经网络检索,中山市人大及其常委会已建立立法后评估制度,但在其门户网站上并未检索到中山市人大及其常委会对地方法规进行立法后评估等相关信息。(3)公众对法规草案的意见征询结束后中山人大及其常委会没有作出意见征询总结或反馈。(4)立法计划调整后未向社会公开说明理由。(5)未及时公布中山市2019年立法工作总结以及立法过程中法规草案的审查报告、审议情况的报告等相关立法资料未及时向社会公布。(6)地方立法数据库检索功能不完整,缺乏对法规效力以及法规类型为检索的法规分类。

针对上述问题,建议中山市人大及其常委会可以从以下四个方面改善地方立法工作:(1)明确年度立法计划。将《中山市2017—2021年度地方性法规制定规划项目列表》细化到每个年份,规定每个年份的立法计划并且及时在门户网站公布执行。(2)进一步完善相关立法工作机制。尽快建立表决前评估制度和立法后评估制度,在程序方面构建常态化、制度化工作机制。(3)进一步加强立法信息公开,按照相关法律规定和工作要求,结合当地实际情况,梳理地方立法过程中应当公开、可以公开和不公开信息的类别,对于草案立法说明、法规草案审议报告等有关材料予以主动公开。(4)加强立法技术保障,加强法规数据库建设,完善检索功能。

(撰稿:广东外语外贸大学 廖 衡)
(审定:广东外语外贸大学 谢 宇)

第十四章

江门市人大及其常委会年度立法观察报告(2020)

一 观察评估

A. 立法程序

A01. 广泛向社会公开征集立法项目（3分）

经网络检索，江门市人大及其常委会在制定立法规划、年度立法计划前向社会公开征集立法项目建议且时间不少于三十日。本项得3分。

A02. 对法规立项项目进行论证评估并向社会公布论证评估情况（1分）

经网络检索，江门市人大及其常委会立法前对法规立项项目进行论证评估，并将论证评估结果向社会公布。本项得1分。

A03. 立法规划的制定（1分）

经网络检索，江门市人大及其常委会制定了《江门市人大常委会2019年度立法计划》。本项得1分。

A04. 年度立法计划的制定与执行（2分）

经网络检索，江门市人大常委会制定了《江门市人大常委会2019年立法计划》并公布于官方网站上，但立法计划并未全面执行。本项得1分。

A05. 年度立法计划明确法规草案拟提请地方人大及其常委会审议时间（2分）

经网络检索，江门市人大常委会制定的年度立法计划明确了法规草案拟提请人大常委会审议时间。本项得 2 分。

A06. 年度立法计划的调整（1 分）

经网络检索，江门市人大常委会制定的《江门市人大常委会 2019 年立法计划》有调整。例如《江门市人大常委会 2019 年立法计划》中并不包含《江门市潭江流域水质保护条例》的修改，但江门市人大常委会 2019 年度对《江门市潭江流域水质保护条例》进行了修改。年度立法计划有调整，但未在门户网站进行公示公告。此外，《江门市历史文化街区管理条例》更名为《江门市历史文化街区和历史建筑保护条例》也未在相关网站等公示说明。本项得 0 分。

A07. 地方人大及其常委会在立法起草（含修改、废止）中发挥主导作用（4 分）

经网络检索，江门市人大常委会在立法起草（含修改、废止）中发挥了主导作用。例如，《江门市新会陈皮保护条例》即是由江门市人大常委会自主起草的地方立法。本项得 4 分。

A08. 立法起草（含修改）过程中的社会参与情况（4 分）

经网络检索，江门市人大及其常委会 2019 年已制定的地方性法规草案中，《江门市新会陈皮保护条例（草案征求意见稿）》通过起草单位、政府法制机构或者人大常委会网站等公开征求公众意见并提供公众意见反馈渠道，但意见征询结束后未在网上反馈征求意见情况。本项得 2 分。

A09. 立法起草（含修改）过程中的市场主体参与情况（2 分）

经网络检索，江门市人大及其常委会制定（含修改）的地方性法规草听取了市场主体、行业协会或者商会的意见。本项得 2 分。

A10. 常委会审议法规草案遵循三审制（不含法规修改、废止案）（2 分）

经网络检索，江门市人大常委会本年度计划内制定出台的地方性法规《江门市新会陈皮保护条例（草案）》经三次审议通过。本项得 2 分。

A11. 已通过法规在审议时听取提案人说明（1 分）

经网络检索，江门市人大常委会在本年度内制定出台（含修订和废止）的地方性法规在审议时均有提案人到会并作立法起草情况说明。本项得 1 分。

A12. 法规草案在表决前进行评估，并将表决前评估情况向社会公开（2 分）

经网络检索，在江门市人大常委会门户网站未发现江门市人大及其常委会对 2019 年通过的法规草案进行表决前评估等相关信息。本项得 0 分。

A13. 有权机关提出法规解释请求后及时作出解释（1 分）

经网络检索、调查，有权机关没有提出法规解释请求。本项得 1 分。

B. 立法结果

B01. 根据社会需要通过一定数量的法规（含制定、修改和废止）（2 分）

经网络检索，2019 年，江门市人大及其常委会通过的地方性法规总数（含制定、修改和废止）为 2 件，其中制定出台 1 件、修改 1 件。制定了《江门市新会陈皮保护条例》；修改了《江门市潭江流域水质保护条例》。本项得 2 分。

C. 立法内容

经网络检索，江门市人大常委会 2019 年计划内通过的地方性法规（含制定和修改）共 2 项，本观察报告拟选取《江门市新会陈皮保护条例》作为考察对象，但经网络检索，《江门市新会陈皮保护条例》正文尚未公布。本观察报告选取《江门市潭江流域水质保护条例》进行立法内容方面的观察。

C01. 法规内容符合法治精神、法治原则，与上位法不相抵触（22 分）

经分析，认为修改后的《江门市潭江流域水质保护条例》符合法治精神、法治原则，与上位法不相抵触。本项得 22 分。

C02. 法规与本级人大及其常委会制定的其他法规相协调（1 分）

经分析，认为修改后的《江门市潭江流域水质保护条例》条文没有与江门市人大及常委会制定的其他法规相冲突。本项得 1 分。

C03. 法规内部协调（2 分）

经逐条研究分析，认为修改后的《江门市潭江流域水质保护条例》的条文内容内部协调，不存在冲突。本项得 2 分。

C04. 法规内容具有可操作性（1 分）

经分析，修改后的《江门市潭江流域水质保护条例》相关条款明确具体，可操作性较强，其中的强制性条款不存在不可操作条款。本项得1分。

C05. 法规名称科学（1分）

经比对，修改后的《江门市潭江流域水质保护条例》法规名称是科学的。本项得1分。

C06. 法规结构合理（2分）

经网络检索、比对，修改后的《江门市潭江流域水质保护条例》体系结构符合立法技术规范要求，且规章的条款、构成要件完备、法律效果齐备。本项得2分。

C07. 法规语言文字符合要求，清晰准确（1分）

经比对，修改后的《江门市潭江流域水质保护条例》语言文字符合技术规范要求。本项得1分。

D. 立法公开

D01. 建立地方立法专网或专栏（2分）

经网络检索，江门市人大及其常委会在其门户网站上建立了地方立法专栏。本项得2分。

D02. 年度立法计划依法向社会公布（1分）

经网络检索，江门市人大常委会制定的《江门市人大常委会2019年立法计划》已依法在人大常委会门户网站上向社会公布。本项得1分。

D03. 年度立法计划调整后及时向公众公开说明（2分）

经网络检索，江门市人大常委会制定的《江门市人大常委会2019年立法计划》有调整，例如修改《江门市潭江流域水质保护条例》。而《江门市人大常委会2019年立法计划》调整后，江门市人大及其常委会未对调整后的立法计划向社会公开说明理由。本项得0分。

D04. 法规制定过程中，草案依法向社会公开征求意见（4分）

经网络检索，江门市在2019年已制定（含修改、废止案）的2件地方性法规中，《江门市新会陈皮保护条例》《江门市潭江流域水质保护条例》均通过起草单位、政府法制机构或者人大常委会网站，或者官方媒体网站公开征求过公众意见。但征求意见的法规草案未超过本年度计划制定法规总数的50%及以上。本项得2分。

D05. 草案公开附有立法说明（8 分）

经网络检索，江门市人大及其常委会立法专网上公布的征求意见公告并附有供下载的征求意见文本内容也并包含立法说明。本项得 8 分。

D06. 法规文本依法公布（1 分）

经网络检索，江门市 2019 年通过的地方性法规项目《江门市潭江流域水质保护条例》在江门市人大网的"最新法规"栏目上公布或者以常委会公告的形式公布。但《江门市新会陈皮保护条例》并未将法规文本及时依法公布。本项得 0 分。

D07. 地方人大、政府或政府法制机构门户网站建立具有检索功能的地方立法数据库或提供数据库外部链接（6 分）

经网络检索，江门市人大常委会门户网站建立了"最新法规"数据库并按照法规颁布年份分类，但没有按照法规效力以及法规类型为检索类型进行法规分类，以及不能及时全面公布。本项得 4 分。

D08. 地方立法数据库或相应外部链接数据库收录地方性法规齐全（2 分）

经网络检索，江门市人大常委会门户网站建立的"最新法规"数据库所收录的江门行政区域内的地方性法规并不齐全。本项得 0 分。

D09. 立法工作总结向社会公布（2 分）

经网络检索，江门市人大常委会通过微信公众号的形式发布 2019 年江门市立法工作总结。本项得 2 分。

D10. 立法过程中的审议情况等立法资料主动向社会公布（8 分）

经网络检索、查阅，《江门市新会陈皮保护条例》《江门市潭江流域水质保护条例》的起草说明均已向社会公布，但江门市政府法制机构或江门市人大常委会法工委对以上法规草案的审查报告和审议情况的报告等相关立法资料并未向社会公布。本项得 0 分。

E. 立法机制完善

E01. 法规立法后评估制度的建立和实施（2 分）

经网络检索，江门市人大已颁布的《江门市人大常委会立法评估工作规则》，但在江门市人大常委会门户网站上并未检索到江门人大常委会对地方法规进行立法后评估等相关信息。本项得 1 分。

E02. 法规清理制度的建立和实施（1 分）

经网络检索，江门市人大常委会已建立起法规清理制度并严格按照法规清理制度的具体规定进行法规清理。本项得 1 分。

E03. 建立立法专家顾问制度（1 分）

经网络检索、调查，江门市人大常委会与五邑大学创新性合作创办江门市地方立法研究院，此外，依托市法学会，建立由城市管理、文化建设和环保方面专家参与的市人大立法人才库，成立市立法咨询专家组。可见，江门市人大常委会已建立了立法专家顾问制度。本项得 1 分。

E04. 建立地方立法基层联系点制度（1 分）

经网络检索，江门市已经制定了基层立法联系点制度。目前，江门市已建立了 15 个基层立法联系点。本项得 1 分。

E05. 建立立法协商制度（1 分）

经网络检索，江门市人大常委会已制定了立法协商制度。本项得 1 分。

二 问题与建议

本次人大及其常委会立法年度观察报告，江门市人大及其常委会得 76 分。

2019 年，江门市人大及其常委会地方立法工作存在的主要问题是：（1）江门市人大及其常委会《江门市人大常委会 2019 年度立法计划》的审议项目中并没有很好地落实。（2）未形成草案表决前评估机制。经网络检索，未发现江门市人大及其常委会对 2019 年通过的法规草案开展表决前评估。（3）未贯彻落实法规立法后评估机制。经网络检索，江门市人大及其常委会已建立立法后评估制度，但在其门户网站上并未检索到江门市人大及其常委会对地方法规进行立法后评估等相关信息。（4）公众对法规草案的意见征询结束后江门市人大及其常委会没有作出意见征询总结或反馈。（5）立法计划调整后未向社会公开说明理由。（6）未及时公布江门市 2019 年立法工作总结以及立法过程中法规草案的审查报告、审议情况的报告等相关立法资料未及时向社会公布。（7）地方立法数据库检索功能不完整，缺乏对法规效力以及法规类型为检索内容的法规分类。

针对上述问题，建议江门市人大及其常委会可以从以下四个方面改善地方立法工作：（1）进一步发挥人大常委会在立法起草方面的主导作用。

积极探索多元化的法规起草工作机制，通过建立立法研究基地等方式开展委托第三方起草工作实践探索。（2）进一步完善相关立法工作机制。尽快建立表决前评估制度和立法后评估制度，在程序方面构建常态化、制度化工作机制。（3）进一步加强立法信息公开，按照相关法律规定和工作要求，结合当地实际情况，梳理地方立法过程中应当公开、可以公开和不公开信息的类别，对于草案立法说明、法规草案审议报告等有关材料予以主动公开。（4）加强立法技术保障，加强法规数据库建设，完善检索功能。

（撰稿：广东外语外贸大学　廖　衡）
（审定：广东外语外贸大学　谢　宇）

第十五章

阳江市人大及其常委会
年度立法观察报告（2020）

一　观察评估

A. 立法程序

A01. 广泛向社会公开征集立法项目（3分）

经网络检索，阳江市人大及其常委会在制定立法规划、年度立法计划前向社会公开征集立法项目建议且时间不少于三十日。本项得3分。

A02. 对法规立项项目进行论证评估并向社会公布论证评估情况（1分）

经网络检索，阳江人大及其常委会未在立法前对法规立项项目进行论证评估。本项得0分。

A03. 立法规划的制定（1分）

经网络检索，阳江市人大及其常委会制定了《阳江市人大常委会2019年度立法计划》。本项得1分。

A04. 年度立法计划的制定与执行（2分）

经网络检索，阳江市人大常委会制定了《阳江市人大常委会2019年度立法计划》并公布于官方网站上，但立法计划并未得到全面执行。本项得1分。

A05. 年度立法计划明确法规草案拟提请地方人大及其常委会审议时间（2分）

经网络检索，阳江市人大常委会制定的年度立法计划明确了法规草案拟提请人大常委会审议时间。本项得 2 分。

A06. 年度立法计划的调整（1 分）

经网络检索，阳江市人大常委会 2019 年度立法计划未调整。本项得 1 分。

A07. 地方人大及其常委会在立法起草（含修改、废止）中发挥主导作用（4 分）

经网络检索，《阳江市人大常委会 2019 年度立法计划》所列立法任务，起草工作均由市政府相关部门承担，因此，阳江市人大常委会在立法起草中未发挥主导作用。本项得 0 分。

A08. 立法起草（含修改）过程中的社会参与情况（4 分）

经网络检索，阳江市人大及其常委会 2019 年计划立法的地方性法规草案中，《阳江市市区公园绿地管理条例（征求意见稿）》向社会公开征求了意见，意见征询结束后以召开座谈会的形式反馈征求意见情况，但意见征询结束后未在网上反馈征求意见情况。本项得 2 分。

A09. 立法起草（含修改）过程中的市场主体参与情况（2 分）

经网络检索，阳江市人大及其常委会 2019 年计划制定（含修改）的地方性法规草案听取了市场主体、行业协会或者商会的意见。本项得 2 分。

A10. 常委会审议法规草案遵循三审制（不含法规修改、废止案）（2 分）

经网络检索，阳江市人大常委会本年度计划内未出台（不含法规修订、废止案）的地方性法规。原有已通过的地方性法规均经三次审议。本项得 2 分。

A11. 已通过法规在审议时听取提案人说明（1 分）

经网络检索，阳江市人大常委会本年度计划内未出台（不含法规修订、废止案）的地方性法规。本项得 0 分。

A12. 法规草案在表决前进行评估，并将表决前评估情况向社会公开（2 分）

经网络检索，在阳江市人大常委会门户网站未发现阳江市人大及其常委会对 2019 年通过的法规草案进行表决前评估等相关信息。本项得 0 分。

A13. 有权机关提出法规解释请求后及时作出解释（1 分）

经网络检索、调查，有权机关没有提出法规解释请求。本项得 1 分。

B. 立法结果

B01. 根据社会需要通过一定数量的法规（含制定、修改和废止）（2分）

经网络检索，阳江市人大常委会 2019 年度计划内未出台（含制定、修改和废止）的地方性法规。本项得 0 分。

C. 立法内容

经网络检索，阳江市人大常委会 2019 年度计划内未出台（含制定、修改和废止）的地方性法规。本观察报告按照立法内容总分 60% 取整数计分。本部分得 18 分。

D. 立法公开

D01. 建立地方立法专网或专栏（2分）

经网络检索，阳江市人大及其常委会在其门户网站上建立了地方立法专栏。本项得 2 分。

D02. 年度立法计划依法向社会公布（1分）

经网络检索，阳江市人大常委会制定的《阳江市人大常委会 2019 年立法计划》已依法在人大常委会门户网站上向社会公布。本项得 1 分。

D03. 年度立法计划调整后及时向公众公开说明（2分）

经网络检索，阳江市人大常委会 2019 年立法工作计划并未调整。本项得 2 分。

D04. 法规制定过程中，草案依法向社会公开征求意见（4分）

经网络检索，阳江市在 2019 年计划制定的地方性法规中，通过起草单位、政府法制机构或者人大常委会网站，或者官方媒体网站公开征求过公众意见。本项得 4 分。

D05. 草案公开附有立法说明（8分）

经网络检索，阳江市人大及其常委会立法专网上公布的征求意见公告并附有供下载的征求意见文本内容且包含立法说明，链接的方式将法规草案的征求意见稿或草案修改稿登载于阳江市人大常委会网站。本项得 8 分。

D06. 法规文本依法公布（1分）

经网络检索，阳江市人大常委会 2019 年度计划内未出台（含制定、修改和废止）的地方性法规。原有已通过的地方性法规均依法公布。本项得 1 分。

D07. 地方人大、政府或政府法制机构门户网站建立具有检索功能的地方立法数据库或提供数据库外部链接（6 分）

经网络检索，阳江市政府网站建立了数据库外部链接，但链接的数据库并未按照法规颁布年份、法规效力以及法规类型为检索类型进行法规分类。本项得 2 分。

D08. 地方立法数据库或相应外部链接数据库收录地方性法规齐全（2 分）

经网络检索，阳江市政府网建立数据库所收录的阳江行政区域内的地方性法规齐全。本项得 2 分。

D09. 立法工作总结向社会公布（2 分）

经网络检索，截至 2020 年 2 月 14 日，阳江市人大常委会门户网站上未公布 2019 年阳江市立法工作总结，也未公布阳江市人大常委会工作报告。本项得 0 分。

D10. 立法过程中的审议情况等立法资料主动向社会公布（8 分）

经网络检索，阳江市人大常委会 2019 年度计划内未出台（含制定、修改和废止）的地方性法规。本项得 0 分。

E. 立法机制完善

E01. 法规立法后评估制度的建立和实施（2 分）

经网络检索，阳江市人大常委会建立并实施了立法后评估制度。本项得 2 分。

E02. 法规清理制度的建立和实施（1 分）

经网络检索，阳江市人大常委会未建立起法规清理制度。本项得 0 分。

E03. 建立立法专家顾问制度（1 分）

经网络检索、调查，阳江市人大常委会制定了《阳江市政府规章争议较大的重要立法事项委托第三方评估工作规范》，已建立了立法专家顾问制度。本项得 1 分。

E04. 建立地方立法基层联系点制度（1 分）

经网络检索，阳江已经制定了基层立法联系点制度。本项得 1 分。

E05. 建立立法协商制度（1 分）

经网络检索，在地方立法工作中，阳江市人大常委会已制定了立法协商制度。本项得 1 分。

二 问题与建议

本次人大及其常委会立法年度观察报告，阳江市人大及其常委会得 60 分。

2019 年，阳江市人大及其常委会地方立法工作存在的主要问题是：（1）阳江市人大常委会 2019 年度计划内未出台（含制定、修改和废止）的地方性法规。（2）未形成草案表决前评估机制。经网络检索，未发现阳江市人大及其常委会对 2019 年通过的法规草案开展表决前评估。（3）未贯彻落实法规立法后评估机制。经网络检索，阳江市人大及其常委会已建立立法后评估制度，但在其门户网站上并未检索到阳江市人大及其常委会对地方法规进行立法后评估等相关信息。（4）公众对法规草案的意见征询结束后阳江市人大及其常委会没有作出意见征询总结或反馈。（5）立法计划调整后未向社会公开说明理由。（3）未及时公布阳江市 2019 年立法工作总结以及立法过程中法规草案的审查报告、审议情况的报告等相关立法资料未及时向社会公布。（6）地方立法数据库检索功能不完整，缺乏对法规效力以及法规类型为检索内容的法规分类。

针对上述问题，建议阳江市人大及其常委会可以从以下四个方面改善地方立法工作：（1）按照年度立法计划及时出台地方性法规。（2）进一步完善相关立法工作机制。尽快建立表决前评估制度和立法后评估制度，在程序方面构建常态化、制度化工作机制。（3）进一步加强立法信息公开，按照相关法律规定和工作要求，结合当地实际情况，梳理地方立法过程中应当公开、可以公开和不公开信息的类别，对于草案立法说明、法规草案审议报告等有关材料予以主动公开。（4）加强立法技术保障，加强法规数据库建设，完善检索功能。

（撰稿：广东外语外贸大学　廖　衡）
（审定：广东外语外贸大学　谢　宇）

第十六章

湛江市人大及其常委会年度立法观察报告(2020)

一 观察评估

A. 立法程序

A01. 广泛向社会公开征集立法项目（3分）

经网络检索，湛江市人大及其常委会在制定立法规划、年度立法计划前向社会公开征集立法项目建议且时间不少于三十日。本项得3分。

A02. 对法规立项项目进行论证评估并向社会公布论证评估情况（1分）

经网络检索，湛江市人大及其常委会立法前对法规立项项目进行论证评估，但未将论证评估结果向社会公布。本项得0分。

A03. 立法规划的制定（1分）

经网络检索，湛江市人大及其常委会并未制定年度立法规划。本项得0分。

A04. 年度立法计划的制定与执行（2分）

经网络检索，湛江市人大常委会制定了《湛江市人大常委会2019年度立法工作计划》。本项得2分。

A05. 年度立法计划明确法规草案拟提请地方人大及其常委会审议时间（2分）

经网络检索，湛江市人大常委会年度计划规定"市人大常委会视情况在2019年或者以后年度安排审议"。本项得1分。

第十六章　湛江市人大及其常委会年度立法观察报告(2020)

A06. 年度立法计划的调整（1分）

经网络检索，湛江市人大常委 2019 年度立法计划未调整。本项得 1 分。

A07. 地方人大及其常委会在立法起草（含修改、废止）中发挥主导作用（4分）

经网络检索，《湛江市人大常委会 2019 年度立法工作计划》明确要求："充分发挥人大及其常委会的主导作用，着力提高立法质量"，并提出了相应保障措施。本项得 4 分。

A08. 立法起草（含修改）过程中的社会参与情况（4分）

经网络检索，湛江市人大及其常委会举行基层立法联系点座谈会，人大代表、行业代表、群众代表汇聚一室，有效打通民意征集的"最后一公里"。可以推出，立法起草（含修改、废止）过程中有社会参与，但意见征询结束后未在网上反馈征求意见情况。本项得 2 分。

A09. 立法起草（含修改）过程中的市场主体参与情况（2分）

经网络检索，湛江市人大及其常委会举行基层立法联系点座谈会，人大代表、行业代表、群众代表汇聚一室，有效打通民意征集的"最后一公里"。可以推出，立法起草（含修改）过程中市场主体有参与其中。本项得 2 分。

A10. 常委会审议法规草案遵循三审制（不含法规修改、废止案）（2分）

经网络检索，湛江市人大常委会本年度对地方性法规《湛江市电动自行车管理条例》经三次审议。本项得 2 分。

A11. 已通过法规在审议时听取提案人说明（1分）

经网络检索，湛江市人大常委会在本年度未制定出台（含修订和废止）的地方性法规。本项得 1 分。

A12. 法规草案在表决前进行评估，并将表决前评估情况向社会公开（2分）

经网络检索，市人大常委会法工委召开《湛江市电动自行车管理条例（草案修改二稿）》表决前评估会，并将该信息向社会公开。本项得 2 分。

A13. 有权机关提出法规解释请求后及时作出解释（1分）

经网络检索、调查，有权机关没有提出法规解释请求。本项得 1 分。

B. 立法结果

B01. 根据社会需要通过一定数量的法规（含制定、修改和废止）（2 分）

经网络检索，2019 年，湛江市人大及其常委会未通过有地方性法规（含制定、修改和废止）。本项得 0 分。

C. 立法内容

经网络检索，湛江市人大常委会 2019 年度计划内经过三审通过的地方性法规《湛江市电动自行车管理条例》并未在门户网站公布，本年度亦无其他地方性法规制定、修改、废除。故本观察报告按照立法内容总分 60% 取整数计分。本部分得 18 分。

D. 立法公开

D01. 建立地方立法专网或专栏（2 分）

经网络检索，湛江市人大门户网站上建立了"立法工作"专栏。本项得 2 分。

D02. 年度立法计划依法向社会公布（1 分）

经网络检索，湛江市人大常委会未在门户网站公布 2019 年度立法计划。本项得 0 分。

D03. 年度立法计划调整后及时向公众公开说明（2 分）

经网络检索，湛江市人大常委会 2019 年度立法计划未调整。本项得 2 分。

D04. 法规制定过程中，草案依法向社会公开征求意见（4 分）

经网络检索，湛江市在 2019 年基层立法联系点召开《湛江市电动自行车管理条例（草案）》征求意见座谈会，通过起草单位、政府法制机构或者人大常委会网站，或者官方媒体网站公开征求过公众意见。本项得 4 分。

D05. 草案公开附有立法说明（8 分）

经网络检索，湛江市人大及其常委会网上公布的征求意见公告并未附有供下载的征求意见文本内容也并未含立法说明。本项得 0 分。

D06. 法规文本依法公布（1 分）

经网络检索，湛江市 2019 年通过的地方性法规项目《湛江市电动自行车管理条例》已依法公布。本项得 1 分。

D07. 地方人大、政府或政府法制机构门户网站建立具有检索功能的地方立法数据库或提供数据库外部链接（6 分）

经网络检索，湛江市人大常委会门户网站建立了"法律规章"数据库并按照法规颁布年份分类，但没有按照法规效力以及法规类型为检索类型进行法规分类。本项得 4 分。

D08. 地方立法数据库或相应外部链接数据库收录地方性法规齐全（2 分）

经网络检索，湛江市人大常委会门户网站建立的"法律规章"数据库收录的湛江行政区域内的地方性法规齐全。本项得 2 分。

D09. 立法工作总结向社会公布（2 分）

经网络检索，湛江市人大常委会门户网站上公布了 2019 年湛江市立法工作总结。本项得 2 分。

D10. 立法过程中的审议情况等立法资料主动向社会公布（8 分）

经网络检索、查阅，《湛江市电动自行车管理条例（草案）》《湛江市鹤地水库水质保护条例（草案）》《湛江湾保护条例（草案）》《湛江市港口岸线保护条例》的起草说明均向社会公布，但湛江市政府法制机构或湛江市人大常委会法工委对以上法规草案的审查报告和审议情况的报告等相关立法资料并未向社会公布。本项得 0 分。

E. 立法机制完善

E01. 法规立法后评估制度的建立和实施（2 分）

经网络检索，湛江市人大常委会门户网站上并未检索到湛江市人大常委会对地方法规进行立法后评估等相关信息。本项得 0 分。

E02. 法规清理制度的建立和实施（1 分）

经网络检索、调查，按照法规清理制度规定应当清理的情形，不需要进行法规清理的，视为已进行法规清理。本项得 1 分。

E03. 建立立法专家顾问制度（1 分）

经网络检索、调查，湛江市人大常委会已建立了立法专家顾问制度。本项得 1 分。

E04. 建立地方立法基层联系点制度（1 分）

经网络检索，湛江已经制定了基层立法联系点制度。本项得 1 分。

E05. 建立立法协商制度（1 分）

经网络检索，在地方立法工作中，湛江市人大常委会已制定了立法协商制度。本项得 1 分。

二 问题与建议

本次人大及其常委会立法年度观察报告，湛江市人大及其常委会得 60 分。

2019 年，湛江市人大及其常委会地方立法工作存在的主要问题是：（1）湛江市人大常委会 2019 年度未制定立法计划，也未出台（含制定、修改和废止）的地方性法规。（2）未形成草案表决前评估机制。经网络检索，未发现阳江市人大及其常委会对 2019 年通过的法规草案开展表决前评估。（3）未贯彻落实法规立法后评估机制。经网络检索，阳江市人大及其常委会已建立立法后评估制度，但在其门户网站上并未检索到阳江市人大及其常委会对地方法规进行立法后评估等相关信息。（1）公众对法规草案的意见征询结束后阳江市人大及其常委会没有作出意见征询总结或反馈。（2）立法计划调整后未向社会公开说明理由。（3）未及时公布阳江市 2019 年立法工作总结以及立法过程中法规草案的审查报告、审议情况的报告等相关立法资料未及时向社会公布。（4）地方立法数据库检索功能不完整，缺乏对法规效力以及法规类型为检索的法规分类。

针对上述问题，建议阳江市人大及其常委会可以从以下四个方面改善地方立法工作：（1）制定符合本行政区域的年度立法计划，按照年度立法计划及时出台地方性法规。（2）进一步完善相关立法工作机制。尽快建立表决前评估制度和立法后评估制度，在程序方面构建常态化、制度化工作机制。（3）进一步加强立法信息公开，按照相关法律规定和工作要求，结合当地实际情况，梳理地方立法过程中应当公开、可以公开和不公开信息的类别，对于草案立法说明、法规草案审议报告等有关材料予以主动公开。（4）加强立法技术保障，加强法规数据库建设，完善检索功能。

（撰稿：广东外语外贸大学 廖 衡）
（审定：广东外语外贸大学 谢 宇）

第十七章

茂名市人大及其常委会
年度立法观察报告（2020）

一 观察评估

A. 立法程序

A01. 广泛向社会公开征集立法项目（3分）

经网络检索，茂名市人大常委会于2018年9月27日在茂名人大网站的立法动态栏公布了《茂名市人大常委会办公室关于征集2019年立法建议项目的公告》，立法项目有按照规定向社会公开征求立法项目但时间少于三十日。本项得2分。

A02. 对法规立项项目进行论证评估并向社会公布论证评估情况（1分）

经网络检索，茂名市人大及其常委会有对法规立项项目进行论证评估并向社会公布论证评估情况。本项得0分。

A03. 立法规划的制定（1分）

经网络检索，茂名市人大常委会在茂名人大网公布了《茂名市人大常委会制定地方性法规五年（2016—2020年）》。本项得1分。

A04. 年度立法计划的制定与执行（2分）

经网络检索，茂名市人大常委会制定了《茂名市人大常委会2019年度立法工作计划》，并且所有立法项目按照计划进入了法规草案公开征求社会公众意见阶段。本项得2分。

A05. 年度立法计划明确法规草案拟提请地方人大及其常委会审议时间（2分）

经网络检索，茂名市年度立法计划有明确法规草案拟提请地方人大及其常委会审议时间。本项得2分。

A06. 年度立法计划的调整（1分）

经网络检索，茂名市人大及其常委会制定的立法计划未调整。本项得1分。

A07. 地方人大及其常委会在立法起草（含修改、废止）中发挥主导作用（4分）

经网络检索，《茂名市危险化学品道路运输管理条例》《茂名市村庄规划建设管理条例》《茂名市烟花爆竹燃放安全管理条例》均由茂名市人大常委会委托起草，发挥了主导作用。本项得4分。

A08. 立法起草（含修改）过程中的社会参与情况（4分）

经网络检索，《茂名市危险化学品道路运输管理条例（草案）》《茂名市村庄规划建设管理条例（草案）》《茂名市烟花爆竹燃放安全管理条例（草案）》均向社会公开征求意见。本项得4分。

A09. 立法起草（含修改）过程中的市场主体参与情况（2分）

经网络检索，为做好《茂名市危险化学品道路运输管理条例》的修改和审议工作，茂名市人大常委会调研组与有关部门、行业协会和企业代表分别进行了座谈。本项得2分。

A10. 常委会审议法规草案遵循三审制（不含法规修改、废止案）（2分）

经网络检索，2018年10月30日，茂名市十二届人大常委会第十九次会议对《茂名市畜禽养殖污染防治条例》草案进行了第三次审议，并表决通过报省人大常委会；2018年12月29日，茂名市第十二届人大常委会第二十次会议通过《茂名市人民代表大会常务委员会关于修改〈茂名市高州水库水质保护条例〉的决定》。根据考核标准，省、市地方人大常委会议一次审议通过的修改、废止的法规，视为三审通过的法规。本项得2分。

A11. 已通过法规在审议时听取提案人说明（1分）

经网络检索，《茂名市畜禽养殖污染防治条例》草案和《茂名市人民代表大会常务委员会关于修改〈茂名市高州水库水质保护条例〉的决定》

在审议时，未发现有听取提案人说明。本项得 0 分。

A12. 法规草案在表决前进行评估，并将表决前评估情况向社会公开（2 分）

经网络检索，《关于〈茂名市畜禽养殖污染防治条例〉（草案修改二稿）表决前评估情况的报告》在茂名市人大网向社会公开。本项得 2 分。

A13. 有权机关提出法规解释请求后及时作出解释（1 分）

经网络检索，有权机关没有提出法规解释请求。本项得 1 分。

B. 立法结果

B01. 根据社会需要通过一定数量的法规（含制定、修改和废止）（2 分）

经网络检索，茂名市人大及其常委会 2019 年没有通过法规（含制定、修改和废止）。本项得 0 分。

C. 立法内容

本部分主要考察茂名市人大及其常委会 2019 年所制定法规的内容。由于茂名市人大及其常委会 2019 年没有制定法规，因此，在进行本部分的考察时。根据考核标准，省、市地方人大及其常委会本年度没有制定地方性法规的，按照总分 60%（四舍五入）取整数计分，本项得分 18 分。

D. 立法公开

D01. 建立地方立法专网或专栏（2 分）

经网络检索，茂名市人大及其常委会有建立地方立法工作专网或专栏。本项得 2 分。

D02. 年度立法计划依法向社会公布（1 分）

经网络检索，茂名市 2019 年度立法计划已经依法向社会公布。本项得 1 分。

D03. 年度立法计划调整后及时向公众公开说明（2 分）

经网络检索，茂名市 2019 年度立法计划没有调整。本项得 2 分。

D04. 法规制定过程中，草案依法向社会公开征求意见（4 分）

经网络检索，《茂名市畜禽养殖污染防治条例》草案有向社会公开征求意见。本项得 4 分。

D05. 草案公开附有立法说明（8分）

经网络检索，《茂名市畜禽养殖污染防治条例》草案向社会公开征求意见，并发表《〈茂名市畜禽养殖污染防治条例〉解读》，对立法必要性、立法内容、个别条款说明三个部分作出说明。本项得8分。

D06. 法规文本依法公布（1分）

经网络检索，《茂名市畜禽养殖污染防治条例》和修正后的《茂名市高州水库水质保护条例》依法在茂名人大网向社会公众公布。本项得1分。

D07. 地方人大、政府或政府法制机构门户网站建立具有检索功能的地方立法数据库或提供数据库外部链接（6分）

经网络检索，茂名人大网"法律法规"栏目中建立了链接，但不能按照法规颁布年份、法规效力以及法规类型进行分类检索。本项得3分。

D08. 地方立法数据库或相应外部链接数据库收录地方性法规齐全（2分）

经网络检索，茂名人大网"法律法规"栏目中数据库收录的地方性法规是齐全的。本项得2分。

D09. 立法工作总结向社会公布（2分）

经网络检索，茂名市立法工作总结未向社会公布。本项得0分。

D10. 立法过程中的审议情况等立法资料主动向社会公布（8分）

经网络检索，《茂名市畜禽养殖污染防治条例》的审议情况等资料已经向社会公布。本项得8分。

E. 立法机制完善

E01. 法规立法后评估制度的建立和实施（2分）

经网络检索，茂名市人大常委会通过制定《茂名市人民代表大会常务委员会立法评估工作规定》建立了法规立法后评估制度。按照立法后评估制度规定，不需要进行立法后评估的，视为已经进行立法后评估。本项得2分。

E02. 法规清理制度的建立和实施（1分）

经网络检索，《茂名市制定地方性法规条例》第六十五条规定了法规清理制度。按照法规清理制度规定，不需要进行法规清理的，视为已经进行法规清理。本项得1分。

E03. 建立立法专家顾问制度（1分）

经网络检索，茂名市人大常委会制定了《茂名市人民代表大会常务委员会立法论证工作规定》，建立了立法专家顾问制度。本项得1分。

E04. 建立地方立法基层联系点制度（1分）

经网络检索，茂名市人大常委会建立了立法基层联系点制度。本项得1分。

E05. 建立立法协商制度（1分）

经网络检索，茂名市人大及其常委会有开展立法协商，建立了立法协商制度。本项得1分。

二　问题与建议

本次人大及其常委会立法年度观察报告，茂名市人大及其常委会得78分。

2019年，茂名市人大及其常委会地方立法工作存在的主要问题是：（1）立法项目向社会公开征求的时间少于三十日。（2）2019年未制定通过新的法规。（3）立法工作总结未向社会公布。（4）未建立按照法规效力分类的地方立法数据库。

针对上述问题，根据本次立法观察的结果，提出以下几点建议：（1）按照《广东省人民代表大会常务委员会立法公开工作规定》，保证征集立法项目建议的时间不少于三十日。（2）积极推动新法规的制定出台。（3）向社会公布立法工作总结。（4）建立健全按照法规效力分类的地方立法数据库。

（撰稿：广东外语外贸大学　章　磊）

（审定：广东外语外贸大学　黄　喆）

第十八章

汕尾市人大及其常委会
年度立法观察报告（2020）

一　观察评估

A. 立法程序

A01. 广泛向社会公开征集立法项目（3分）

经网络检索，汕尾市人大及其常委会于2018年10月15日在门户网站公布了汕尾市人大常委会关于公开征集2019年立法计划建议项目的公告，向社会征集立法计划项目，意见征集时间至2018年11月20日；但汕尾市人大及其常委会未曾公开向社会征集立法规划建议。本项得1分。

A02. 对法规立项项目进行论证评估并向社会公布论证评估情况（1分）

经网络检索，未发现汕尾市人大及其常委会就法规立项项目举办座谈会、听证会、论证会和专家咨询会的信息，也未检索到法规立项项目的论证评估结果。本项得0分。

A03. 立法规划的制定（1分）

经网络检索，2017年4月7日汕尾市第七届人大常委会第四次主任会议通过了《汕尾市七届人大常委会立法规划（2017—2021年）》，并在汕尾市人大网的"地方立法"专栏中公布。本项得1分。

A04. 年度立法计划的制定与执行（2分）

经网络检索，未发现汕尾市人大及其常委会制定公布2019年度立法工作计划。本项得0分。

A05. 年度立法计划明确法规草案拟提请地方人大及其常委会审议时间（2分）

经网络检索，汕尾市人大及其常委会未制定公布 2019 年度立法工作计划，视为年度立法计划未明确法规草案拟提请人大常委会审议时间。本项得 0 分。

A06. 年度立法计划的调整（1分）

经网络检索、比对，汕尾市人大及其常委会未制定公布 2019 年度立法工作计划，视为没有公布调整情况。本项得 0 分。

A07. 地方人大及其常委会在立法起草（含修改、废止）中发挥主导作用（4分）

经网络检索，《汕尾市山体保护条例》由汕尾市林业局作为起草单位，起草单位聘请汕尾市职业技术学院法律专业教师进行起草，汕尾市人大常委会在上述法案的立法过程中发挥了主导作用。本项得 4 分。

A08. 立法起草（含修改）过程中的社会参与情况（4分）

经网络检索，已完成（包括制定和修订）的《汕尾市山体保护条例》通过汕尾人大网公开征求过公众意见，并提供公众意见反馈渠道。意见征求结束后，相关部门通过汕尾市政府门户网站反馈意见征求情况。本项得 4 分。

A09. 立法起草（含修改）过程中的市场主体参与情况（2分）

经网络检索、综合分析，2019 年度制定的《汕尾市山体保护条例》与市场主体生产经营活动关联不大，视为已经听取了市场主体意见。本项得 2 分。

A10. 常委会审议法规草案遵循三审制（不含法规修改、废止案）（2分）

经网络检索，汕尾市人大常委会 2019 年仅通过 1 件地方性法规，即《汕尾市山体保护条例》。该法规于 2019 年 10 月 21 日经汕尾市人大常委会三次审议通过。本项得 2 分。

A11. 已通过法规在审议时听取提案人说明（1分）

经网络检索，未发现法规在审议过程中提案人到会作立法起草情况说明的相关信息，也未检索到立法起草情况说明等相关材料。本项得 0 分。

A12. 法规草案在表决前进行评估，并将表决前评估情况向社会公开（2 分）

经网络检索，根据汕尾人大网的立法工作动态，2018 年 4 月 26 日，市人大常委会召开《汕尾市山体保护条例（草案修改二稿）》表决前评估论证会，对法规的出台时机、制度规范、涉及的重难点问题等进行讨论研究，但并未公布法规草案表决前评估的情况。本项得 1 分。

A13. 有权机关提出法规解释请求后及时作出解释（1 分）

经网络检索，未查询到有权机关提出法规解释请求的相关信息，视为有权机关提出法规解释请求后及时作出解释。本项得 1 分。

B. 立法结果

B01. 根据社会需要通过一定数量的法规（含制定、修改和废止）（2 分）

经网络检索，汕尾市人大及其常委会 2019 年通过的地方性法规（含制定、修改和废止）数量为 1 件。本项得 2 分。

C. 立法内容

经网络检索，汕尾市人大常委会 2019 年通过的地方性法规（含制定和修改）仅 1 项，即《汕尾市山体保护条例》。本观察报告以此为考察对象，进行立法内容方面的观察评估。

C01. 法规内容符合法治精神、法治原则，与上位法不相抵触（22 分）

经过对《汕尾市山体保护条例》条文进行逐条研究，与有关上位法、政策法规进行分析比对，该条例与上位法不抵触。本项得 22 分。

C02. 法规与本级人大及其常委会制定的其他法规相协调（1 分）

经分析，未发现《汕尾市山体保护条例》条文与汕尾市人大及常委会制定的其他法规相冲突的情况。本项得 1 分。

C03. 法规内部协调（2 分）

经逐条研究分析，未发现《汕尾市山体保护条例》条文内容内部不协调之处。本项得 2 分。

C04. 法规内容具有可操作性（1 分）

经分析，《汕尾市山体保护条例》相关条款明确具体，可操作性较强，强制性条款不存在不可操作条款。本项得 1 分。

C05. 法规名称科学（1分）

经分析，《汕尾市山体保护条例》的名称，明确了法规的适用范围，种类名称准确无误。本项得1分。

C06. 法规结构合理（2分）

经分析，《汕尾市山体保护条例》逻辑完备，体例完整。本项得2分。

C07. 法规语言文字符合要求，清晰准确（1分）

经分析，《汕尾市山体保护条例》第十七条中"森林防火区野外"的表述有待进一步规范。本项得0分。

D. 立法公开

D01. 建立地方立法专网或专栏（2分）

经网络检索，汕尾市人大及其常委会在汕尾人大网"人大工作"栏目下设"地方立法"专栏。本项得2分。

D02. 年度立法计划依法向社会公布（1分）

经网络检索，汕尾市人大及其常委会未在门户网站公布2019年度立法计划。本项得0分。

D03. 年度立法计划调整后及时向公众公开说明（2分）

经网络检索、比对，汕尾市人大及其常委会未制定公布2019年度立法工作计划，视为没有向公众公布调整情况。本项得0分。

D04. 法规制定过程中，草案依法向社会公开征求意见（4分）

经网络检索，2017年，汕尾市人大及其常委会发布《〈汕尾市山体保护条例（草案）〉向社会各界公开征求意见》，公开向社会征求意见。汕尾市林业局作为起草单位，也发布了意见征求公告。本项得4分。

D05. 草案公开附有立法说明（8分）

经网络检索，汕尾市人大及其常委会公布的意见征集公告中未含立法说明，汕尾市林业局公布的草案下载文本中也未见立法说明信息。本项得0分。

D06. 法规文本依法公布（1分）

经网络检索，汕尾市人大及其常委会2019年通过的《汕尾市山体保护条例》在汕尾人大网"地方性法规"栏目中对外公布。本项得1分。

D07. 地方人大、政府或政府法制机构门户网站建立具有检索功能的地方立法数据库或提供数据库外部链接（6分）

经网络检索，汕尾市人大网未建立立法数据库，也未设置外部链接，但设"地方性法规"专栏。该栏目不具检索功能，仅按照时间先后顺序列出汕尾市地方法规。本项得 2 分。

D08. 地方立法数据库或相应外部链接数据库收录地方性法规齐全（2 分）

经网络检索，汕尾人大网设"地方性法规"专栏，地方性法规收录齐全。本项得 2 分。

D09. 立法工作总结向社会公布（2 分）

经网络检索，汕尾市人大及其常委会尚未在门户网站上公布地方立法工作总结，也未检索到其 2019 年度工作报告。本项得 0 分。

D10. 立法过程中的审议情况等立法资料主动向社会公布（8 分）

经网络检索，未发现汕尾市人大向社会公布地方性法规立法过程中的审议资料。本项得 0 分。

E. 立法机制完善

E01. 法规立法后评估制度的建立和实施（2 分）

经网络检索，未发现汕尾市人大常委会建立法规立法后评估制度，也未发现汕尾市人大常委会法规立法后评估的工作动态。本项得 0 分。

E02. 法规清理制度的建立和实施（1 分）

经网络检索，未发现汕尾市人大常委会建立法规清理制度，也未发现汕尾市人大常委会法规清理的工作动态。本项得 0 分。

E03. 建立立法专家顾问制度（1 分）

经网络检索，未发现汕尾市人大常委会建立立法专家顾问制度。本项得 0 分。

E04. 建立地方立法基层联系点制度（1 分）

经网络检索，汕尾市人大及其常委会尚未建立基层立法联系点制度。本项得 0 分。

E05. 建立立法协商制度（1 分）

经网络检索，汕尾市人大及其常委会尚未制定专门的地方立法协商的相关规定或制度，现有法规文件中也没有查阅到相关规定。本项得 0 分。

二 问题与建议

本次人大及其常委会立法年度观察报告，汕尾市人大及其常委会得分不及格。

2019年，汕尾市人大及其常委会立法工作中以下四个方面问题较为明显，建议汕尾市人大及其常委会进行调整、改进。

（1）经网络检索，发现汕尾市第十二届人大及其常委会未制定2019年度立法计划。建议汕尾市人大及其常委会在规定期限内制定立法计划，提高对地方立法全局的统筹力度，提升立法工作的及时性、针对性和科学性。

（2）人大及其常委会在地方立法工作中的主导作用有待加强。经网络检索，《汕尾市山体保护条例》由汕尾市林业局组织起草。建议汕尾市人大及其常委会积极探索多元化的专业立法工作机制，建立立法研究中心或者通过与高校合作建立立法研究基地的模式，开展委托第三方起草的工作实践探索，在立法实践中自主起草、委托起草或联合其他部门共同起草，加强对地方立法工作的主导。

（3）要进一步完善相关立法工作机制，对表决前评估、法规清理、专家顾问、基层联系点和立法协商等工作制度机制要予以配套完善，抓紧制定成文规定，构建常态化、制度化工作机制，保障科学立法、民主立法，保障法制统一。

（4）汕尾人大网设"人大工作"—"地方立法"专栏作为立法公开平台，但相关工作动态公布明显不全，如公布的草案并未附上立法说明、立法的必要性、立法目的、立法原则及重要条款说明等内容。除此之外，《汕尾市山体保护条例》草案修改二稿也未向社会公开征求意见。建议汕尾市人大及其常委会进一步加强立法信息公开，拓展立法信息公开的手段和方式，向公众公开立法信息；及时完善和优化地方法规数据库的集成，加强检索的科学性；切实将立法说明、立法资料等配套资料及时向公众公开。

（撰稿：广东外语外贸大学　熊　潇）
（审定：广东外语外贸大学　余　彦）

第十九章

清远市人大及其常委会
年度立法观察报告（2020）

一 观察评估

A. 立法程序

A01. 广泛向社会公开征集立法项目（3分）

经网络检索，清远市人大常委会于2018年4月4日在清远人大网站的立法专栏公布了《关于向社会公开征集2019年度立法建议项目的公告》，立法项目有按照规定向社会公开征求立法项目，且征求立法项目时间超过30日。本项得3分。

A02. 对法规立项项目进行论证评估并向社会公布论证评估情况（1分）

经网络检索，清远市人大及其常委会已经对法规立项项目进行论证评估并向社会公布论证评估情况。本项得1分。

A03. 立法规划的制定（1分）

经网络检索，清远人大网有"五年立法规划"一项，但没有具体立法规划内容。本项得0分。

A04. 年度立法计划的制定与执行（2分）

经网络检索、比对，清远市人大及其常委会指定的年度立法计划得到全面执行，所有立法项目进入了法规草案公开征求社会公众意见阶段。本项得2分。

A05. 年度立法计划明确法规草案拟提请地方人大及其常委会审议时间（2分）

经网络检索，清远市年度立法计划有明确法规草案拟提请地方人大及其常委会审议时间。本项得2分。

A06. 年度立法计划的调整（1分）

经网络检索，清远市人大及其常委会制定的立法计划未调整。本项得1分。

A07. 地方人大及其常委会在立法起草（含修改、废止）中发挥主导作用（4分）

经网络检索，《清远市城乡生活垃圾处理条例》和《清远市住宅小区物业管理条例》均由清远市政府起草并提交清远市人大常委会审议。清远市人大及其常委会在立法过程中未发挥主导作用。本项得0分。

A08. 立法起草（含修改）过程中的社会参与情况（4分）

经网络检索，关于公开征求《清远市大气污染防治条例（草案修改稿）》意见的公告，将《清远市大气污染防治条例（草案修改稿）》全文公布，广泛征求社会各界的意见，但没有在网上反馈征求意见情况。本项得2分。

A09. 立法起草（含修改）过程中的市场主体参与情况（2分）

经网络检索，《清远市大气污染防治条例（草案修改稿）》中提到：6月4—5日，就工业园区大气污染防治管理、搅拌站扬尘防治等具体问题，法工委到清城区省职教基地、英德市英红工业园、佛冈县广佛工业园进行调研。本项得2分。

A10. 常委会审议法规草案遵循三审制（不含法规修改、废止案）（2分）

经网络检索，关于公开征求《清远市实施〈中华人民共和国大气污染防治法〉办法（草案修改二稿）》意见的公告说明2019年清远市地方人大及其常委会在审议法规草案时，有遵循三审制。本项得2分。

A11. 已通过法规在审议时听取提案人说明（1分）

经网络检索，清远市七届人大常委会第二十七次会议召开《清远市大气污染防治条例（草案）》通过初审，但没有检索到佐证材料证明在审议时听取提案人说明。本项得0分。

A12. 法规草案在表决前进行评估，并将表决前评估情况向社会公开（2 分）

经网络检索、综合分析，2019 年 7 月 19 日上午，清远市人大常委会法工委组织召开《清远市实施〈中华人民共和国大气污染防治法〉办法（草案修改论证稿）》专家论证会，就法规草案的合法性、合理性和可行性征询专家意见，并将表决前评估情况向社会公开。本项得 2 分。

A13. 有权机关提出法规解释请求后及时作出解释（1 分）

经网络检索，有权机关没有提出法规解释请求，视为有权机关提出法规解释请求后及时作出解释。本项得 1 分。

B. 立法结果

B01. 根据社会需要通过一定数量的法规（含制定、修改和废止）（2 分）

经网络检索，清远市人大常委会 2019 年通过了《清远市实施〈中华人民共和国大气污染防治法〉办法》。本项得 2 分。

C. 立法内容

本部分主要考察清远市人大及其常委会 2019 年所制定法规的内容。在进行本部分的考察时，以 2019 年度清远市人大及其常委会制定的《清远市实施〈中华人民共和国大气污染防治法〉办法》作为考察对象。

C01. 法规内容符合法治精神、法治原则，与上位法不相抵触（22 分）

经比对，《清远市实施〈中华人民共和国大气污染防治法〉办法》内容符合法治精神、法治原则，与上位法不抵触、不冲突。本项得 22 分。

C02. 法规与本级人大及其常委会制定的其他法规相协调（1 分）

经分析，《清远市实施〈中华人民共和国大气污染防治法〉办法》与其他法规条文相协调。本项得 1 分。

C03. 法规内部协调（2 分）

经分析，《清远市实施〈中华人民共和国大气污染防治法〉办法》结构合理，法规各条款之间内容协调。本项得 2 分。

C04. 法规内容具有可操作性（1 分）

经分析，《清远市实施〈中华人民共和国大气污染防治法〉办法》除了原则性规定之外，所有条款都具有可操作性。本项得 1 分。

C05. 法规名称科学（1分）

经分析，《清远市实施〈中华人民共和国大气污染防治法〉办法》的名称符合立法技术规范要求，名称科学。本项得1分。

C06. 法规结构合理（2分）

经分析，《清远市实施〈中华人民共和国大气污染防治法〉办法》的体系结构均符合立法技术规范要求，体系结构合理。本项得2分。

C07. 法规语言文字符合要求，清晰准确（1分）

经分析，《清远市实施〈中华人民共和国大气污染防治法〉办法》的语言文字符合技术规范要求。本项得1分。

D. 立法公开

D01. 建立地方立法专网或专栏（2分）

经网络检索，清远市人大及其常委会建立了地方立法工作专网、专栏。本项得2分。

D02. 年度立法计划依法向社会公布（1分）

经网络检索，清远市2019年度立法计划已经依法向社会公布。本项得1分。

D03. 年度立法计划调整后及时向公众公开说明（2分）

经网络检索，清远市2019年度立法计划没有调整。本项得2分。

D04. 法规制定过程中，草案依法向社会公开征求意见（4分）

经网络检索，关于召开《清远市村庄规划建设管理条例（草案修改稿）》立法听证会的公告和关于公开征求《清远市实施〈中华人民共和国大气污染防治法〉办法（草案修改二稿）》意见的公告说明草案已通过官方网站向社会征求意见。本项得4分。

D05. 草案公开附有立法说明（8分）

经过网络搜索，《清远市实施〈中华人民共和国大气污染防治法〉办法（草案修改二稿）》向社会公开征求意见时附有立法说明，包括立法目的、起草过程、立法内容以及个别条款说明等内容。本项得8分。

D06. 法规文本依法公布（1分）

经网络搜索，未发现《清远市实施〈中华人民共和国大气污染防治法〉办法》在清远市人大常委会公报、清远人大网或报纸上公布。本项得0分。

D07. 地方人大、政府或政府法制机构门户网站建立具有检索功能的地方立法数据库或提供数据库外部链接（6分）

经网络检索，清远市人大常委会门户网站"立法专栏"中建立了立法资料库，且按照法规颁布年份和法规类型为检索类型进行法规分类，但没有按照法规效力进行分类。本项得2分。

D08. 地方立法数据库或相应外部链接数据库收录地方性法规齐全（2分）

经网络检索，清远市人大常委会门户网站"本市地方性法规"栏目中数据库收录的地方性法规不齐全，2018年和2019年颁布的地方性法规没有收录进去。本项得0分。

D09. 立法工作总结向社会公布（2分）

经网络检索，清远市立法工作总结未向社会公布。本项得0分。

D10. 立法过程中的审议情况等立法资料主动向社会公布（8分）

经网络检索，《清远市实施〈中华人民共和国大气污染防治法〉办法》的起草说明向社会公布，但政府法制机构或人大常委会法工委的审查报告、审议情况的报告未向社会公布。本项得6分。

E. 立法机制完善

E01. 法规立法后评估制度的建立和实施（2分）

经网络检索，2019年11月22日，清远市人大常委会召开《清远市饮用水源水质保护条例》立法后评估座谈会，对该条例的实施效果及法规的合理性、可操作性等进行了一次全面客观的"回头看"。可见，清远市人大常委会已建立和实施法规立法后评估制度。本项得2分。

E02. 法规清理制度的建立和实施（1分）

经网络检索，根据《清远市制定地方性法规条例》，清远市人大及其常委会已建立法规清理制度。按照法规清理制度规定，不需要进行法规清理的，视为已经进行法规清理。本项得1分。

E03. 建立立法专家顾问制度（1分）

经网络检索，未检索到清远市立法专家顾问制度。本项得0分。

E04. 建立地方立法基层联系点制度（1分）

经网络检索，清远市人大常委会通过制定《清远市人大常委会基层立法联系点工作规定》建立了地方立法基层联系点制度。本项得1分。

E05. 建立立法协商制度（1分）

经网络检索，未发现清远市人大及其常委会建立了立法协商制度。本项得0分。

二 问题与建议

本次人大及其常委会立法年度观察报告，清远市人大及其常委会得79分。

2019年，清远市人大及其常委会地方立法工作存在的主要问题是：（1）已通过法规在审议时未听取提案人说明。（2）地方立法数据库收录的地方性法规不够齐全。（3）清远市立法工作总结未向社会公布。

针对上述问题，根据本次立法观察的结果，提出以下几点建议：（1）已通过法规在审议时应当听取提案人说明。（2）补齐地方立法数据库未收录的地方性法规。（3）向社会公布清远市立法工作总结。

（撰稿：广东外语外贸大学　章　磊）
（审定：广东外语外贸大学　黄　喆）

第二十章

潮州市人大及其常委会
年度立法观察报告(2020)

一 观察评估

A. 立法程序

A01. 广泛向社会公开征集立法项目（3分）

经网络检索，潮州市人大常委会于 2018 年 10 月 19 日在潮州人大网站的立法动态栏公布了《潮州市人大常委会关于公开征集 2019 年立法计划建议项目的公告》，立法项目有按照规定向社会公开征求立法项目，且征求立法项目时间为 30 日。本项得 3 分。

A02. 对法规立项项目进行论证评估并向社会公布论证评估情况（1分）

经网络检索，潮州市人大及其常委会未对法规立项项目进行论证评估并向社会公布论证评估情况。本项得 0 分。

A03. 立法规划的制定（1分）

经网络检索，潮州市人大常委会于 2017 年 3 月编制了《潮州市第十五届人大常委会立法规划》。本项得 1 分。

A04. 年度立法计划的制定与执行（2分）

经网络检索、比对，潮州市人大及其常委会制定的年度立法计划得到全面执行，所有立法项目进入了法规草案公开征求社会公众意见阶段。本项得 2 分。

A05. 年度立法计划明确法规草案拟提请地方人大及其常委会审议时间（2分）

经网络检索，潮州市年度立法计划有明确法规草案拟提请地方人大及其常委会审议时间。本项得2分。

A06. 年度立法计划的调整（1分）

经网络检索，潮州市人大及其常委会制定的立法计划未调整。本项得1分。

A07. 地方人大及其常委会在立法起草（含修改、废止）中发挥主导作用（4分）

经网络检索，潮州市人大及其常委会在立法起草中发挥主导作用。本项得4分。

A08. 立法起草（含修改）过程中的社会参与情况（4分）

经网络检索，《潮州市电力设施建设与保护条例（草案修改征求意见稿）》《潮州市城市市容和环境卫生管理条例（草案）》均向社会各界公开征求意见，提供公众意见反馈渠道但没有在网上反馈征求意见情况。本项得2分。

A09. 立法起草（含修改）过程中的市场主体参与情况（2分）

经网络检索，未检索到《潮州市电力设施建设与保护条例》《潮州市城市市容和环境卫生管理条例》制定过程中听取了市场主体意见的情况。本项得0分。

A10. 常委会审议法规草案遵循三审制（不含法规修改、废止案）（2分）

经网络检索，《潮州市电力设施建设与保护条例》《潮州市城市市容和环境卫生管理条例》草案审议均遵循三审制。本项得2分。

A11. 已通过法规在审议时听取提案人说明（1分）

经网络检索，在潮州人大网未发现已通过法规在审议时听取提案人说明的情况。本项得0分。

A12. 法规草案在表决前进行评估，并将表决前评估情况向社会公开（2分）

经网络检索，在潮州人大网未发现潮州市人大常委会对2019年通过的法规草案进行表决前评估等相关信息。本项得0分。

A13. 有权机关提出法规解释请求后及时作出解释（1分）

经网络检索，有权机关没有提出法规解释请求。本项得1分。

B. 立法结果

B01. 根据社会需要通过一定数量的法规（含制定、修改和废止）（2 分）

经网络检索，潮州市人大常委会 2019 年制定了《潮州市电力设施建设与保护条例》《潮州市城市市容和环境卫生管理条例》，并对《潮州市韩江流域水环境保护条例》《潮州市黄冈河流域水环境保护条例》予以修正。本项得 2 分。

C. 立法内容

本部分主要考察潮州市人大及其常委会 2019 年所制定法规的内容。在进行本部分的考察时，以 2019 年度潮州市人大及其常委会制定的《潮州市城市市容和环境卫生管理条例》作为考察对象。

C01. 法规内容符合法治精神、法治原则，与上位法不相抵触（22 分）

经比对，《潮州市城市市容和环境卫生管理条例》没有违反法治精神、法治原则，没有和上位法相抵触。本项得 22 分。

C02. 法规与本级人大及其常委会制定的其他法规相协调（1 分）

经分析，《潮州市城市市容和环境卫生管理条例》不存在条文与本级人大及其常委会制定的其他法规相冲突的情形。本项得 1 分。

C03. 法规内部协调（2 分）

经分析，《潮州市城市市容和环境卫生管理条例》条文内部协调，不存在冲突。本项得 2 分。

C04. 法规内容具有可操作性（1 分）

经分析，《潮州市城市市容和环境卫生管理条例》除了原则性规定之外，所有条款都具有可操作性。本项得 1 分。

C05. 法规名称科学（1 分）

经比对，《潮州市城市市容和环境卫生管理条例》的名称符合立法技术规范要求，名称科学。本项得 1 分。

C06. 法规结构合理（2 分）

经比对，《潮州市城市市容和环境卫生管理条例》的体系结构均符合立法技术规范要求，体系结构合理。本项得 2 分。

C07. 法规语言文字符合要求，清晰准确（1 分）

经比对，《潮州市城市市容和环境卫生管理条例》的语言文字符合技术规范要求。本项得 1 分。

D. 立法公开

D01. 建立地方立法专网或专栏（2 分）

经网络检索，潮州市人大及其常委会有建立地方立法工作专网或专栏。本项得 2 分。

D02. 年度立法计划依法向社会公布（1 分）

经网络检索，潮州市 2019 年度立法计划已经依法向社会公布。本项得 1 分。

D03. 年度立法计划调整后及时向公众公开说明（2 分）

经网络检索，潮州市 2019 年度立法计划没有调整。本项得 2 分。

D04. 法规制定过程中，草案依法向社会公开征求意见（4 分）

经网络检索，《潮州市电力设施建设与保护条例（草案修改征求意见稿）》《潮州市城市市容和环境卫生管理条例（草案修改征求意见稿）》均通过潮州人大网向社会各界公开征求意见。本项得 2 分。

D05. 草案公开附有立法说明（8 分）

经网络检索，潮州市立法草案向社会公开征求意见均附有立法说明，并且包括立法必要性、立法目的或起草过程、立法内容或个别条款说明三个部分。本项得 8 分。

D06. 法规文本依法公布（1 分）

经网络检索，《潮州市电力设施建设与保护条例》《潮州市城市市容和环境卫生管理条例》在潮州人大网依法向社会公众公布。本项得 1 分。

D07. 地方人大、政府或政府法制机构门户网站建立具有检索功能的地方立法数据库或提供数据库外部链接（6 分）

经网络检索，潮州市人大常委会门户网站"法规资料库"栏目中建立了地方立法数据库，但没有按照法规颁布年份、法规类型、法规效力进行分类。本项得 2 分。

D08. 地方立法数据库或相应外部链接数据库收录地方性法规齐全（2 分）

经网络检索，潮州市人大常委会门户网站"法律法规"栏目中数据库收录的地方性法规是齐全的。本项得 2 分。

D09. 立法工作总结向社会公布（2 分）

经网络检索，《潮州市人民代表大会常务委员会工作报告》中有章节专门对地方立法工作进行总结。本项得 2 分。

D10. 立法过程中的审议情况等立法资料主动向社会公布（8 分）

经网络检索，《潮州市电力设施建设与保护条例》《潮州市城市市容和环境卫生管理条例》的起草说明、审议情况的报告均在潮州人大网向社会公布，但均未公布政府法制机构或人大常委会法工委的审查报告。本项得 6 分。

E. 立法机制完善

E01. 法规立法后评估制度的建立和实施（2 分）

经网络检索，潮州市人大常委会通过制定《潮州市人民代表大会常务委员会立法评估工作规定》建立了法规立法后评估制度，但未发现其实施情况。本项得 1 分。

E02. 法规清理制度的建立和实施（1 分）

经网络检索，潮州市人大常委会通过制定《潮州市人民代表大会常务委员会地方性法规清理工作规定》建立了法规清理制度。按照法规清理制度规定，不需要进行法规清理，视为已经进行法规清理。本项得 1 分。

E03. 建立立法专家顾问制度（1 分）

经网络检索，潮州市人大常委会通过制定《潮州市人民代表大会常务委员会立法咨询员工作规定》建立了立法专家顾问制度。本项得 1 分。

E04. 建立地方立法基层联系点制度（1 分）

经网络检索，潮州市人大及其常委会建立了地方立法基层联系点制度。本项得 1 分。

E05. 建立立法协商制度（1 分）

经网络检索，未发现潮州市人大常委会建立立法协商制度。本项得 0 分。

二　问题与建议

本次人大及其常委会立法年度观察报告，潮州市人大及其常委会得 82 分。

2019 年，潮州市人大及其常委会地方立法工作存在的主要问题是：

（1）未对法规立项项目进行论证评估并向社会公布论证评估情况。（2）地方立法数据库有待完善。（3）法规立法后评估制度实施方面有待执行。

针对上述问题，根据本次立法观察的结果，提出以下几点建议：（1）实施对法规立项项目进行论证评估并向社会公布论证评估情况。（2）完善地方立法数据库，根据效力等级和法规类型进行分类。（3）加强法规立法后评估的实施。

（撰稿：广东外语外贸大学　章　磊）

（审定：广东外语外贸大学　黄　喆）

第二十一章

揭阳市人大及其常委会
年度立法观察报告(2020)

一 观察评估

A. 立法程序

A01. 广泛向社会公开征集立法项目（3分）

经网络检索，揭阳市人大常委会于2018年7月1日在揭阳人大网站公布了《关于征集揭阳市2019年立法计划建议项目的公告》，立法项目按照规定向社会公开征求立法项目且时间不少于三十日。本项得3分。

A02. 对法规立项项目进行论证评估并向社会公布论证评估情况（1分）

经网络检索，揭阳市人大及其常委会未对法规立项项目进行论证评估并向社会公布论证评估情况。本项得0分。

A03. 立法规划的制定（1分）

经网络检索，未发现揭阳市人大常委会制定立法规划。本项得0分。

A04. 年度立法计划的制定与执行（2分）

经网络检索、比对，揭阳市人大及其常委会制定的年度立法计划得到全面执行，所有立法项目进入了法规草案公开征求社会公众意见阶段。本项得2分。

A05. 年度立法计划明确法规草案拟提请地方人大及其常委会审议时间（2分）

经网络检索，揭阳市年度立法计划有明确法规草案拟提请地方人大及其常委会审议时间。本项得 2 分。

A06. 年度立法计划的调整（1 分）

经网络检索，揭阳市人大及其常委会制定的立法计划未调整。本项得 1 分。

A07. 地方人大及其常委会在立法起草（含修改、废止）中发挥主导作用（4 分）

经网络检索，《揭阳古城保护条例》由市城规局、市文广新局负责起草，《揭阳市市容市貌管理条例》由市执法局、市住建局负责起草，《揭阳市烟花爆竹燃放安全管理条例》由市公安局、市安监局负责起草。揭阳市人大及其常委会在立法起草（含修改、废止）中未发挥主导作用。本项得 0 分。

A08. 立法起草（含修改）过程中的社会参与情况（4 分）

经网络检索，《揭阳市烟花爆竹燃放安全管理条例（草案送审稿征求意见稿）》《揭阳市市容管理条例（草案）》《揭阳市市容管理条例（草案修改二稿征求意见稿）》均向社会公布，广泛征求意见建议。本项得 4 分。

A09. 立法起草（含修改）过程中的市场主体参与情况（2 分）

经网络检索，《揭阳市市容管理条例（草案）》立法起草过程中未提及有市场主体参与。本项得 0 分。

A10. 常委会审议法规草案遵循三审制（不含法规修改、废止案）（2 分）

经网络检索，2019 年揭阳市地方人大及其常委会在审议《揭阳古城保护条例（草案）》时，有遵循三审制。本项得 2 分。

A11. 已通过法规在审议时听取提案人说明（1 分）

经网络检索，《揭阳古城保护条例（草案）》在审议时有听取提案人说明。本项得 1 分。

A12. 法规草案在表决前进行评估，并将表决前评估情况向社会公开（2 分）

经网络检索，未发现《揭阳古城保护条例（草案）》在表决前进行评估，并将表决前评估情况向社会公开。本项得 0 分。

A13. 有权机关提出法规解释请求后及时作出解释（1 分）

经网络检索，有权机关没有提出法规解释请求。本项得 1 分。

B. 立法结果

B01. 根据社会需要通过一定数量的法规（含制定、修改和废止）（2 分）

经网络检索，揭阳市人大常委会 2019 年通过了《揭阳古城保护条例》。本项得 2 分。

C. 立法内容

本部分主要考察揭阳市人大及其常委会 2019 年所制定法规的内容。在进行本部分的考察时，以 2019 年度揭阳市人大及其常委会制定的《揭阳古城保护条例》作为考察对象。

C01. 法规内容符合法治精神、法治原则，与上位法不相抵触（22 分）

经比对，《揭阳古城保护条例》没有违反法治精神、法治原则，没有和上位法相抵触。本项得 22 分。

C02. 法规与本级人大及其常委会制定的其他法规相协调（1 分）

经分析，《揭阳古城保护条例》不存在条文与本级人大及其常委会制定的其他法规相冲突的情形。本项得 1 分。

C03. 法规内部协调（2 分）

经分析，《揭阳古城保护条例》条文内部协调，不存在冲突。本项得 2 分。

C04. 法规内容具有可操作性（1 分）

经分析，《揭阳古城保护条例》除了原则性规定之外，所有条款都具有可操作性。本项得 1 分。

C05. 法规名称科学（1 分）

经比对，《揭阳古城保护条例》的名称符合立法技术规范要求，名称科学。本项得 1 分。

C06. 法规结构合理（2 分）

经比对，《揭阳古城保护条例》的体系结构均符合立法技术规范要求，体系结构合理。本项得 2 分。

C07. 法规语言文字符合要求，清晰准确（1 分）

经比对，《揭阳古城保护条例》的语言文字符合技术规范要求。本项得 1 分。

D. 立法公开

D01. 建立地方立法专网或专栏（2分）

经网络检索，揭阳市人大及其常委会有建立地方立法工作专网或专栏。本项得2分。

D02. 年度立法计划依法向社会公布（1分）

经网络检索，揭阳市2019年度立法计划已经依法向社会公布。本项得1分。

D03. 年度立法计划调整后及时向公众公开说明（2分）

经网络检索，揭阳市2019年度立法计划没有调整。本项得2分。

D04. 法规制定过程中，草案依法向社会公开征求意见（4分）

经网络检索，《揭阳古城保护条例》的草案已依法向社会公开征求意见。本项得4分。

D05. 草案公开附有立法说明（8分）

经网络检索，《揭阳古城保护条例》的草案向社会公开征求意见未附有立法说明。本项得2分。

D06. 法规文本依法公布（1分）

经网络检索，《揭阳古城保护条例》已依法在揭阳人大网向社会公众公布。本项得1分。

D07. 地方人大、政府或政府法制机构门户网站建立具有检索功能的地方立法数据库或提供数据库外部链接（6分）

经网络检索，揭阳人大网"法律法规"栏目中建立了地方立法数据库或提供数据库链接，且按照法规颁布年份和法规类型为检索类型进行法规分类，但没有按照法规效力进行分类。本项得5分。

D08. 地方立法数据库或相应外部链接数据库收录地方性法规齐全（2分）

经网络检索，揭阳人大网"法律法规"栏目中数据库收录的地方性法规是齐全的。本项得2分。

D09. 立法工作总结向社会公布（2分）

经网络检索，《揭阳市人民代表大会常务委员会工作报告》中有章节专门对地方立法工作进行总结。本项得2分。

D10. 立法过程中的审议情况等立法资料主动向社会公布（8分）

经网络检索，《揭阳古城保护条例》的起草说明、审议情况的报告均在揭阳人大网向社会公布，但均未公布政府法制机构或人大常委会法工委的审查报告。本项得7分。

E. 立法机制完善

E01. 法规立法后评估制度的建立和实施（2分）

经网络检索，《揭阳市人民代表大会常务委员会立法评估办法》中建立了立法后评估制度但没有实施。本项得1分。

E02. 法规清理制度的建立和实施（1分）

经网络检索，揭阳市人大及其常委会尚未建立法规清理制度。本项得0分。

E03. 建立立法专家顾问制度（1分）

经网络检索，揭阳市人大常委会通过制定《揭阳市人民代表大会常务委员会立法咨询顾问工作规定》建立了立法专家顾问制度。本项得1分。

E04. 建立地方立法基层联系点制度（1分）

经网络检索，揭阳市人大及其常委会建立了地方立法基层联系点制度。本项得1分。

E05. 建立立法协商制度（1分）

经网络检索，揭阳市人大常委会通过制定《揭阳市人民代表大会常务委员会立法论证办法》建立了立法协商机制。本项得1分。

二 问题与建议

本次人大及其常委会立法年度观察报告，揭阳市人大及其常委会得80分。

2019年，揭阳市人大及其常委会地方立法工作存在的主要问题是：（1）立法起草过程中，市场主体参与不足。（2）法规内容与上位法相抵触。（3）地方立法数据库未按效力进行分类。（4）未建立法规清理制度。

针对上述问题，根据本次立法观察的结果，提出以下几点建议：（1）

立法起草过程中,加强市场主体参与。(2)法规内容不能与上位法相抵触。(3)地方立法数据库应当按效力进行分类。(4)应当建立法规清理制度。

(撰稿:广东外语外贸大学 章 磊)
(审定:广东外语外贸大学 黄 喆)

第二十二章

云浮市人大及其常委会年度立法观察报告（2020）

一 观察评估

A. 立法程序

A01. 广泛向社会公开征集立法项目（3分）

2018年9月20日，云浮市人大及其常委会门户网站发布了《关于公开征集云浮市2019年立法建议项目的公告》，广泛向社会公开征集立法项目，提出立法建议项目的截止日期为2018年11月20日。本项得3分。

A02. 对法规立项项目进行论证评估并向社会公布论证评估情况（1分）

经网络检索，未发现云浮市人大及其常委会对2019年法规立项项目进行论证评估并向社会公布论证评估情况。本项得0分。

A03. 立法规划的制定（1分）

经网络检索，未发现云浮市人大及常委会制定了任期内的立法规划。本项得0分。

A04. 年度立法计划的制定与执行（2分）

经网络检索、比对，云浮市人大常委会于2019年7月25日在其门户网站公布了《云浮市人大常委会2019年度立法工作计划》。其中，继续审议的法规案1件，计划拟在2019年8月、10月对《云浮市石材生产加工污染环境防治条例》分别进行第二和第三次审议，但是仅搜索到2019年8月进行的第二次审议，未搜索到第三次审议情况。初次审议的法规案1

件，计划在 2019 年年底前提请市人大常委会对《云浮市生活垃圾分类管理条例》进行初审，此项目已完成。本项得 2 分。

A05. 年度立法计划明确法规草案拟提请地方人大及其常委会审议时间（2 分）

经网络检索，《云浮市人大常委会 2019 年度立法工作计划（2019 年 7 月调整）》明确了法规草案拟提请人大常委会审议时间。本项得 2 分。

A06. 年度立法计划的调整（1 分）

经网络检索，发现云浮市人大常委会 2019 年度立法工作计划于 7 月进行调整，年度立法计划调整已报市委同意，经市人大常委会主任会议审议通过并向社会公布。原立法计划是：继续审议项目为《云浮市石材生产加工环境污染防治条例》（5 月二审，9 月三审，11 月报请省人大常委会批准）；初次审议项目为《云浮市城市市容和环境卫生管理条例》（12 月前一审）；研究论证项目为《云浮市扬尘污染防治条例》。调整后的立法计划是：继续审议的法规案为《云浮市石材生产加工污染环境防治条例》（2019 年 8 月、10 月分别进行第二和第三次审议）；初次审议的法规案为《云浮市生活垃圾分类管理条例》（在 2019 年年底前提请市人大常委会进行初审）。但未发现《云浮市石材生产加工污染环境防治条例》第三次审议的情况，调整后的计划未得到完全执行。本项得 0 分。

A07. 地方人大及其常委会在立法起草（含修改、废止）中发挥主导作用（4 分）

经网络检索，《云浮市石材生产加工污染环境防治条例》委托华南师范大学起草。本项得 4 分。

A08. 立法起草（含修改）过程中的社会参与情况（4 分）

经网络检索，云浮市人大 2019 年没有制定出台任何一部法规。但是，《云浮市人大常委会 2019 年度立法工作计划（2019 年 7 月调整）》中已起草的《云浮市石材生产加工污染环境防治条例》和《云浮市生活垃圾分类管理条例》均通过人大常委会网站公开征求公众意见。但是，未发现上述法规在网上反馈征求意见情况。本项得 2 分。

A09. 立法起草（含修改）过程中的市场主体参与情况（2 分）

经网络检索，2019 年 3 月 27 日下午，云浮市人大常委会副秘书长率云浮市人大常委会立法调研组到云浮市青石会就《云浮市石材生产加工环境污染防治条例（草案）》进行立法调研并召开座谈会，专门听取了云浮市青石会意见。本项得 2 分。

A10. 常委会审议法规草案遵循三审制（不含法规修改、废止案）（2 分）

经网络检索，云浮市人大 2019 年度没有制定出台地方性法规。但已有一审或二审的法规草案，即《云浮市生活垃圾分类管理条例》和《云浮市石材生产加工污染环境防治条例》，视为符合三审制。本项得 2 分。

A11. 已通过法规在审议时听取提案人说明（1 分）

经网络检索，云浮市人大 2019 年度没有制定出台地方性法规。其他法规草案也未搜索到在审议时听取提案人说明的情况。本项得 0 分。

A12. 法规草案在表决前进行评估，并将表决前评估情况向社会公开（2 分）

根据网络检索和调查，云浮市人大 2019 年度没有制定出台地方性法规，但相关法规草案有进行表决前评估。2018 年 11 月 6 日于云浮市第六届人大常委会第十三次会议获得通过的《云浮市畜禽养殖污染防治条例》有在 2018 年 9 月开展表决前评估。2019 年 3 月 6 日召开的地方立法工作交流座谈会肯定了《云浮市畜禽养殖污染防治条例（草案修改二稿）》表决前评估项目，并表示继续完善立法工作。本项得 2 分。

A13. 有权机关提出法规解释请求后及时作出解释（1 分）

经网络检索，有权机关未提出法规解释请求，视为有权机关提出法规解释请求后及时作出解释。本项得 1 分。

B. 立法结果

B01. 根据社会需要通过一定数量的法规（含制定、修改和废止）（2 分）

经网络检索，云浮市人大 2019 年度没有制定出台地方性法规。本项得 0 分。

C. 立法内容

本部分主要考察云浮市人大及其常委会所制定法规的内容。在进行本部分的考察时，随机选取该年度云浮市人大及其常委会制定的一部法规作为考察对象。经网络检索，云浮市人大及其常委会 2019 年内没有制定出台地方性法规，即《云浮市人大常委会 2019 年度立法工作计划》里涉及的《云浮市石材生产加工污染环境防治条例》《云浮市生活垃圾分类管理条例》《云浮市城市市容和环境卫生管理条例》均没有在 2019 年出台。本部分得 18 分。

D. 立法公开

D01. 建立地方立法专网或专栏（2 分）

经网络检索，云浮市人大常委会门户网站有建立地方立法专栏，名为"立法工作"。本项得 2 分。

D02. 年度立法计划依法向社会公布（1 分）

经网络检索，《云浮市人大常委会 2019 年度立法工作计划（2019 年 7 月调整）》在云浮市人大常委会网向社会公布。本项得 1 分。

D03. 年度立法计划调整后及时向公众公开说明（2 分）

根据网络检索、比对，发现云浮市人大常委会 2019 年度立法工作计划中的继续审议项目、初次审议项目及研究论证项目均有调整。搜索到市委全面依法治市委员会立法协调小组召开的第一次会议对调整后的《云浮市人大常委会 2019 年度立法工作计划》作出说明，但未搜索到相关具体说明内容。本项得 1 分。

D04. 法规制定过程中，草案依法向社会公开征求意见（4 分）

经网络检索，云浮市人大 2019 年度没有制定出台地方性法规。但是，《云浮市人大常委会 2019 年度立法工作计划（2019 年 7 月调整）》中已起草的《云浮市石材生产加工污染环境防治条例》和《云浮市生活垃圾分类管理条例》均通过人大常委会网站公开征求公众意见。本项得 4 分。

D05. 草案公开附有立法说明（8 分）

经网络检索，云浮市人大 2019 年度没有制定出台地方性法规。但是，《云浮市人大常委会 2019 年度立法工作计划（2019 年 7 月调整）》中已起草的《云浮市石材生产加工污染环境防治条例》和《云浮市生活垃圾分类管理条例》草案向社会公开征求意见时均附有立法说明。其中，《关于〈云浮市生活垃圾分类管理条例（草案）〉的说明》包含必要性、依据和主要内容，《关于〈云浮市石材生产加工环境污染防治条例（草案）〉的说明》包含必要性、可行性、依据和主要内容，但上述立法说明均缺少立法目的或起草过程的内容。本项得 6 分。

D06. 法规文本依法公布（1 分）

经网络检索，云浮市人大 2019 年度没有制定出台地方性法规。但是，之前通过的所有法规文本均有在云浮市人大门户网站公布。本项得 1 分。

D07. 地方人大、政府或政府法制机构门户网站建立具有检索功能的地方立法数据库或提供数据库外部链接（6 分）

经网络检索，云浮市人大门户网站上已建立链接国家法律法规数据库的地方立法数据库，可以按照法规颁布年份、法规效力以及法规类型进行检索。本项得 6 分。

D08. 地方立法数据库或相应外部链接数据库收录地方性法规齐全（2 分）

经网络检索，云浮市人大建立的地方立法数据库所收录的本行政区域内的地方性法规齐全。本项得 2 分。

D09. 立法工作总结向社会公布（2 分）

经网络检索，未发现云浮市人大公布地方立法工作总结。本项得 0 分。

D10. 立法过程中的审议情况等立法资料主动向社会公布（8 分）

经网络检索，《云浮市人大常委会 2019 年度立法工作计划（2019 年 7 月调整）》中已起草的《云浮市石材生产加工污染环境防治条例》和《云浮市生活垃圾分类管理条例》均有起草说明和审议报告，《云浮市石材生产加工污染环境防治条例》还有修改情况的报告。但未搜索到上述法规有关政府法制机构或人大常委会法工委的审查报告。本项得 6 分。

E. 立法机制完善

E01. 法规立法后评估制度的建立和实施（2 分）

经网络检索，《云浮市制定地方性法规条例》第五十七条规定："地方性法规实施两年后，或者地方性法规实施后的社会环境发生重大变化的，市人民代表大会有关的专门委员会、常务委员会工作机构可以组织对地方性法规或者地方性法规中的有关规定进行立法后评估。评估情况应当向常务委员会报告。"还有《云浮市人大常委会立法评估工作规定》明确规定了立法后评估的内容。2019 年 3 月 22 日，云浮市六届人大常委会第二十六次主任会议召开，其中，与会人员研究了关于对《云浮市农村生活垃圾管理条例》开展立法后评估的请示。随后，组织立法专家评估组到多地开展立法后调研工作。本项得 2 分。

E02. 法规清理制度的建立和实施（1 分）

经网络检索，《云浮市制定地方性法规条例》第五十八条规定了法规清理制度，且《云浮市农村生活垃圾管理条例》也已进行立法后评估，综上可以认定法规清理制度已经建立并实施。本项得 1 分。

E03. 建立立法专家顾问制度（1 分）

经网络检索，《云浮市人民代表大会常务委员会立法咨询顾问工作规定》于 2015 年 12 月 7 日在云浮市第五届人大常委会第三十七次主任会议上获得通过。云浮市人大已建立立法专家顾问制度。本项得 1 分。

E04. 建立地方立法基层联系点制度（1 分）

经网络检索，《云浮市人大常委会基层立法联系点工作规定》于 2017 年 8 月 9 日在云浮市第六届人大常委会第五次主任会议上获得通过。云浮市人大已建立地方立法基层联系点制度。本项得 1 分。

E05. 建立立法协商制度（1 分）

经网络检索，未发现云浮市人大建立立法协商制度。本项得 0 分。

二 问题与建议

本次人大及其常委会立法年度观察报告，云浮市人大及其常委会得 72 分。

2019 年，云浮市人大及其常委会地方立法工作存在的主要问题是：（1）立法程序存在不足，立法计划制定和执行相关程序有待完善。比如，未发现对法规立项项目进行论证评估并向社会公布论证评估情况、未发现已制定立法规划。（2）立法结果方面，云浮市人大及其常委会在 2019 年未根据社会需要通过一定数量的法规（B01 指标）。（3）立法公开存在不足。一是云浮市人大及其常委会立法工作中主动公开相关立法信息等工作仍做得不够全面，比如，未见在网上反馈征求意见情况、立法过程中审议情况等立法资料未充分、全面向社会公开。二是在立法工作的某些具体事项方面，信息发布或信息公开工作略显不足。比如，未有相关信息显示已经通过的法规在审议时有听取提案人说明、发现 2019 年度立法计划有调整但未搜索到相关调整说明、草案公开附有的立法说明内容不全面、未发现立法工作总结向社会公布。（4）立法工作机制仍待完善。未搜索到云浮市人大建立立法协商制度。（5）相关工作执行仍需进一步落实。通过网络检索，发现《云浮市人大常委会2019年度立法工作计划（2019年7月调整）》中有1项立法项目未搜索到第三次审议情况。

　　针对上述问题，建议云浮市人大及其常委会可以从以下方面改善地方立法工作：（1）注重立法程序化，严格执行立法程序。保证对立法程序的严格执行，并加强在程序方面的立法是保证立法工作有效进行的关键因素。完善立法计划制定和执行、法规起草等相关立法程序，并严格按照规定执行立法程序，保障科学、民主立法。（2）要认识到立法是地方治理的龙头环节，根据社会发展需要及时出台相应法规，有助于解决社会问题。加强同人民群众的联系，多听取群众心声、了解民意，有利于关注社会现实问题，及时出台法规。（3）进一步加强立法公开。一方面是加强研究判断工作，按照"信息公开"相关法律规定和工作要求，结合地方立法工作特点，梳理地方立法过程中应当公开、可以公开和不公开信息的类别，对于草案立法说明、审查报告、审议报告等有关材料予以主动公开；另一方面是加强信息宣传，对于立法计划调整的情况及相关说明、立法项目开展的进度情况应及时通过门户网站向社会反馈，使社会公众能够及时了解立法动态。（4）不断健全立法工作机制。建立立法协商制度，有助于实现协商与决策的相互衔接。同时，不断完善法规立法后评估制度、立法专家顾问制度、立法基层联系点制度等等，为科学、民主立法提供保障。（5）加强立法工作落实，提高工作执行力度。一方面是要积极推进立法项目落实，对于计划内未开展的项目应当及时调整并通过相应的工作程序视实际情况予以暂缓或者终止；另一方面是要对已出台的相关工作制度予以落实，如积极落实立法基层联系点制度，使基层立法联系点在立法中发挥好接地气、察民情、聚民智的"直通车"作用。

（撰稿：广东外语外贸大学　钟楚怡）
（审定：广东外语外贸大学　余　彦）

第二十三章

乳源瑶族自治县人大
年度立法观察报告（2020）

一 观察评估

A. 立法程序

A01. 广泛向社会公开征集立法项目（3分）

经网络检索，未能检索到乳源瑶族自治县人大向社会公开征求立法项目。本项得0分。

A02. 对法规立项项目进行论证评估并向社会公布论证评估情况（1分）

经网络检索，未能检索到乳源瑶族自治县人大对法规立项项目进行论证评估并向社会公布论证评估情况。本项得0分。

A03. 立法规划的制定（1分）

经网络检索，未发现乳源瑶族自治县人大制定的立法规划相关信息。本项得0分。

A04. 年度立法计划的制定与执行（2分）

经网络检索，未搜索到乳源瑶族自治县人大制定了2019年度立法计划。本项得0分。

A05. 年度立法计划明确法规草案拟提请地方人大审议时间（2分）

经网络检索，未能检索到乳源瑶族自治县人大制定了年度立法计划，因此也不可能明确法规草案拟提请人大审议时间。本项得0分。

A06. 年度立法计划的调整（1分）

经网络检索，未能检索到乳源瑶族自治县人大制定了年度立法计划，相应的立法计划是否调整也无从谈起。本项得0分。

A07. 地方人大在立法起草（含修改、废止）中发挥主导作用（4分）

经网络检索，乳源瑶族自治县人大修改了《乳源瑶族自治县水污染防治条例》和《乳源瑶族自治县森林资源保护管理条例》、废止了《乳源瑶族自治县水资源管理条例》。乳源瑶族自治县人大在立法修改过程中发挥了主导作用。本项得4分。

A08. 立法起草（含修改）过程中的社会参与情况（4分）

经网络检索，发现《乳源瑶族自治县水污染防治条例（修订草案）》和《乳源瑶族自治县森林资源保护管理条例（修订草案）》均通过乳源瑶族自治县政府网站公开征求公众意见，提供公众意见反馈渠道。但未搜索到意见征询结束后在网上反馈征求意见情况。本项得2分。

A09. 立法起草（含修改）过程中的市场主体参与情况（2分）

经网络检索，乳源瑶族自治县人大2019年修改了《乳源瑶族自治县水污染防治条例》和《乳源瑶族自治县森林资源保护管理条例》。此两部法规与市场主体生产经营活动关联不大，视为听取了市场主体意见。本项得2分。

A10. 审议法规草案遵循三审制（不含法规修改、废止案）（2分）

经网络检索，乳源瑶族自治县第十二届人大第四次会议表决通过了关于废止《乳源瑶族自治县水资源管理条例》的决议、关于修订《乳源瑶族自治县水污染防治条例》的决议、关于修订《乳源瑶族自治县森林资源保护管理条例》的决议。本项得2分。

A11. 已通过法规在审议时听取提案人说明（1分）

经网络检索，未查阅到提案人在审议过程中到会作立法起草情况说明。本项得0分。

A12. 法规草案在表决前进行评估，并将表决前评估情况向社会公开（2分）

经网络检索，未发现乳源县政府门户网站等网站向社会公开表决前评估情况。本项得0分。

A13. 有权机关提出法规解释请求后及时作出解释（1分）

经网络检索，未发现有权机关提出法规解释请求。本项得1分。

B. 立法结果

B01. 根据社会需要通过一定数量的法规（含制定、修改和废止）（2分）

经网络检索，乳源瑶族自治县人大2019年修改了《乳源瑶族自治县水污染防治条例》和《乳源瑶族自治县森林资源保护管理条例》、废止了《乳源瑶族自治县水资源管理条例》。本项得2分。

C. 立法内容

经网络检索，乳源瑶族自治县人大在2019年修改了《乳源瑶族自治县水污染防治条例》和《乳源瑶族自治县森林资源保护管理条例》这两部法规，本观察报告以《乳源瑶族自治县森林资源保护管理条例》为考察对象，进行立法内容方面的观察。

C01. 法规内容符合法治精神、法治原则，与上位法不相抵触（22分）

经网络检索、比对，未发现《乳源瑶族自治县森林资源保护管理条例》存在与法治精神、法治原则相违背的情况。本项得22分。

C02. 法规与本级人大制定的其他法规相协调（1分）

经分析，认为《乳源瑶族自治县森林资源保护管理条例》条文没有与乳源瑶族自治县人大制定的其他法规相冲突。本项得1分。

C03. 法规内部协调（2分）

经逐条研究分析，认为《乳源瑶族自治县森林资源保护管理条例》的条文内容内部协调，不存在冲突。本项得2分。

C04. 法规内容具有可操作性（1分）

经分析，《乳源瑶族自治县森林资源保护管理条例》相关条款明确具体，可操作性较强。本项得1分。

C05. 法规名称科学（1分）

经分析，《乳源瑶族自治县森林资源保护管理条例》的名称，明确了法规的适用空间、规范事项和行为，即明确了适用范围。法规名称是科学的。本项得1分。

C06. 法规结构合理（2分）

经分析，《乳源瑶族自治县森林资源保护管理条例》《乳源瑶族自治县森林资源保护管理条例》体系结构是合理的。本项得2分。

C07. 法规语言文字符合要求，清晰准确（1分）

经分析，《乳源瑶族自治县森林资源保护管理条例》语言文字符合技术规范要求。本项得1分。

D. 立法公开

D01. 建立地方立法专网或专栏（2分）

经网络检索，未发现乳源瑶族自治县人大建立地方立法工作专网或专栏。本项得0分。

D02. 年度立法计划依法向社会公布（1分）

经网络检索，未发现乳源瑶族自治县人大向社会公布2019年度立法计划。本项得0分。

D03. 年度立法计划调整后及时向公众公开说明（2分）

经网络检索，未发现乳源瑶族自治县人大向社会公布年度立法计划，没有制定、公布年度立法计划的，视为没有公布调整后的立法计划。本项得0分。

D04. 法规制定过程中，草案依法向社会公开征求意见（4分）

经网络检索，乳源瑶族自治县人大2019年废止了《乳源瑶族自治县水资源管理条例》、修订了《乳源瑶族自治县水污染防治条例》和《乳源瑶族自治县森林资源保护管理条例》。上述法规均依法向社会公开征求意见。本项得4分。

D05. 草案公开附有立法说明（8分）

经网络检索，乳源瑶族自治县政府网站上公布的征求意见公告并未附立法说明；经查阅，供下载的征求意见文本内也并未含立法说明。本项得0分。

D06. 法规文本依法公布（1分）

经网络检索，乳源县人大无官方网站，乳源瑶族自治县政府门户网站设有"政务公开"—"政策法规"—"法规文件"一栏，但公布法规不全，如2006年通过的《乳源瑶族自治县旅游管理条例》就未被收纳。本项得0分。

D07. 地方人大、政府或政府法制机构门户网站建立具有检索功能的地方立法数据库或提供外部链接数据库（6分）

经网络检索，乳源县人大、政府或政府法制机构门户网站没有建立具有检索功能的地方立法数据库或提供外部链接。本项得 0 分。

D08. 地方立法数据库或相应外部链接数据库收录地方性法规齐全（2 分）

经网络检索，乳源瑶族自治县人大没有建立地方立法数据库或提供外部链接。本项得 0 分。

D09. 立法工作总结向社会公布（2 分）

经网络检索，未发现乳源瑶族自治县人大公布地方立法工作总结。本项得 0 分。

D10. 立法过程中的审议情况等立法资料主动向社会公布（8 分）

经网络检索，未见乳源瑶族自治县人大主动向社会公布立法过程中的审议情况等资料。本项得 0 分。

E. 立法机制完善

E01. 法规立法后评估制度的建立和实施（2 分）

经网络检索，未发现乳源县人大建立法规立法后评估制度和相关信息。本项得 0 分。

E02. 法规清理制度的建立和实施（1 分）

经网络检索，未发现乳源县人大关于法规清理的制度和相关信息。本项得 0 分。

E03. 建立立法专家顾问制度（1 分）

经网络检索，未发现乳源瑶族自治县人大建立立法专家顾问制度。本项得 0 分。

E04. 建立地方立法基层联系点制度（1 分）

经网络检索，未发现乳源瑶族自治县人大建立地方立法基层联系点制度。本项得 0 分。

E05. 建立立法协商制度（1 分）

经网络检索，未发现乳源瑶族自治县人大建立立法协商制度。本项得 0 分。

二　问题与建议

本次人大立法年度观察报告，乳源瑶族自治县得分不及格。

2019年，乳源瑶族自治县人大地方立法工作存在的主要问题是：（1）立法公开和相关技术手段支持有待加强。没有建立地方立法专网或专栏，没有建立法规数据库，无法通过网络检索得到有效信息，如年度立法计划、立法规划等；公开征求意见结束后没有做出意见征询总结或反馈；立法信息公开不充分、不全面，如未搜索到立法过程中的审议情况等资料；等等。（2）立法工作机制不完善，如法规立法后评估制度、法规清理制度、立法专家顾问制度、立法基层联系点制度、立法协商制度等均未建立。

针对上述问题，建议乳源瑶族自治县人大可以从以下方面改善地方立法工作：（1）进一步加强立法公开。一方面是要加强"立法信息"公开工作，按照"信息公开"相关法律规定和工作要求，结合地方立法工作特点，梳理地方立法过程中应当公开、可以公开和不公开信息的类别，对于年度立法计划、草案立法说明等有关材料予以主动公开。另一方面加强立法信息化建设，不断优化网络平台，为公众参与地方立法扩展便利途径。建议建立直接面向社会公众、对外公布立法信息、收集立法意见、讨论立法内容的网络平台，如地方立法专网。立法专网的各个专栏根据立法公开的要求，按照法规草案审议进程，及时发布立法信息、更新相关立法资料。同时，推进法规数据库建设或数据库运用，完善检索功能，根据法规的立、改、废情况对数据库进行及时更新。（2）抓紧建立法规立法后评估制度、法规清理制度、立法专家顾问制度、立法基层联系点制度、立法协商制度等制度，在程序方面构建常态化、制度化工作机制，保障科学立法、民主立法，保障法制统一。

（撰稿：广东外语外贸大学　钟楚怡）
（审定：广东外语外贸大学　余　彦）

第二十四章

连山壮族瑶族自治县人大年度立法观察报告(2020)

一 观察评估

A. 立法程序

A01. 广泛向社会公开征集立法项目（3分）

经网络检索，未发现连山壮族瑶族自治县人大向社会公开征求立法项目。本项得0分。

A02. 对法规立项项目进行论证评估并向社会公布论证评估情况（1分）

经网络检索，未能检索到连山壮族瑶族自治县人大对法规立项项目进行论证评估并向社会公布论证评估情况。本项得0分。

A03. 立法规划的制定（1分）

经网络检索、调查，连山壮族瑶族自治县人大制定了立法规划。本项得1分。

A04. 年度立法计划的制定与执行（2分）

经网络检索、调查，连山壮族瑶族自治县人大制定了立法计划并得到执行。本项得2分。

A05. 年度立法计划明确法规草案拟提请地方人大审议时间（2分）

经网络检索、调查，连山壮族瑶族自治县人大制定了年度立法计划，明确了法规草案拟提请人大审议时间。本项得2分。

A06. 年度立法计划的调整（1 分）

经网络检索、调查，未发现连山壮族瑶族自治县人大制定的年度立法计划进行过调整。本项得 1 分。

A07. 地方人大在立法起草（含修改、废止）中发挥主导作用（4 分）

经网络检索、调查，《连山壮族瑶族自治县村容镇貌管理条例》由连山壮族瑶族自治县人大采取委托起草的方式进行起草。连山壮族瑶族自治县人大在起草过程中发挥了主导作用。本项得 4 分。

A08. 立法起草（含修改）过程中的社会参与情况（4 分）

经网络检索、调查，《连山壮族瑶族自治县村容镇貌管理条例》在制定过程中召开了研讨会，听取不同群体和个人的意见，但未在网络上提供公众意见反馈渠道且在网上有反馈征求意见情况。本项得 3 分。

A09. 立法起草（含修改）过程中的市场主体参与情况（2 分）

经网络检索，连山壮族瑶族自治县人大 2019 年通过了《连山壮族瑶族自治县村容镇貌管理条例》。此法规与市场主体生产经营活动关联不大，视为听取了市场主体意见。本项得 2 分。

A10. 审议法规草案遵循三审制（不含法规修改、废止案）（2 分）

经网络检索，《连山壮族瑶族自治县村容镇貌管理条例》经连山壮族瑶族自治县第十一届人大第四次会议于 2019 年 4 月 12 日通过，遵循了三审制。本项得 2 分。

A11. 已通过法规在审议时听取提案人说明（1 分）

经网络检索，《连山壮族瑶族自治县村容镇貌管理条例》在审议时听取了提案人的说明。本项得 1 分。

A12. 法规草案在表决前进行评估，并将表决前评估情况向社会公开（2 分）

经网络检索，未发现《连山壮族瑶族自治县村容镇貌管理条例》在表决前进行评估，并将表决前评估情况向社会公开。本项得 0 分。

A13. 有权机关提出法规解释请求后及时作出解释（1 分）

经网络检索，有权机关未提出法规解释请求，视为有权机关提出法规解释请求后及时作出解释。本项得 1 分。

B. 立法结果

B01. 根据社会需要通过一定数量的法规（含制定、修改和废止）（2分）

经网络检索，连山壮族瑶族自治县人大 2019 年通过了《连山壮族瑶族自治县村容镇貌管理条例》。本项得 2 分。

C. 立法内容

经网络检索，连山壮族瑶族自治县人大在 2019 年仅有《连山壮族瑶族自治县村容镇貌管理条例》获得通过，本观察报告以《连山壮族瑶族自治县村容镇貌管理条例》为考察对象，进行立法内容方面的观察。

C01. 法规内容符合法治精神、法治原则，与上位法不相抵触（22分）

经过对《连山壮族瑶族自治县村容镇貌管理条例》条文进行研究，与有关上位法、政策法规进行分析对比，该条例内容符合法治精神、法治原则，与上位法不抵触。本项得 22 分。

C02. 法规与本级人大制定的其他法规相协调（1分）

经分析，认为《连山壮族瑶族自治县村容镇貌管理条例》条文与本级人大制定的其他法规相协调。本项得 1 分。

C03. 法规内部协调（2分）

经逐条研究分析，认为《连山壮族瑶族自治县村容镇貌管理条例》的条文内容内部协调，不存在冲突。本项得 2 分。

C04. 法规内容具有可操作性（1分）

经分析，《连山壮族瑶族自治县村容镇貌管理条例》相关条款明确具体，可操作性较强。本项得 1 分。

C05. 法规名称科学（1分）

经分析，《连山壮族瑶族自治县村容镇貌管理条例》的名称，明确了法规的适用空间、规范事项和行为，即明确了适用范围，符合相关立法技术规范要求。本项得 1 分。

C06. 法规结构合理（2分）

经分析，《连山壮族瑶族自治县村容镇貌管理条例》结构合理。本项得 2 分。

C07. 法规语言文字符合要求，清晰准确（1分）

经分析，《连山壮族瑶族自治县村容镇貌管理条例》语言文字符合技术规范要求。本项得 1 分。

D. 立法公开

D01. 建立地方立法专网或专栏（2 分）

经网络检索，未发现连山壮族瑶族自治县人大建立地方立法工作专网或专栏。本项得 0 分。

D02. 年度立法计划依法向社会公布（1 分）

经网络检索，未发现连山壮族瑶族自治县人大在其门户网站向社会公布 2019 年度立法计划。本项得 0 分。

D03. 年度立法计划调整后及时向公众公开说明（2 分）

经网络检索，连山壮族瑶族自治县人大年度立法计划未调整。本项得 2 分。

D04. 法规制定过程中，草案依法向社会公开征求意见（4 分）

经网络检索、调查，连山壮族瑶族自治县人大在《连山壮族瑶族自治县村容镇貌管理条例》制定过程中有向社会公开征求意见，但没有通过互联网公布形式征求意见。本项得 2 分。

D05. 草案公开附有立法说明（8 分）

经网络检索、调查，连山壮族瑶族自治县人大在《连山壮族瑶族自治县村容镇貌管理条例》制定过程中有公开草案并附立法说明，但没有通过互联网公布形式公开。本项得 4 分。

D06. 法规文本依法公布（1 分）

经网络检索，未发现《连山壮族瑶族自治县村容镇貌管理条例》以《立法法》的法定形式（常委会公报、人大门户网站、报纸）公布。本项得 0 分。

D07. 地方人大、政府或政府法制机构门户网站建立具有检索功能的地方立法数据库或提供数据库外部链接（6 分）

经网络检索，连山壮族瑶族自治县人大未建立具有检索功能的地方立法数据库。本项得 0 分。

D08. 地方立法数据库或相应外部链接数据库收录地方性法规齐全（2 分）

经网络检索，连山壮族瑶族自治县人大未建立具有检索功能的地方立法数据库。地方性法规是否齐全无从谈起。本项得 0 分。

D09. 立法工作总结向社会公布（2 分）

经网络检索、调查，连山壮族瑶族自治县人大对立法工作进行了总结并公布，但未发现该地方立法工作总结通过互联网向社会公布。本项得 1 分。

D10. 立法过程中的审议情况等立法资料主动向社会公布（8 分）

经网络检索、调查，连山壮族瑶族自治县人大在立法过程中的审议符合相关法律法规的要求并主动向社会公开，但网络形式的公开存在缺位。本项得 4 分。

E. 立法机制完善

E01. 法规立法后评估制度的建立和实施（2 分）

经网络检索，未发现连山壮族瑶族自治县人大建立法规立法后评估制度。本项得 0 分。

E02. 法规清理制度的建立和实施（1 分）

经网络检索，未发现连山壮族瑶族自治县人大建立了法规清理相关制度。本项得 0 分。

E03. 建立立法专家顾问制度（1 分）

经网络检索，未发现连山壮族瑶族自治县人大建立立法专家顾问制度。本项得 0 分。

E04. 建立地方立法基层联系点制度（1 分）

经网络检索，未发现连山壮族瑶族自治县人大建立地方立法基层联系点制度。本项得 0 分。

E05. 建立立法协商制度（1 分）

经网络检索，未发现连山壮族瑶族自治县人大建立立法协商制度。本项得 0 分。

二 问题与建议

本次人大立法年度观察报告中，连山壮族瑶族自治县得 64 分。

连山壮族瑶族自治县人大地方立法工作存在的主要问题是：（1）立法公开不足。一是缺少立法公开的渠道。连山壮族瑶族自治县人大未建立地方立法工作专网或专栏，建立地方性法规数据库也无从谈起。二是法规资料公开不充分。如未在网上搜索到年度立法计划、法规文本公开不全面等等。(2) 地方立法工作机制不完善，如法规立法后评估制度、法规清理制度、立法专家顾问制度、立法基层联系点制度等均未建立。

  针对上述问题，建议连山壮族瑶族自治县人大从以下方面进行改进：(1) 进一步加强立法公开。一方面是要加强"立法信息"公开工作，按照"信息公开"相关法律规定和工作要求，结合地方立法的工作特点，认真梳理地方立法过程中应当公开、可以公开和不公开信息的类别，对于年度立法计划、草案立法说明等有关材料应当予以主动公开。另一方面是要加强立法信息化建设，不断优化网络平台，为公众参与地方立法扩展便利途径。建议建立直接面向社会公众、对外公布立法信息、收集立法意见、讨论立法内容的网络平台，如地方立法专网。立法专网的各个专栏根据立法公开的要求，按照法规草案审议进程，及时发布立法信息、更新相关立法资料。同时，推进法规数据库建设或数据库运用，完善检索功能，根据法规的立、改、废情况对数据库进行及时更新。(2) 抓紧建立法规立法后评估制度、法规清理制度、立法专家顾问制度、立法基层联系点制度、立法协商制度等制度，在程序方面构建常态化、制度化工作机制，保障科学立法、民主立法，保障法制统一。

（撰稿：广东外语外贸大学　钟楚怡）
（审定：广东外语外贸大学　余　彦）

第二十五章

连南瑶族自治县人大
年度立法观察报告（2020）

一 观察评估

A. 立法程序

A01. **广泛向社会公开征集立法项目（3分）**

经网络检索，未能检索到连南瑶族自治县人大向社会公开征求立法项目。本项得0分。

A02. **对法规立项项目进行论证评估并向社会公布论证评估情况（1分）**

经网络检索，未能检索到连南瑶族自治县人大对法规立项项目进行论证评估并向社会公布论证评估情况。本项得0分。

A03. **立法规划的制定（1分）**

经网络检索，连南瑶族自治县人大制定了《连南瑶族自治县人大常委会第一个五年立法规划（2017—2021）》。本项得1分。

A04. **年度立法计划的制定与执行（2分）**

经网络检索，未能检索到连南瑶族自治县人大制定了2019年度立法计划。本项得0分。

A05. **年度立法计划明确法规草案拟提请地方人大审议时间（2分）**

经网络检索，未能检索到连南瑶族自治县人大制定了年度立法计划，因此也不可能明确法规草案拟提请人大审议时间。本项得0分。

A06. 年度立法计划的调整（1分）

经网络检索，未能检索到连南瑶族自治县人大制定了年度立法计划，相应的立法计划是否调整也无从谈起。本项得0分。

A07. 地方人大在立法起草（含修改）中发挥主导作用（4分）

经网络检索，连南瑶族自治县人大2019年制定了《连南瑶族自治县森林资源保护管理条例》，在立法过程中发挥了主导作用。本项得4分。

A08. 立法起草（含修改）过程中的社会参与情况（4分）

经网络检索，《连南瑶族自治县森林资源保护管理条例》修订草案通过连南瑶族自治县政府网站公开征求公众意见。但未查阅到在意见征询结束后在网上反馈征求意见情况。本项得2分。

A09. 立法起草（含修改）过程中的市场主体参与情况（2分）

经网络检索，连南瑶族自治县人大2019年修改了《连南瑶族自治县森林资源保护管理条例》。此法规与市场主体生产经营活动关联不大，视为听取了市场主体意见。本项得2分。

A10. 审议法规草案遵循三审制（不含法规修改、废止案）（2分）

经网络检索，连南瑶族自治县人大在2019年仅修改了《连南瑶族自治县森林资源保护管理条例》。《连南瑶族自治县森林资源保护管理条例（修订草案）》经连南瑶族自治县第十五届人大第四次会议审议通过。本项得2分。

A11. 已通过法规在审议时听取提案人说明（1分）

经网络检索，连南瑶族自治县第十五届人大第四次会议听取了《连南瑶族自治县森林资源保护管理条例（修订草案）》的说明。本项得1分。

A12. 法规草案在表决前进行评估，并将表决前评估情况向社会公开（2分）

经网络检索，未发现《连南瑶族自治县森林资源保护管理条例》在表决前进行评估，并将表决前评估情况向社会公开。本项得0分。

A13. 有权机关提出法规解释请求后及时作出解释（1分）

经网络检索，有权机关未提出法规解释请求。本项得1分。

B. 立法结果

B01. 根据社会需要通过一定数量的法规（含制定、修改和废止）（2分）

经网络检索，连南瑶族自治县人大 2019 年修改了《连南瑶族自治县森林资源保护管理条例》。本项得 2 分。

C. 立法内容

经网络检索，连南瑶族自治县人大在 2019 年仅修改了《连南瑶族自治县森林资源保护管理条例》，本观察报告以这项法规为考察对象，进行立法内容方面的观察。

C01. 法规内容符合法治精神、法治原则，与上位法不相抵触（22分）

经比对，《连南瑶族自治县森林资源保护管理条例》在立法时不存在与上位法相抵触的情况。本项得 22 分。

C02. 法规与本级人大制定的其他法规相协调（1分）

经分析，认为《连南瑶族自治县森林资源保护管理条例》条文没有与连南瑶族自治县人大制定的其他法规相冲突。本项得 1 分。

C03. 法规内部协调（2分）

经分析，认为《连南瑶族自治县森林资源保护管理条例》的条文内容内部协调，不存在冲突。本项得 2 分。

C04. 法规内容具有可操作性（1分）

经分析，《连南瑶族自治县森林资源保护管理条例》相关条款明确具体，可操作性较强。本项得 1 分。

C05. 法规名称科学（1分）

经分析，《连南瑶族自治县森林资源保护管理条例》的名称，明确了法规的适用空间、规范事项和行为，即明确了适用范围，法规名称是科学的。本项得 1 分。

C06. 法规结构合理（2分）

经分析，《连南瑶族自治县森林资源保护管理条例》结构合理。本项得 2 分。

C07. 法规语言文字符合要求，清晰准确（1分）

经分析，《连南瑶族自治县森林资源保护管理条例》的立法语言符合立法语言的基本要求。本项得 1 分。

D. 立法公开

D01. **建立地方立法专网或专栏（2 分）**

经网络检索，未发现连南瑶族自治县人大建立地方立法工作专网或专栏。本项得 0 分。

D02. **年度立法计划依法向社会公布（1 分）**

经网络检索，未发现连南瑶族自治县人大向社会公布 2019 年度立法计划。本项得 0 分。

D03. **年度立法计划调整后及时向公众公开说明（2 分）**

经网络检索，未发现连南瑶族自治县人大向社会公布年度立法计划，年度立法计划调整后及时向公众公开说明无从谈起。本项得 0 分。

D04. **法规制定过程中，草案依法向社会公开征求意见（4 分）**

经网络检索，《连南瑶族自治县森林资源保护管理条例》修订草案有向社会公开征求意见。连南瑶族自治县人大 2019 年仅通过一部《连南瑶族自治县森林资源保护管理条例》。本项得 4 分。

D05. **草案公开附有立法说明（8 分）**

经网络检索，发现《连南瑶族自治县森林资源保护管理条例》有修改情况说明，但仅有《条例》修改的必要性、《条例》修改的依据和《条例》修改的主要问题，缺少立法目的或起草过程。本项得 7 分。

D06. **法规文本依法公布（1 分）**

经网络检索，《连南瑶族自治县森林资源保护管理条例》通过连南瑶族自治县第十五届人大常委会公告（第 10 号）依法公布。本项得 1 分。

D07. **地方人大、政府或政府法制机构门户网站建立具有检索功能的地方立法数据库或提供数据库外部链接（6 分）**

经网络检索，连南瑶族自治县人大未建立具有检索功能的地方立法数据库或相应外部链接数据库。本项得 0 分。

D08. **地方立法数据库或相应外部链接数据库收录地方性法规齐全（2 分）**

经网络检索，连南瑶族自治县人大未建立具有检索功能的地方立法数据库或相应外部链接数据库。本项得 0 分。

D09. **立法工作总结向社会公布（2 分）**

经网络检索，未发现连南瑶族自治县人大公布地方立法工作总结。本项得 0 分。

D10. 立法过程中的审议情况等立法资料主动向社会公布（8 分）

经网络检索，未见连南瑶族自治县人大主动向社会公布立法过程中的审议情况等资料。本项得 0 分。

E. 立法机制完善

E01. 法规立法后评估制度的建立和实施（2 分）

经网络检索，未搜索到连南瑶族自治县人大建立和实施法规立法后评估制度的情况。本项得 0 分。

E02. 法规清理制度的建立和实施（1 分）

经网络检索，未搜索到连南瑶族自治县人大建立和实施法规清理制度的情况。本项得 0 分。

E03. 建立立法专家顾问制度（1 分）

经网络检索，未发现连南瑶族自治县人大建立立法专家顾问制度。本项得 0 分。

E04. 建立地方立法基层联系点制度（1 分）

经网络检索，未发现连南瑶族自治县人大建立地方立法基层联系点制度。本项得 0 分。

E05. 建立立法协商制度（1 分）

经网络检索，未发现连南瑶族自治县人大建立立法协商制度。本项得 0 分。

二　问题与建议

本次人大立法年度观察报告，连南瑶族自治县人大得分不及格。

2019 年，连南瑶族自治县人大地方立法工作存在的主要问题是：（1）在立法公开和相关技术手段支持方面。一是连南瑶族自治县人大没有官方网站，人大的相关信息依托"连南政府"网发布，"连南政府"网没有立法专栏，也没有法规数据库，不利于立法公开。连南瑶族自治县人大相关的法规在"连南政府"网内的"政务公开"中通过"通知公告"栏目发布，"通知公告"中发布的内容涉及范围很广，相关法规并不集中，不利于检索。二是连南瑶族自治县人大立法工作中主动公开相关立法信息等工作做得不足，比如，未检索到年度立法计划、未向社会公开征集立法项目建议、立法过程中审议情况等立法资料未主动向社会公开、等等。由此可见，连南瑶族自治县人大立法公开听取意见和立法信息公开工作还有待加强。（2）立法工作机制方面。未搜索到法规立法后评估制度、法规清理制度、立法专家顾问制度、立法协商制度等制度的相关内容，立法工作机制有待建立和完善。

针对上述问题，建议连南瑶族自治县人大可以从以下方面改善地方立法工作：（1）加强对人大门户网站的建设，加快建立立法专网、法规数据库，加强技术保障，完善检索功能，根据法规的立、改、废情况对数据库进行及时更新，同时增加按照法规颁布年份、法规效力以及法规类型进行检索的功能。（2）加强研究和判断，按照"信息公开"相关法律规定和工作要求，结合地方立法工作特点，梳理地方立法过程中应当公开、可以公开和不公开信息的类别，对于年度立法计划、草案立法说明等有关材料予以主动公开。（3）抓紧建立法规清理制度、立法专家顾问制度、立法协商制度等相关制度，在程序方面构建常态化、制度化工作机制，保障科学立法、民主立法。

（撰稿：广东外语外贸大学　钟楚怡）
（审定：广东外语外贸大学　余　彦）

下编　政府立法编

第一章

广东省人民政府
年度立法观察报告(2020)

一 观察评估

A. 立法程序

A01. 向社会公开征集立法项目建议并反馈（2分）

经网络检索，广东省政府于2018年7月13日在省司法厅网站刊载《关于公开征集2019年度省政府规章立法建议项目的公告》，但未查询到相关反馈。本项得1分。

A02. 规章立项申请与公开征集的项目建议进行论证评估（2分）

经网络检索，未查询到对规章立项申请与公开征集的项目建议进行论证评估的相关信息。本项得分0分。

A03. 制定规章年度工作计划（2分）

经网络检索，广东省政府于2019年4月30日在门户网站发布《广东省人民政府办公厅关于印发广东省人民政府2019年制定规章计划的通知》，该《通知》载明年内完成项目（13项），预备项目（11项），以及适时修改或废止项目（未明确项目）。本项得2分。

A04. 规章制定年度工作计划载明规章的名称、起草单位、完成时间（3分）

经网络检索，《广东省人民政府办公厅关于印发广东省人民政府2019年制定规章计划的通知》载明13项年内完成项目，以上项目均载明规章名称、起草单位，并注明"年内"完成。本项得3分。

A05. 规章制定年度工作计划执行情况（3分）

经综合考察，2019年计划年内完成项目13项，已完成3项，分别是《港珠澳大桥广东水域通航安全管理办法》《广东省申请法律援助经济困难公民认定办法（修订）》《广东省科技计划项目监督规定》，还有10项未完成。本项得0分。

A06. 规章起草过程中听取社会公众的意见（2分）

经网络检索，查询到2018年8月13日，广东省科技厅在科技厅公众网上发布《广东省科学技术厅关于公开征求〈广东省科技计划监督规定〉意见的通知》；2019年3月28日，广东省应急管理厅发布《公开征求〈广东省安全生产责任保险实施办法（修订草案）〉（公开征求意见稿）意见的公告》；2019年4月16日，《港珠澳大桥通航安全管理特别规定》在广东省司法厅门户网站公开征求社会意见；2019年9月6日，《广东省行政机关规范性文件管理规定（修订草案征求意见稿）》在广东省司法厅网站进行意见征集；2019年9月2日，广东省消防救援总队公布《广东省消防工作若干规定（征求意见稿）》向社会公开征求意见；2019年11月29日，省自然资源厅在广州举办《广东省旧城镇旧厂房旧村庄改造管理办法（送审稿）》听证会。本项得2分。

A07. 与市场主体生产经营活动密切相关的规章起草过程中听取市场主体的意见（1分）

经网络检索，广东省政府于2019年发布的规章中，与市场主体生产经营活动密切相关的规章为《广东省民宿管理暂行办法》，但未查询到在本项规章起草过程中听取了市场主体意见的信息。本项得0分。

A08. 规章草案向社会公开征求意见并反馈（5分）

经网络检索，2019年度内发布的规章草案均能在广东省司法厅门户网站向社会公开征求意见，但未查询到相关反馈信息。本项得3分。

A09. 规章草案向社会公开征求意见的期限不少于30日（3分）

经网络检索，已公开的规章草案送审稿征求意见期限均不少于30日。本项得3分。

A10. 法制机构采取实地调研、座谈会、论证会、听证会、委托研究等形式听取各方对规章送审稿的意见（2分）

经网络检索，广东省司法厅通过实地调研听取各方对规章送审稿的意见，如2019年11月19日，广东省司法厅会同省自然资源厅组成调研组，就《广东省旧城镇旧厂房旧村庄改造管理办法》（送审稿）在广州市开展调研。本项得 2 分。

A11. 规章自公布之日起 30 日后施行（1 分）

经网络检索，本年度出台规章公布后所载明的施行日期均满足不少于 30 日的要求。本项得 1 分。

A12. 对规章审查请求和解释请求依法处理（1 分）

经综合考察，未发现政府收到规章审查请求或有国家机关、社会组织提出规章解释请求的信息，视为依法处理。本项得 1 分。

B. 立法结果

B01. 根据社会需要制定一定数量的规章（4 分）

经网络检索，广东省政府制定了《广东省申请法律援助经济困难公民认定办法》《广东省残疾人就业办法》《广东省最低生活保障制度实施办法》《广东省民宿管理暂行办法》《广东省内部审计工作规定》等 5 项省政府规章；修订了《广东省专利奖励办法》等 1 项省政府规章；并通过了《广东省人民政府关于废止和修改部分省政府规章的决定（广东省人民政府令第 269 号）》等 3 个决定，废止了《广东省重要水生动物苗种亲体管理规定》等 10 部省政府规章，修改了《广东省森林病虫害防治实施办法》等 31 部省政府规章的部分条款。本项得 4 分。

C. 立法内容

本观察报告抽取《广东省民宿管理暂行办法》为考察对象，进行立法内容方面的观察。

C01. 规章内容符合法治精神、法治原则，有上位法依据（24 分）

经比对，未发现《广东省民宿管理暂行办法》存在违法性问题。本项得 24 分。

C02. 规章内部条款之间、规章与本级政府制定的其他规章之间的协调（3 分）

经比对，未发现《广东省民宿管理暂行办法》内部条款之间、规章与本级政府制定的其他规章之间存在冲突等不协调的情形。本项得 3 分。

C03. 规章内容具有可操作性（2 分）

经比对，通过逐条研究分析认为《广东省民宿管理暂行办法》第九条存在可操作性问题。该条第二款规定"对利用围龙屋、四角楼等特色建筑或者其他条件开办的民宿，……适当放宽前款规定的民宿规模要求"，但规定未明确何谓"其他条件"，相关法律法规也未作出规定，易于造成过于宽松的执行标准，从而导致该条第一款规定被架空而无法落实。本项得0分。

C04. 规章名称科学（1分）

经比对，《广东省民宿管理暂行办法》的名称，明确了本规章的适用空间、规范事项和行为，即明确了本办法的适用范围。本项得1分。

C05. 规章结构合理（1分）

经比对，《广东省民宿管理暂行办法》的章节内容权力义务规定合理，能做到权责一致，且能按照各条款内容依次排列，规章的条款、构成要件和法律效果齐备。本项得分1分。

C06. 规章语言文字符合技术规范（1分）

经比对，《广东省民宿管理暂行办法》语言文字符合技术规范。本项得1分。

D. 立法公开

D01. 设有专门的立法网站或在其政府门户网站设有立法专栏（3分）

经网络检索，广东省司法厅门户网站设置了"依法治省"板块，内设"立法公众意见征集"、"立法规划、计划"等专栏。本项得3分。

D02. 规章制定年度工作计划向社会公开（2分）

经网络检索，广东省政府于2019年4月30日在门户网站发布《广东省人民政府办公厅关于印发广东省人民政府2019年制定规章计划的通知》，该《通知》载明年内完成项目（13项），预备项目（11项），以及适时修改或废止项目。本项得2分。

D03. 规章制定工作计划项目变化时及时向社会公开说明（2分）

经网络检索，广东省政府年内规章计划没有调整。本项得2分。

D04. 公开规章草案并附立法说明（8分）

经网络检索，广东省司法厅门户网站中在2019年度公开了《广东省消防工作若干规定》《广东省职工生育保险规定》《广东省旧城镇旧厂房旧村庄改造管理办法》《广东省地震预警管理办法》《广东省政务数据管理办法》《广东省行政机关规范性文件管理规定》《广东省〈行政执法证管理办法》《广东省人民政府关于将第三批省级管理权限调整由中国（广东）自由贸易试验区实施的决定》《广东省人民政府关于将一批省级行政职权事项调整由广州高新区（黄埔区）实施的决定》《广东省安全生产责任保险实施办法》《港珠澳大桥通航安全管理特别规定》等 11 项规章草案，均附立法说明，但缺少对征求意见采纳情况的具体说明。本项得 7 分。

D05. 规章文本依法向社会公布（2 分）

经网络检索，已公布的规章均在政府门户网站和政府公报中公布，符合按照法定形式公布文本的要求。本项得 2 分。

D06. 在地方人大、政府或政府法制机构门户网站建立具有检索功能的地方立法数据库或提供数据库外部链接（6 分）

经网络检索，广东省政府办公厅网站于"政府信息公开"板块下的"法定主动公开"栏目中提供了所有已颁布施行的规章情况，并建立了具有检索功能的数据库。本项得 6 分。

D07. 地方立法数据库或相应外部链接收录的地方立法文本齐全（4 分）

经网络检索，广东省政府办公厅网站中的"政府信息公开"板块下的"规章文件"完整收录了所有规章文件。本项得 4 分。

D08. 地方立法工作总结向社会公布（2 分）

经网络检索，广东省司法厅门户网站中公布的《广东省人民政府关于 2019 年度法治政府建设情况的报告》专门就地方立法工作进行了总结。本项得 2 分。

E. 立法机制完善

E01. 建立立法民主协商制度（1 分）

经网络检索，未查询到广东省政府建立立法民主协商制度的相关信息。本项得 0 分。

E02. 建立立法基层联系点制度（1 分）

经网络检索，未查询到广东省政府建立了立法基层联系点制度相关信息。本项得 0 分。

E03. 建立立法专家顾问制度并实施（2 分）

经网络检索，广东省政府已建立政府法律顾问制度。本项得 2 分。

E04. 建立规章制定后评估制度（1分）

经网络检索，广东省政府制定了《广东省人民政府规章立法后评估规定》，已建立规章制定后评估制度。本项得1分。

E05. 实施规章制定后评估，并将评估情况向社会公开（1分）

经网络检索，广东省政府实施了规章立法后评估工作，但未查询到公开评估报告的信息。本项得0分。

E06. 建立规章清理制度（1分）

经网络检索，广东省政府通过制定《广东省人民政府规章清理工作规定》建立了规章清理制度。本项得1分。

E07. 实施规章清理，并将规章清理情况向社会公开（1分）

经网络检索，已公开信息显示广东省政府实施了规章清理工作，规章清理情况通过《广东省人民政府关于废止和修改部分省政府规章的决定》向社会公开。本项得1分。

二　问题与建议

本年度政府立法观察，广东省政府得85分。

2019年，广东省政府立法工作存在的主要问题是：（1）规章制定年度工作计划执行力度欠缺。《广东省人民政府2019年制定规章计划》中明确指出年度内完成项目共13件，其中新制定规章8件，修订规章5件，但截至评估时，仅完成新制定规章2件和完成规章修订1件。其他规章的制定或修订虽仍在有序进行中，但未如期完成相关工作任务，也未对立法计划进行调整。（2）规章草案意见征求存在不足。一方面，对于与市场主体生产经营活动密切相关的规章，在起草过程中未能广泛听取相关市场主体的意见；另一方面，对于征求所得的公众意见缺乏反馈，也没有在公布规章草案时对其采纳情况作出说明。（3）立法机制有待建立健全。一是立法民主协商制度和立法基层联系点制度仍未建立；二是规章立法后评估情况未向社会公开。

针对以上问题，建议广东省政府可以从三个方面推动规章制定工作：（1）加强规章制定年度工作计划执行力度。切实按照每年公布的规章制定年度工作计划稳步推进规章制定工作，对因客观条件不满足或工作重点有变化等特殊情况，应充分利用好相关制度对工作计划进行调整，保障工作计划的执行力。（2）完善规章草案意见征求制度。制定与市场主体生产经营活动密切相关的规章，应广泛听取市场主体、行业协会商会的意见，而且应当及时对公众意见作出反馈，并将有关采纳情况在公布规章草案时予以说明。（3）建立健全立法机制。一方面，要着手建立立法民主协商制度和立法基层联系点制度；另一方面，则要健全规章立法后评估制度，向社会公开评估结果。

（撰稿：广东外语外贸大学　郑　锐）
（审定：广东外语外贸大学　黄　喆）

第二章

广州市人民政府
年度立法观察报告（2020）

一　观察评估

A. 立法程序

A01. 向社会公开征集立法项目建议并反馈（2分）

经网络检索，未查询到广州市政府发布向社会公开征集规章立法项目建议并反馈的信息。本项得0分。

A02. 对规章立项申请与公开征集的项目建议进行论证评估（2分）

经网络检索，未查询到广州市政府就规章立项申请与公开征集的项目建议进行论证评估的信息。本项得0分。

A03. 制定规章制定年度工作计划（2分）

经网络检索，广州市政府与广州市司法局网站皆于3月25日刊载《广州市人民政府办公厅关于印发广州市2019年度政府规章制定计划的通知》。其中，年内审议项目9项，包括1项制定项目《广州市非物质文化遗产保护规定》；7项修改项目《广州市危险化学品安全管理规定》《广州市户外广告和招牌设置管理办法》《广州市人口与计划生育服务和管理规定》《广州市无障碍设施建设管理规定》《广州市规章制定公众参与办法》《涉及机构改革的规章集中修正项目》（未明确列举所涉具体规章名称）《涉及证明事项清理的规章集中修正项目》（未明确列举所涉具体规章名称）；1项废止项目《广州市农村房地产权登记规定》。本项得2分。

A04. 规章制定年度工作计划载明规章的名称、起草单位、完成时间（3 分）

经网络检索，已发布的《广州市人民政府办公厅关于印发广州市 2019 年度政府规章制定计划的通知》对于各项计划项目皆载明规章的名称，其中《涉及机构改革的规章集中修正项目》与《涉及证明事项清理的规章集中修正项目》为专项清理打包修改规章的项目，故视同列明具体规章名称。所有项目均列明起草单位，并按照规章制定工作的计划进度分为"年内审议项目""适时审议项目"和"调研项目"，故视为载明相应的完成时间。本项得 3 分。

A05. 规章制定年度工作计划执行情况（3 分）

经综合考察，广州市政府规章制定年度工作计划"年内审议项目"共 9 项，执行情况如下：完成制定（修改）项目 5 项，为《广州市非物质文化遗产保护办法》（计划项目名称为《广州市非物质文化遗产保护规定》）《广州市危险化学品安全管理规定》《广州市人口与计划生育服务和管理规定》《涉及机构改革的规章集中修正项目》《涉及证明事项清理的规章集中修正项目》。还有 3 项未如期办结。本项得 0 分。

A06. 规章起草过程中听取社会公众的意见（2 分）

经网络检索，各项规章的起草过程中均查询到听取社会公众的意见的信息，其中《广州市非物质文化遗产保护办法》《广州市人民政府规章制定办法》《广州市规章制定公众参与办法》等 3 部规章在起草过程中组织召开了论证会或座谈会。本项得 2 分。

A07. 与市场主体生产经营活动密切相关的规章起草过程中听取市场主体的意见（1 分）

经网络检索，结合网站查询和规章内容考察，2019 年广州市政府规章制定项目主要集中在行政管理领域；未发现有疏漏市场主体意见、忽视经营者合法权益的现象。本项得 1 分。

A08. 规章草案向社会公开征求意见并反馈（5 分）

经网络查询，2019 年制定或修改的各项规章均已向社会公开征求意见并反馈。本项得 5 分。

A09. 规章草案向社会公开征求意见的期限不少于 30 日（3 分）

经网络检索，广州市已公开的规章草案送审稿征求意见期限均不少于 30 日。本项得 3 分。

A10. 法制机构采取实地调研、座谈会、论证会、听证会、委托研究等形式听取各方对规章送审稿的意见（2 分）

经网络检索，广州市司法局作为法制机构在审查规章送审稿过程中采取了多种形式听取各方意见，并在其网站的"行政立法"专题栏目下设"公众意见反馈"板块对各规章审议项目的公众参与情况进行了说明。本项得 2 分。

A11. 规章自公布之日起 30 日后施行（1 分）

经网络检索，本年度出台规章公布后所载明的施行日期均满足不少于 30 日的要求。本项得 1 分。

A12. 对规章审查请求和解释请求依法处理（1 分）

经综合考察，未查询到有国家机关、社会团体等主体提出规章审查请求或规章解释请求的信息，视为依法处理。本项得 1 分。

B. 立法结果

B01. 根据社会需要制定一定数量的规章（4 分）

经网络检索，2019 年，广州市政府共制定完成规章 71 件（含新制定、废止和修改）。本项得 4 分。

C. 立法内容

本观察报告抽取《广州市公共信用信息管理规定》为考察对象，进行立法内容方面的观察。

C01. 规章内容符合法治精神、法治原则，有上位法依据（24 分）

经比对，未发现《广州市公共信用信息管理规定》存在合法性问题。本项得 24 分。

C02. 规章内部条款之间、规章与本级政府制定的其他规章之间的协调（3 分）

经比对，未发现《广州市公共信用信息管理规定》内部条款之间、规章与本级政府制定的其他规章之间存在冲突等不协调的情形。本项得 3 分。

C03. 规章内容具有可操作性（2 分）

经比对，《广州市公共信用信息管理规定》的强制性条款均具有可操作性。本项得 2 分。

C04. 规章名称科学（1分）

经比对，《广州市公共信用信息管理规定》名称准确、简洁，符合技术规范要求。本项得1分。

C05. 规章结构合理（1分）

经比对，《广州市公共信用信息管理规定》的规章体系结构符合立法技术规范要求，且规章的条款、构成要件完备，法律效果齐备。本项得1分。

C06. 规章语言文字符合技术规范（1分）

经比对，《广州市公共信用信息管理规定》的语言文字均符合技术规范要求。本项得1分。

D. 立法公开（29分）

D01. 设有专门的立法网站或在政府门户网站设有立法专栏（3分）

经网络检索，广州市政府在其网站上设有专门的立法专栏"政务公开—法规公文"；子栏目包括"政府规章""市政府文件""市府办公厅文件""广州市行政规范性文件统一发布""国家法律法规"和"本省文件"，其中后三者分别为广州市行政规范性文件统一发布平台、中国政府法制信息网和广东省政府文件库的外部链接。此外，广州市司法局也设置了"规章查询"功能与本法规公文数据库链接。本项得3分。

D02. 规章制定年度工作计划向社会公开（2分）

经网络检索，广州市政府于2019年3月25日向社会发布《广州市人民政府办公厅关于印发广州市2019年度政府规章制定计划的通知》。本项得2分。

D03. 规章制定年度工作计划项目变化时及时向社会公开说明（2分）

经网络检索，广州市政府年内规章计划没有调整。本项得2分。

D04. 公开规章草案并附立法说明（8分）

经网络检索，已公开的规章草案均附有立法说明。本项得8分。

D05. 规章文本依法向社会公布（2分）

经网络检索，已公布的规章均在政府门户网站和政府公报中公布，符合按照法定形式公布文本的要求。本项得2分。

D06. 在地方人大、政府或政府法制机构门户网站建立具有检索功能的地方立法数据库或提供数据库外部链接（6分）

经网络检索，广州市政府网站建立了具有检索功能的数据库，法制机构（司法局）网站亦提供了该数据库链接。本项得6分。

D07. 地方立法数据库或相应外部链接收录的地方立法文本齐全（4分）

经网络检索，广州市政府的立法数据库完整收录了所有规章文件。本项得4分。

D08. 地方立法工作总结向社会公布（2分）

经网络检索，未查询到广州市政府公布地方立法工作总结。本项得0分。

E. 立法机制完善

E01. 建立立法民主协商制度（1分）

经网络检索，根据《广州市人民政府规章制定办法》第二十七条的规定，广州市政府已建立立法民主协商制度。本项得1分。

E02. 建立立法基层联系点制度（1分）

经网络检索，根据《广州市人民政府规章制定办法》第二十六条的规定，广州市政府已建立立法基层联系点制度。本项得1分。

E03. 建立立法专家顾问制度并实施（2分）

经网络检索，广州市政府已建立立法专家顾问制度并付诸实施。本项得2分。

E04. 建立规章制定后评估制度（1分）

经网络检索，根据《广州市人民政府规章制定办法》第三十五条的规定，广州市政府已建立规章制定后评估制度。本项得1分。

E05. 实施规章制定后评估，并将评估情况向社会公开（1分）

经网络检索，广州市司法局网站在"行政立法"板块专设"立法后评估"栏目，刊载了《〈广州市行政备案管理办法〉立法后评估报告（摘要）》和《〈广州市人民政府规章制定办法〉立法后评估报告（摘要）》。规章制定后评估制度得到实施并向社会公开了评估情况。本项得1分。

E06. 建立规章清理制度（1分）

经网络检索，根据《广州市人民政府规章制定办法》第三十四条的规定,广州市政府已建立规章清理制度。本项得 1 分。

E07. 实施规章清理,并将规章清理情况向社会公开(1 分)

经网络检索,已公开信息显示广州市政府实施了规章清理工作,规章清理情况经由《广州市人民政府关于修改〈广州市房屋建筑和市政基础设施工程质量管理办法〉等 5 件政府规章的决定》和《广州市人民政府关于修改和废止部分市政府规章的决定》向社会公开。本项得 1 分。

二 问题与建议

本年度政府立法观察,广州市政府得 91 分。

2019 年,广州市政府立法工作存在的主要问题是:(1)规章制定工作计划的制定、执行仍有不足。公布前未主动向社会公众公开征求立法建议项目并反馈;2019 年规章制定工作计划未全部实施完毕;已出台规章中有部分项目属于 2018 年规章制定工作计划。(2)立法公开有待加强。对规章立法过程中的公众参与情况公开总结说明、与规章草案同步公开立法说明的做法值得普及,相关信息公开内容的标准仍然有改进的空间;年度立法工作总结亦未及时公布。针对以上问题,建议广州市政府未来在规章制定工作中可以从以下方面着力:(1)开展各项工作制度提高规章制定工作计划的预测性与和科学性,保证公民知情权与参与权,提高规章制定工作计划的完成度。(2)进一步推进立法公开完善。充分利用完备的政府信息公开平台和地方立法数据库作为支撑,提升对立法工作动态尤其是地方立法工作总结公开的及时性,严格按照规章制定程序要求保障规章草案公开的完整性。

(撰稿:广东外语外贸大学 刘子婧)
(审定:广东省司法厅法治调研处 黄涛涛)

第三章

深圳市人民政府年度立法观察报告（2020）

一 观察评估

A. 立法程序

A01. 向社会公开征集立法项目建议并反馈（2分）

经网络检索，深圳市政府于2018年9月30日向社会公开征集立法项目建议，但并未发现有对社会公开征集的立法项目建议进行反馈。本项得1分。

A02. 对规章立项申请与公开征集的项目建议进行论证评估（2分）

经网络检索，未发现深圳市政府对规章立项申请与公开征集的项目建议进行论证评估。本项得0分。

A03. 制定规章制定年度工作计划（2分）

经网络检索，深圳市政府于2019年7月5日向社会发布了《深圳市人民政府2019年度立法工作计划》。本项得2分。

A04. 规章制定年度工作计划载明规章的名称、起草单位、完成时间（3分）

经网络检索，深圳市政府于2019年7月5日发布的《深圳市人民政府2019年度立法工作计划》中，有明确载明规章的名称、起草单位，并按照当年完成项目、预备项目进行了分类，并标注有"当年完成项目"，视为注明完成时间。本项得3分。

A05. 规章制定年度工作计划执行情况（3 分）

经综合考察，规章年度计划的年内完成项目中，拟新制定规章 7 件，拟修订规章 5 件。截至 2019 年 12 月 31 日，规章制定年度工作计划的执行情况如下：（1）已完成的规章 3 件。《深圳市网络预约出租汽车经营服务管理暂行办法》《深圳市校外托管机构管理办法》《深圳市出租屋管理若干规定》等三件规章完成并公布施行。（2）正在开展立法的规章有 8 件。《深圳市地方标准管理办法》已向社会公开征求意见；《深圳市人才住房建设和管理办法》已向社会公开征求意见，并召开了立法听证会；《深圳市公共租赁住房建设和管理办法》已向社会公开征求意见；《深圳市安居型商品房建设和管理办法》已向社会公开征求意见；《深圳市互联网租赁自行车经营服务管理暂行办法》已向社会公开征求意见，并召开了听证会；《深圳市轨道交通项目建设管理规定》已向社会公开征求意见；《深圳市公益广告促进和管理办法》已向社会公开征求意见；《深圳市房地产市场监管办法》已向社会公开征求意见。（3）无法检索的规章 1 件。未在网络检索到《深圳市建筑废弃物运输和处置管理办法》等规章的相关立法工作。本项得 0 分。

A06. 规章起草过程中听取社会公众的意见（2 分）

经网络检索，《深圳市校外托管机构管理办法》《深圳市人才住房建设和管理办法》《深圳市互联网租赁自行车经营服务管理暂行办法》召开了听证会；《深圳市网络预约出租汽车经营服务管理暂行办法》召开了修订立法协商座谈会来听取公众的意见等。总体覆盖率超 50%。本项得 2 分。

A07. 与市场主体生产经营活动密切相关的规章起草过程中听取市场主体的意见（1 分）

经网络检索，《深圳市人才住房建设和管理办法》《深圳市互联网租赁自行车经营服务管理暂行办法》《深圳市网络预约出租汽车经营服务管理暂行办法》《深圳市校外托管机构管理办法》等规章起草过程中听取了市场主体的意见。本项得 1 分。

A08. 规章草案向社会公开征求意见并反馈（5 分）

经网络检索，《深圳市地方标准管理办法（征求意见稿）》2019 年 7 月 8 日至 2019 年 8 月 15 日向社会征求意见，于 2019 年 8 月 19 日公布了意见征集的反馈；《深圳市互联网租赁自行车经营服务管理暂行办法（征求意见稿）》与 2019 年 8 月 1 日至 2019 年 8 月 31 日向社会征求意见，于

2019年9月5日公布意见反馈；《深圳市轨道交通项目建设管理规定（送审稿）》于2019年4月17日至2019年5月16日向社会公众征求意见；于2019年5月20日公布征集意见的反馈；《深圳市网络预约出租汽车经营服务管理暂行办法（修订草案送审稿）》于2019年2月28日至2019年3月31日向社会征求意见，于2019年4月4日公布意见的反馈；《深圳市校外托管机构管理办法（征求意见稿）》于2018年8月7日至2019年9月6日向社会征求意见，于2018年9月11日公布意见的反馈；《深圳市公益广告促进和管理办法（征求意见稿）》于2018年11月21日至2018年12月24日向社会征求意见，于2018年12月27日公布意见的反馈；《深圳市房地产市场监管办法（修订草案征求意见稿）》于2018年11月23日至2018年12月23日向社会征求意见，于2018年12月27日公布意见的反馈；《深圳市出租屋管理若干规定》于2017年5月9日至6月15日曾以《深圳市租赁房屋综合管理办法（征求意见稿）》的名称通过原市法制办门户网站向社会各界广泛征求意见，于2019年11月18日公布意见的反馈。《深圳市人才住房建设和管理办法（征求意见稿）》《深圳市公共租赁住房建设和管理办法（征求意见稿）》《深圳市安居型商品房建设和管理办法（征求意见稿）》于2019年4月29日至5月28日向社会公众征求意见，但未发现有公布这三部规章的公众意见反馈。本项得2分。

A09. 规章草案向社会公开征求意见的期限不少于30日（3分）

经网络检索，规章草案向社会公开征求意见的期限均未少于30天。本项得3分。

A10. 法制机构采取实地调研、座谈会、论证会、听证会、委托研究等形式听取各方对规章送审稿的意见（2分）

经网络检索，深圳市法制机构有对规章送审稿采取实地调研、座谈会、论证会、听证会、委托研究等形式来听取各方的意见。本项得2分。

A11. 规章自公布之日起30日后施行（1分）

经网络检索，发现《深圳市校外托管机构管理办法》于2019年8月8日审议通过，于2019年8月20日公布，自2019年9月1日起施行，少于30日。本项得0分。

A12. 对规章审查请求和解释请求依法处理（1分）

经综合考察，无有权机关对政府规章提出审查请求和解释请求，视为依法处理。本项得 1 分。

B. 立法结果

B01. 根据社会需要制定一定数量的规章（4 分）

经网络检索，2019 年，深圳市政府制定并通过新的规章（含制定、修改）7 部：《深圳市民用微轻型无人机管理暂行办法》《深圳市房屋安全管理办法》《深圳市人民政府立法工作规程（试行）》《深圳市校外托管机构管理办法》《深圳国际仲裁院管理规定（修订）》和《深圳市网络预约出租汽车经营服务管理暂行办法（修订）》《深圳市出租屋管理若干规定》。本项得 4 分。

C. 立法内容

本观察报告抽取《深圳市房屋安全管理办法》为考察对象，进行立法内容方面的观察。

C01. 规章内容符合法治精神、法治原则，有上位法依据（24 分）

经过比对，《深圳市房屋安全管理办法》第四十九条规定对鉴定机构和负有直接责任人员的罚款幅度都明显低于上位法《安全生产法》规定的罚款额度，且未根据不同情形来设定不同的罚款幅度。但因深圳具有变通立法权。本项得 24 分。

C02. 规章内部条款之间、规章与本级政府制定的其他规章之间的协调（3 分）

经比对，未发现《深圳市房屋安全管理办法》内部存在矛盾与冲突等不协调，且未发现规章内容与本级政府其他规章存在不协调。本项得 3 分。

C03. 规章内容具有可操作性（2 分）

经比对，《深圳市房屋安全管理办法》的强制性条款均具有可操作性，符合《立法法》第六条、《规章制定程序条例》第八条的规定。本项得 2 分。

C04. 规章名称科学（1 分）

经比对，《深圳市房屋安全管理办法》名称准确、简洁，符合《规章制定程序条例》第七条、第八条，《广东省人民政府法规规章起草工作规定》第五条的规定。本项得 1 分。

C05. 规章结构合理（1分）

经比对，《深圳市房屋安全管理办法》的规章体系结构符合立法技术规范要求，且规章的条款、构成要件（完备）和法律效果齐备，符合《规章制定程序条例》第七条、第八条，《广东省人民政府法规规章起草工作规定》第五条的规定。本项得1分。

C06. 规章语言文字符合技术规范（1分）

经比对，《深圳市房屋安全管理办法》的语言文字均符合《规章制定程序条例》第七条、第八条，《广东省人民政府法规规章起草工作规定》第五条的规范要求。本项得1分。

D. 立法公开

D01. 设有专门的立法网站或在政府门户网站设有立法专栏（3分）

经网络检索，深圳市政府设有专门的立法网站或在其政府门户网站设有立法专栏。本项得3分。

D02. 规章制定年度工作计划向社会公开（2分）

经网络检索，深圳市政府于2019年7月5日向社会发布了《深圳市人民政府2019年度立法工作计划》。本项得2分。

D03. 规章制定年度工作计划项目变化时及时向社会公开说明（2分）

经网络检索，深圳市2019年规章制定工作计划项目无变化。本项得2分。

D04. 公开规章草案并附立法说明（8分）

经网络检索，《深圳市地方标准管理办法》均向社会公开征求意见并附有立法说明；《深圳市人才住房建设和管理办法》《深圳市公共租赁住房建设和管理办法》《深圳市安居型商品房建设和管理办法》《深圳市房地产市场监管办法》向社会公开征求意见并附有立法说明，但立法说明中缺少了制定过程、个别条款的说明等内容；《深圳市互联网租赁自行车经营服务管理暂行办法》《深圳市轨道交通项目建设管理规定》《深圳市校外托管机构管理办法》《深圳市公益广告促进和管理办法》《深圳市出租屋管理若干规定》向社会公开征求意见并附有立法说明，但立法说明中缺少了制定过程等内容；《深圳市网络预约出租汽车经营服务管理暂行办法》向社会公开征求意见并附有立法说明，但立法说明中缺少了立法必要性、制定过程等内容。本项得0分。

D05. 规章文本依法向社会公布（2分）

经网络检索，所有规章文本均在深圳政府网站、政府公报公布。本项得2分。

D06. 在地方人大、政府或政府法制机构门户网站建立具有检索功能的地方立法数据库或提供数据库外部链接（6分）

经网络检索，深圳市政府在深圳政府在线网站上建立了立法数据库，且数据库可以按照标题、关键字、颁布年份、法规类型进行检索。但无法根据法规效力进行检索。本项得4分。

D07. 地方立法数据库或相应外部链接收录的地方立法文本齐全（4分）

经网络检索，深圳市地方立法数据库或相应外部网络链接收录的地方立法文本齐全。本项得4分。

D08. 地方立法工作总结向社会公布（2分）

经网络检索，发现深圳市政府的立法工作总结已向社会公布。本项得2分。

E. 立法机制完善

E01. 建立立法民主协商制度（1分）

经网络检索，深圳市已经建立了立法民主协商制度。本项得1分。

E02. 建立立法基层联系点制度（1分）

经网络检索，深圳市已经建立了立法基层联系点制度。本项得1分。

E03. 建立立法专家顾问制度并实施（2分）

经网络检索，深圳市已经建立立法专家顾问制度。本项得2分。

E04. 建立规章制定后评估制度（1分）

根据《深圳市人民政府立法工作规程（试行）》第十一章第二节，深圳市已经建立了规章制定后评估制度。本项得1分。

E05. 实施规章制定后评估，并将评估情况向社会公开（1分）

经网络检索，深圳市2019年度公布了《深圳市绿色出租小汽车管理规定》《深圳市防洪防风规定》《深圳经济特区污染物排放许可证管理办法》《深圳市基本农田保护区管理办法》《深圳市组织机构代码管理办法》立法后评估报告。本项得1分。

E06. 建立规章清理制度（1分）

根据《深圳市人民政府立法工作规程（试行）》第十一章第一节，深圳市已经建立了规章清理制度。本项得1分。

E07. 实施规章清理，并将规章清理情况向社会公开（1分）

根据《深圳市人民政府关于废止〈深圳市城市建设档案管理规定〉的决定》，可知深圳市政府开展实施了规章清理制度。本项得1分。

二　问题与建议

本年度政府立法观察，深圳市政府得80分。

2019年，深圳市政府立法工作存在的主要问题是：（1）计划落实不足。经网络检索，《深圳市人民政府2019年度立法工作计划》中年内完成项目共12项，其中新制定规章7件，修订规章5件，但截至2019年底，仅完成新制定规章3件，其他规章的制定或修订均未如期完成，也未对立法计划进行相应调整。（2）在立法的规范性方面，《深圳市房屋安全管理办法》存在违反上位法《安全生产法》规定的情况，且该罚则未根据不同情形来设定不同的罚款幅度。（3）在立法公开工作方面，深圳市政府在公开草案时，虽都附上立法说明，但立法说明所包含的内容不齐全，导致公众无法明确掌握该规章的意义和具体条款。

针对年度观察中发现的问题，建议深圳市政府未来在规章制定工作中可以从以下四个方面着力：（1）进一步完善现有工作制度。切实按照每年公布的立法计划稳步推进规章制定工作，细化因客观条件不满足或工作重点有变化等特殊情况需要进行立法调整的条件和程序，充分保障计划的公信力和执行力。（2）进一步提高立法的规范性。不仅要发挥政府法制机构对规章起草的主导作用，还要尽可能地发挥起草规章相关领域的市场主体和专家学者对规章起草的完善和协商作用。同时，可以利用深圳的科技优势建立法律法规及规章的大数据平台，通过大数据查找起草规章的违法、不规范的地方。（3）进一步加强立法信息公开。拓展立法信息公开的手段和方式，充分运用当前政府信息化平台建设，通过网站在线、微信、小程序等形式，向公众公开立法信息，切实将立法说明、立法资料等配套资料及时公开，并建立和完善行政内网和行政外网的意见系统，及时收集意见，掌握规章实施情况。此外，还要加强立法数据库的建设与完善，及时更新规章并完善规章检索功能。

（撰稿：广东外语外贸大学　徐洁荧）
（审定：广东省司法厅法治调研处　黄涛涛）

第四章

珠海市人民政府
年度立法观察报告(2020)

一 观察评估

A. 立法程序

A01. 向社会公开征集立法项目建议并反馈（2分）

经网络检索，2018年8月9日，珠海市在政府门户网站上刊登《珠海市法制局关于公开征集社会治理立法建议的公告》，未查询到建议反馈的信息。本项得1分。

A02. 对规章立项申请与公开征集的项目建议进行论证评估（2分）

经网络检索，2018年9月13日，珠海市法制局组织召开了2019年立法建议项目专家论证会。本项得2分。

A03. 制定规章制定年度工作计划（2分）

经网络检索，珠海市政府办公室于2019年1月23日向社会公布了《珠海市人民政府关于印发珠海市2019年政府规章立法计划的通知》。本项得2分。

A04. 规章制定年度工作计划载明规章的名称、起草单位、完成时间（3分）

经网络检索，《珠海市人民政府关于印发珠海市2019年政府规章立法计划的通知》载明4项年内完成项目，包括《珠海经济特区共享单车管理办法》（正式规章名为《珠海经济特区互联网租赁自行车管理办法》）《珠海经济特区城市街道保洁规定》（正式规章名为《珠海经济特区城市道路清扫保洁管理办法》)《珠海经济特区租赁住房管理规定》《珠海经济特区招投标管理办法（修订）》（正式规章名为《珠海经济特区建设工程招标投标管理办法》)；载明 4 项预备项目，包括《珠海市公共租赁住房管理办法（修订）》《珠海市土地储备办法（修订）》《珠海市农村社会工作办法》《珠海市行政复议管理办法（修订）》。以上项目均载明规章名称、起草单位，并注明"年内"完成。本项得 3 分。

A05. 规章制定年度工作计划执行情况（3 分）

经综合考察，2019 年计划年内完成项目 4 项，已完成 3 项，分别是《珠海经济特区互联网租赁自行车管理办法》、《珠海经济特区城市道路清扫保洁管理办法》、《珠海经济特区建设工程招标投标管理办法》，还有 1 项未完成。本项得 2 分。

A06. 规章起草过程中听取社会公众的意见（2 分）

经网络检索，2019 年 4 月 25 日，《珠海经济特区互联网租赁自行车管理办法》召开听证会；2019 年 5 月 28 日，珠海市司法局发布《珠海经济特区城市道路清扫保洁管理办法（征求意见稿）》向社会各界公开征求意见；2019 年 4 月 19 日，珠海市司法局发布《珠海经济特区建设工程招标投标管理办法（修正案征求意见稿）》向社会各界公开征求意见。本项得 2 分。

A07. 与市场主体生产经营活动密切相关的规章起草过程中听取市场主体的意见（1 分）

经网络检索，珠海市政府于 2019 年发布的规章中，与市场主体生产经营活动密切相关的规章为《珠海经济特区互联网租赁自行车管理办法》，查询到本项规章在网站公开征求意见并反馈。本项得 1 分。

A08. 规章草案向社会公开征求意见并反馈（5 分）

经网络查询，2019 年度内发布的规章草案均能在珠海市司法局门户网站向社会公开征求意见并反馈。本项得 5 分。

A09. 规章草案向社会公开征求意见的期限不少于 30 日（3 分）

经网络检索，规章草案向社会公开征求意见的期限均未少于 30 日。本项得 3 分。

A10. 法制机构采取实地调研、座谈会、论证会、听证会、委托研究等形式听取各方对规章送审稿的意见（2 分）

经网络检索，未查询到对送审稿采取各种形式听取意见的相关内容。

本项得 0 分。

A11. 规章自公布之日起 30 日后施行（1 分）

经网络检索，本年度出台规章公布后所载明的施行日期均满足不少于 30 日的要求。本项得 1 分。

A12. 对规章审查请求和解释请求依法处理（1 分）

经综合考察，未发现政府收到规章审查请求或有国家机关、社会组织提出规章解释请求的信息，视为依法处理。本项得 1 分。

B. 立法结果

B01. 根据社会需要制定一定数量的规章（4 分）

经网络检索，2019 年，珠海市政府制定规章 2 件：《珠海经济特区互联网租赁自行车管理办法》《珠海经济特区城市道路清扫保洁管理办法》；修订规章一件：《珠海经济特区建设工程招标投标管理办法》。本项得 4 分。

C. 立法内容

本观察报告抽取《珠海经济特区建设工程招标投标管理办法》为考察对象，进行立法内容方面的观察。

C01. 规章内容符合法治精神、法治原则，有上位法依据（24 分）

经比对，《珠海经济特区建设工程招标投标管理办法》内容符合法治精神、法治原则，有上位法依据。本项得 24 分。

C02. 规章内部条款之间、规章与本级政府制定的其他规章之间的协调（3 分）

经比对，未发现《珠海经济特区建设工程招标投标管理办法》内部条款之间、规章与本级政府制定的其他规章之间存在冲突等不协调的情形。本项得 3 分。

C03. 规章内容具有可操作性（2 分）

经比对，《珠海经济特区建设工程招标投标管理办法》的强制性条款均具有可操作性。本项得 2 分。

C04. 规章名称科学（1 分）

经比对，《珠海经济特区建设工程招标投标管理办法》的名称科学。本项得 1 分。

C05. 规章结构合理（1分）

经比对，《珠海经济特区建设工程招标投标管理办法》的章节内容权力义务规定合理，能做到权责一致，且能按照各条款内容依次排列，规章的条款、构成要件和法律效果齐备。本项得1分。

C06. 规章语言文字符合技术规范（1分）

经比对，《珠海经济特区建设工程招标投标管理办法》语言文字符合技术规范要求。本项得1分。

D. 立法公开

D01. 设有专门的立法网站或在政府门户网站设有立法专栏（3分）

经网络检索，珠海市政府网站设有专栏公布规章和规范性文件。本项得3分。

D02. 规章制定年度工作计划向社会公开（2分）

经网络检索，珠海市政府办公室于2019年1月23日向社会公布了《珠海市人民政府关于印发珠海市2019年政府规章立法计划的通知》。本项得2分。

D03. 规章制定年度工作计划项目变化时及时向社会公开说明（2分）

经网络检索，珠海市政府年内规章计划没有调整。本项得2分。

D04. 公开规章草案并附立法说明（8分）

经网络检索，《珠海经济特区互联网租赁自行车管理办法》《珠海经济特区城市道路清扫保洁管理办法》《珠海经济特区招投标管理办法（修订）》规章草案都附有立法说明，但是，《珠海经济特区互联网租赁自行车管理办法》《珠海经济特区城市街道保洁规定》缺少个别条款说明，《珠海经济特区招投标管理办法（修订）》缺少立法必要性、制定过程等内容。本项得4分。

D05. 规章文本依法向社会公布（2分）

经网络检索，已公布的规章均在政府门户网站和政府公报中公布，符合按照法定形式公布文本的要求。本项得2分。

D06. 在地方人大、政府或政府法制机构门户网站建立具有检索功能的地方立法数据库或提供数据外部链接（6分）

经网络检索，珠海市政府门户网站没有建立具有检索功能的地方立法数据库或提供数据外部网络链接。本项得0分。

D07. 地方立法数据库或相应外部链接收录的地方立法文本齐全（4 分）

经网络检索，珠海市政府门户网站没有建立具有检索功能的地方立法数据库或提供数据外部网络链接。本项得 0 分。

D08. 地方立法工作总结向社会公布（2 分）

经网络检索，2020 年 1 月 16 日，在珠海市政府网站公布了《珠海市人民政府 2019 年度法治政府建设工作情况报告》，其中包含有地方立法工作总结。本项得 2 分。

E. 立法机制完善

E01. 建立立法民主协商制度（1 分）

经网络检索，未查询到珠海市政府建立立法民主协商制度的相关信息。本项得 0 分。

E02. 建立立法基层联系点制度（1 分）

经网络检索，2016 年 3 月 23 日，珠海市政府办公室发布了《珠海在全国率先成立法治政府建设基层联系点"下沉"基层征询民意社情》。本项得 1 分。

E03. 建立立法专家顾问制度并实施（2 分）

经网络检索，2017 年 11 月 2 日，珠海市政府网站发布《珠海市人民政府法律顾问工作规则》规定法律顾问职责包括但不限于"为政府立法和制定、审查规范性文件提供法律意见"。2018 年 9 月 19 日，市法制局组织召开 2019 年立法项目论证会邀请市政府法律顾问参与。据此认定建立并实施了立法专家顾问制度。本项得 2 分。

E04. 建立规章制定后评估制度（1 分）

经网络检索，珠海市政府建立了规章制定后评估制度。本项得 1 分。

E05. 实施规章制定后评估，并将评估情况向社会公开（1 分）

经网络检索，珠海市政府 2019 年度没有向社会公开规章立法后评估。本项得 0 分。

E06. 建立规章清理制度（1 分）

经网络检索，珠海市政府建立了规章清理制度。本项得 1 分。

E07. 实施规章清理，并将规章清理情况向社会公开（1 分）

经网络检索，2019 年 12 月 4 日，在珠海市政府网站公布了《关于公开征集对我市现行政府规章开展全面清理的建议的公告》，尚未查询到规章清理结果。本项得 0 分。

二 问题与建议

本年度政府立法观察，珠海市政府得 79 分。

2019 年，珠海市政府立法工作存在的主要问题是：（1）在立法规划方面，年度立法计划未落实。《珠海市 2019 年政府规章立法计划》的审议项目共 4 项，包括拟新制定规章 3 件，分别为《珠海经济特区互联网租赁自行车管理办法》《珠海经济特区城市街道保洁规定》《珠海经济特区租赁住房管理规定》；拟修订规章 1 件，为《珠海经济特区招投标管理办法（修订）》。但截至 2019 年底，《珠海经济特区租赁住房管理规定》未如期完成相关工作任务，也未对立法计划进行期间调整。（2）在立法公开与公众参与方面，立法计划《珠海市 2019 年政府规章立法计划》未能检索到向公众征集意见材料；在公布规章草案时，规章草案的立法说明缺乏个别条款说明，导致立法说明的内容有待完善。

针对年度观察中发现的问题，建议珠海市政府未来在规章制定工作中可以从以下三个方面着力：（1）进一步优化现有工作制度。切实按照每年公布的立法计划稳步推进规章制定工作，加强立法人员培训，提高立法能力。（2）严格推行立法公开。切实将立法说明、立法资料等配套资料及时公开，保证立法的科学性和可行性。（3）落实立法后评估制度，及时按照"立、改、废"情况对规章进行审查和评估，并及时根据评估结果对规章进行清理，以提高立法质量。

（撰稿：广东外语外贸大学 刘珠敏）
（审定：吉林大学法学院 方学勇）

第五章

汕头市人民政府
年度立法观察报告(2020)

一 观察评估

A. 立法程序

A01. 向社会公开征集立法项目建议并反馈（2分）

经网络检索，2018年7月3日，汕头市政府通过汕头日报发布《关于公开征集立法项目的公告》向社会公开征集立法项目建议，但未能检索到对立法项目建议的反馈。本项得1分。

A02. 对规章立项申请与公开征集的项目建议进行论证评估（2分）

经网络检索，未检索到汕头市政府有对规章立项申请与公开征集的项目建议进行论证评估。本项得0分。

A03. 制定规章制定年度工作计划（2分）

经网络检索，汕头市政府2019年度有制定规章年度工作计划。本项得2分。

A04. 规章制定年度工作计划载明规章的名称、起草单位、完成时间（3分）

经网络检索，汕头市政府规章制定年度工作计划有载明规章的名称、起草单位、完成时间。本项得3分。

A05. 规章制定年度工作计划执行情况（3分）

经综合考察，汕头市政府有按照规章制定年度工作计划执行规章制定工作：制定了《汕头经济特区城镇道路建筑物和公共设施名称管理办法》，修改了《汕头市人民政府重大行政决策量化标准规定》《汕头经济特区农村村民住宅建设管理办法》《汕头经济特区城市建设用地使用性质和容积率规划管理办法》。本项得3分。

A06. 规章起草过程中听取社会公众的意见（2分）

经网络检索，可检索到汕头市政府在规章起草过程中有听取社会公众的意见。2019年7月31日汕头市司法局公布了《汕头经济特区城镇道路建筑物和公共设施名称管理办法》立法公众参与过程中收集到的主要意见采纳情况。本项得2分。

A07. 与市场主体生产经营活动密切相关的规章起草过程中听取市场主体的意见（1分）

经网络检索，本年度汕头市政府制定的规章中无与市场主体生产经营活动密切相关的内容，但规章起草过程中有听取社会公众的意见，视为已听取。本项得1分。

A08. 规章草案向社会公开征求意见并反馈（5分）

经网络检索，汕头市政府有就规章草案向社会公开征求意见并作出反馈。2019年7月31日汕头市司法局公布了《汕头经济特区城镇道路建筑物和公共设施名称管理办法》立法公众参与过程中收集到的主要意见采纳情况。本项得5分。

A09. 规章草案向社会公开征求意见的期限不少于30日（3分）

经网络检索，汕头市政府规章草案向社会公开征求意见的期限不少于30日。本项得3分。

A10. 法制机构采取实地调研、座谈会、论证会、听证会、委托研究等形式听取各方对规章送审稿的意见（2分）

经网络检索，未能检索到汕头市政府有采取实地调研、座谈会、论证会、听证会、委托研究等形式听取各方对规章送审稿的意见。本项得0分。

A11. 规章自公布之日起30日后施行（1分）

经网络检索，汕头市政府规章有自公布之日起30日后施行。本项得1分。

A12. 对规章审查请求和解释请求依法处理（1分）

经综合考察，未发现汕头市政府收到规章审查请求或有国家机关、社会组织提出规章解释请求的信息，视为依法处理。本项得1分。

B. 立法结果

B01. 根据社会需要制定一定数量的规章（4 分）

经网络检索，汕头市政府 2019 年度制定了新的政府规章《汕头经济特区城镇道路、建筑物和公共设施名称管理办法》。本项得 4 分。

C. 立法内容

本立法观察报告抽取《汕头经济特区城镇道路建筑物和公共设施名称管理办法》为考察对象，进行立法内容方面的观察。

C01. 规章内容符合法治精神、法治原则，有上位法依据（24 分）

经比对，未发现汕头市政府 2019 年制定的规章《汕头经济特区城镇道路建筑物和公共设施名称管理办法》有违反法治精神、法治原则以及与上位法相抵触的情况出现。本项得 24 分。

C02. 规章内部条款之间、规章与本级政府制定的其他规章之间的协调（3 分）

经比对，《汕头经济特区城镇道路建筑物和公共设施名称管理办法》无前后文规定存在不一致之情形，但《汕头经济特区城镇道路建筑物和公共设施名称管理办法》第七条中第八项别墅与第九项山庄，一采用"覆盖率"以描述，另一采用"建筑覆盖率"以描述，规章内部协调性稍欠；《汕头经济特区城镇道路建筑物和公共设施名称管理办法》无与汕头市政府制定的其他规章相冲突之情形，规章与本级政府制定的其他规章之间相协调。本项得 2 分。

C03. 规章内容具有可操作性（2 分）

经比对，《汕头经济特区城镇道路建筑物和公共设施名称管理办法》的强制性条款均具有可操作性。本项得 2 分。

C04. 规章名称科学（1 分）

经比对，《汕头经济特区城镇道路建筑物和公共设施名称管理办法》的名称符合立法技术规范要求。本项得 1 分。

C05. 规章结构合理（1 分）

经比对，《汕头经济特区城镇道路建筑物和公共设施名称管理办法》设定共三个章节，权力义务规定能做到权责一致且能按照各条款内容依次排列，逻辑结构与体系结构较为合理。本项得 1 分。

C06. 规章语言文字符合要求，清晰准确（1分）

经比对，《汕头经济特区城镇道路建筑物和公共设施名称管理办法》第七条中"（八）别墅：指占地面积1万平方米以上，容积率小于0.5，覆盖率小于25%，花圃、草坪面积大于建筑占地面积，位处市郊园林景观、环境优雅的低层低密度高级住宅区。（九）山庄：指占地面积1万平方米以上，容积率小于0.5，建筑覆盖率小于25%，花圃、草坪面积大于建筑占地面积，依山而建、环境优雅的以低层建筑为主的低密度高级住宅区"中"覆盖率小于25%"描述准确度不足，参照下文似应为"建筑覆盖率小于25%"。本项得0分。

D. 立法公开

D01. 设有专门的立法网站或在政府门户网站设有立法专栏（3分）

经网络检索，汕头市政府未设有专门的立法网站或在其政府门户网站设有立法专栏。本项得0分。

D02. 规章制定年度工作计划向社会公开（2分）

经网络检索，汕头市政府2019年度规章制定年度工作计划有向社会公开。本项得2分。

D03. 规章制定年度工作计划项目变化时及时向社会公开说明（2分）

经网络检索，汕头市政府2019年度规章制定工作计划项目无变化。本项得2分。

D04. 公开规章草案并附立法说明（8分）

经网络检索，汕头市政府有公开规章草案并作立法说明。本项得8分。

D05. 规章文本依法向社会公布（2分）

经网络检索，汕头市政府规章文本有依法向社会公布。本项得2分。

D06. 在地方人大、政府或政府法制机构门户网站建立具有检索功能的地方立法数据库或提供数据库外部链接（6分）

经网络检索，未检索到汕头市政府在政府或政府法制机构门户网站建立具有检索功能的地方立法数据库或提供数据库外部网络链接。本项得0分。

D07. 地方立法数据库或相应外部链接收录的地方立法文本齐全（4分）

经网络检索，未检索到汕头市政府在政府或政府法制机构门户网站建立具有检索功能的地方立法数据库或提供数据库外部网络链接。本项得0分。

D08. **地方立法工作总结向社会公布（2分）**

经网络检索，汕头市政府在《汕头市人民政府关于2019年度汕头市法治政府建设情况的报告》中有总结地方立法工作。本项得2分。

E. 立法机制完善

E01. **建立立法民主协商制度（1分）**

经网络检索，根据《汕头市人民政府拟定法规草案和制定规章规定》第二十五条，汕头市政府有建立立法民主协商制度。本项得1分。

E02. **建立立法基层联系点制度（1分）**

经网络检索，根据《汕头市人民政府拟定法规草案和制定规章规定》第三十一条，汕头市政府有建立立法基层联系点制度。本项得1分。

E03. **建立立法专家顾问制度并实施（2分）**

经网络检索，根据《汕头市人民政府拟定法规草案和制定规章规定》第三十条，汕头市政府有建立立法专家顾问制度，但未能检索到实施情况。本项得1分。

E04. **建立规章制定后评估制度（1分）**

经网络检索，根据《汕头市人民政府拟定法规草案和制定规章规定》第四十八条，汕头市政府有建立规章制定后评估制度。本项得1分。

E05. **实施规章制定后评估，并将评估情况向社会公开（1分）**

经网络检索，汕头市当前暂未出现《汕头市人民政府拟定法规草案和制定规章规定》第四十八条规定的规章制定后评估的情形，因此视为已经进行评估。本项得1分。

E06. **建立规章清理制度（1分）**

经网络检索，根据《汕头市人民政府拟定法规草案和制定规章规定》第五十一条，汕头市政府有建立规章清理制度。本项得1分。

E07. **实施规章清理，并将规章清理情况向社会公开（1分）**

经网络检索，汕头市政府本年度有实施规章清理，并将规章清理情况向社会公开。2019年12月30日通过了《汕头市人民政府关于修改〈汕头市城乡居民最低生活保障办法〉等5件规章的决定》本项得1分。

二　问题与建议

本年度政府立法观察，汕头市政府得79分。

2019年，汕头市政府立法工作存在的问题是：（1）在规章立法文本方面出现纰漏，以至于正式文本中出现，上下文用词不一致，表达的准确性有所不足。（2）立法过程的公开性，诸如论证、评估等方面，有待提高。（3）立法专栏缺失，不便公众找寻。（4）对于征集公众意见等政民互动未做到及时公开反馈意见。

针对年度观察中发现的问题，建议汕头市政府未来在规章制定工作中可以从以下三个方面着力：（1）建立立法专栏。（2）在规章文本方面多加校对，以规范规章文本。（3）提高地方立法过程中的透明度，及时对公众意见进行反馈。

（撰稿：广东外语外贸大学　李少雯）
（审定：广东省司法厅行政执法监督处　曾　洁）

第六章

佛山市人民政府
年度立法观察报告（2020）

一　观察评估

A. 立法程序

A01. 向社会公开征集立法项目建议并反馈（2分）

经网络检索，2018年4月2日，佛山市在政府门户网站上刊登《佛山市法制局关于征集2019年度地方性法规和地方政府规章立法建议项目暨地方政府规章项目库立法建议项目的公告》，暂未查询到反馈情况。本项得1分。

A02. 对规章立项申请与公开征集的项目建议进行论证评估（2分）

经网络检索，2018年9月11日，佛山市法制局举办了2019年度立法工作计划专家论证会就《佛山市电动自行车管理规定》等立法项目开展讨论。本项得2分。

A03. 制定规章制定年度工作计划（2分）

经网络检索，佛山市政府办公室于2019年1月2日印发了《佛山市人民政府关于印发佛山市人民政府2019年度规章制定计划的通知》，该《通知》载明年内完成项目（3项），预备项目（1项）。本项得2分。

A04. 规章制定年度工作计划载明规章的名称、起草单位、完成时间（3分）

经网络检索，《佛山市人民政府关于印发佛山市人民政府2019年度规章制定计划的通知》载明3项年内完成项目，包括《佛山市电动自行车管理规定》《佛山市临过期和过期食品监督管理办法》《佛山市公安机关警务辅助人员管理办法》；载明 1 项预备项目，为《佛山市老年人优待办法》。以上项目均载明规章名称、起草单位，并注明"年内"完成。本项得 3 分。

A05. 规章制定年度工作计划执行情况（3 分）

经综合考察，2019 年计划年内完成项目 3 项，均未完成。其中，《佛山市电动自行车管理规定》在 2019 年 11 月完成专家论证工作；《佛山市公安机关警务辅助人员管理办法》在 2019 年 12 月完成立法协调工作。本项得 1 分。

A06. 规章起草过程中听取社会公众的意见（2 分）

经网络检索，查询到 2019 年 7 月 17 日，佛山市公安局举办《佛山市电动自行车管理规定》听证会。本项得 2 分。

A07. 与市场主体生产经营活动密切相关的规章起草过程中听取市场主体的意见（1 分）

经网络查询，佛山市政府于 2019 年发布的规章中，与市场主体生产经营活动密切相关的规章为《佛山市电动自行车管理规定》，查询到本项规章在网站公开征求意见并反馈。本项得 1 分。

A08. 规章草案向社会公开征求意见并反馈（5 分）

经网络查询，《佛山市电动自行车管理规定》在网站公开征求意见并反馈。《佛山市公安机关警务辅助人员管理办法》在网站公开征求意见，暂未查询到反馈内容。本项得 4 分。

A09. 规章草案向社会公开征求意见的期限不少于 30 日（3 分）

经网络检索，规章草案向社会公开征求意见的期限均未少于 30 日。本项得 3 分。

A10. 法制机构采取实地调研、座谈会、论证会、听证会、委托研究等形式听取各方对规章送审稿的意见（2 分）

经网络检索，2019 年 11 月，市司法局召开了《佛山市电动自行车管理规定》部门协调会和专家论证会；2019 年 12 月，市司法局开展《佛山市公安机关警务辅助人员管理办法》调研和立法协调工作。本项得 2 分。

A11. 规章自公布之日起 30 日后施行（1 分）

经网络检索，本年度出台规章公布后所载明的施行日期均满足不少于 30 日的要求。本项得 1 分。

A12. 对规章审查请求和解释请求依法处理（1 分）

经综合考察，未发现政府收到规章审查请求或有国家机关、社会组织提出规章解释请求的信息，视为依法处理。本项得 1 分。

B. 立法结果

B01. 根据社会需要制定一定数量的规章（4 分）

经网络检索，2019 年，佛山市政府制定规章 4 件：《佛山市城镇新建住宅区配建教育设施管理办法》《佛山市危险化学品安全管理规定》《佛山市供用电安全管理办法》《佛山市测绘地理信息管理办法》。本项得 4 分。

C. 立法内容

本观察报告抽取《佛山市城镇新建住宅区配建教育设施管理办法》为考察对象，进行立法内容方面的观察。

C01. 规章内容符合法治精神、法治原则，有上位法依据（24 分）

经网络检索，《佛山市城镇新建住宅区配建教育设施管理办法》规章内容符合法治精神、法治原则，未发现违反上位法规定。本项得 24 分。

C02. 规章内部条款之间、规章与本级政府制定的其他规章之间的协调（3 分）

经比对，未发现《佛山市城镇新建住宅区配建教育设施管理办法》内部条款之间、规章与本级政府制定的其他规章之间存在冲突等不协调的情形。本项得 3 分。

C03. 规章内容具有可操作性（2 分）

经比对，《佛山市城镇新建住宅区配建教育设施管理办法》的强制性条款均具有可操作性。本项得 2 分。

C04. 规章名称科学（1 分）

经比对，《佛山市城镇新建住宅区配建教育设施管理办法》的名称，明确了本规章的适用空间、规范事项和行为，即明确了本办法的适用范围。本项得 1 分。

C05. 规章结构合理（1 分）

经比对，《佛山市城镇新建住宅区配建教育设施管理办法》结构合理。本项得 1 分。

C06. 规章语言文字符合技术规范（1 分）

经比对，《佛山市城镇新建住宅区配建教育设施管理办法》语言文字符合技术规范。本项得 1 分。

D. 立法公开

D01. 设有专门的立法网站或在政府门户网站设有立法专栏（3 分）

经网络检索，佛山市在司法局网站设置了"地方立法"专栏。本项得 3 分。

D02. 规章制定年度工作计划向社会公开（2 分）

经网络检索，佛山市政府办公室于 2019 年 1 月 2 日印发了《佛山市人民政府关于印发佛山市人民政府 2019 年度规章制定计划的通知》，该《通知》载明年内完成项目（3 项），预备项目（1 项）。2018 年 9 月 1 日，佛山市法制局召开 2019 年度立法工作计划专家论证会，各界专家围绕立法建议项目的合法性、必要性、可行性及成熟度等方面予以讨论。本项得 2 分。

D03. 规章制定年度工作计划项目变化时及时向社会公开说明（2 分）

经网络检索，2019 年 11 月 26 日，佛山市政府办公室发布《佛山市人民政府关于调整 2019 年度规章制定计划的通知》，将《佛山市临过期和过期食品监督管理办法》移出 2019 年规章制定计划。本项得 2 分。

D04. 公开规章草案并附立法说明（8 分）

经网络检索，《佛山市电动自行车管理规定》《佛山市公安机关警务辅助人员管理办法》均未附立法说明。本项得 0 分。

D05. 规章文本依法向社会公布（2 分）

经网络检索，已公布的规章均在政府门户网站和政府公报中公布，符合按照法定形式公布文本的要求。本项得 2 分。

D06. 在地方人大、政府或政府法制机构门户网站建立具有检索功能的地方立法数据库或提供数据外部链接（6 分）

经网络检索，佛山市司法局网站上建立了立法数据库，但数据库不能按照规章颁布时间、效力以及类型进行检索。本项得 2 分。

D07. 地方立法数据库或相应外部链接收录的地方立法文本齐全（4 分）

经网络检索，佛山市司法局网站"依法治市"栏目中"地方立法"收录的规章文本齐全，未发现缺失。本项得 4 分。

D08. 地方立法工作总结向社会公布（2 分）

经网络检索，佛山市政府门户网站中公布的《佛山市人民政府关于 2019 年度法治政府建设工作情况的报告》专门就地方立法工作进行了总结。本项得 2 分。

E. 立法机制完善

E01. 建立立法民主协商制度（1 分）

经网络检索，未查询到佛山市建立立法民主协商制度的相关信息。本项得 0 分。

E02. 建立立法基层联系点制度（1 分）

经网络检索，佛山市建立了立法基层联系点制度。本项得 1 分。

E03. 建立立法专家顾问制度并实施（2 分）

经网络检索，根据《佛山市人民政府办公室关于成立佛山市政府立法咨询专家库的通知》和《佛山市人民政府办公室关于成立佛山市政府立法咨询专家库的通知》，并公布了立法专家名单，佛山市建立了立法专家顾问制度并实施。本项得 2 分。

E04. 建立规章制定后评估制度（1 分）

经网络检索，根据《佛山市人民政府拟定地方性法规草案和制定地方政府规章程序规定》第七章第四十九条，佛山市已经建立了规章制定后评估制度。本项得 1 分。

E05. 实施规章制定后评估，并将评估情况向社会公开（1 分）

经网络检索，佛山市当前暂未出现《佛山市人民政府拟定地方性法规草案和制定地方政府规章程序规定》规定的规章制定后评估的情形，因此视为已经进行评估。本项得 1 分。

E06. 建立规章清理制度（1 分）

经网络检索，根据《佛山市人民政府拟定地方性法规草案和制定地方政府规章程序规定》第七章第五十条，佛山市已经建立了规章清理制度。本项得 1 分。

E07. 实施规章清理，并将规章清理情况向社会公开（1 分）

经网络检索，佛山市当前暂未出现《佛山市人民政府拟定地方性法规草案和制定地方政府规章程序规定》规定的规章清理情形，因此视为已经进行清理。本项得 1 分。

二　问题与建议

本年度政府立法观察，佛山市政府得 83 分。

2019 年，佛山市政府立法工作存在的主要问题是：（1）在立法规划方面，年度立法计划未落实。《佛山市人民政府 2019 年度规章制定计划》的审议项目共 2 项，分别为《佛山市电动自行车管理规定》《佛山市公安机关警务辅助人员管理办法》。但截至 2019 年底，所有计划内规章均未完成相关工作任务。（2）民主立法方面，佛山市主动公布立法项目、草案于公众并征求意见，但未有反馈的内容，无法确定佛山市是否对意见进行合理采纳。其次，为依据相关政策建立民主协商制度，不利于民主立法。（3）公众参与方面，在公布规章草案时，规章草案未附有立法说明，公众无法通过草案立法说明掌握制定该规章的意义及具体条款，不利于公众全面了解规章草案的内涵。

针对年度观察中发现的问题，建议佛山市政府未来在规章制定工作中可以从以下两个方面着力：（1）进一步完善相关立法工作机制。切实按照每年公布的立法计划稳步推进规章制定工作，进一步加强立法工作的体系性和科学性。（2）切实推进民主立法，建立民主协商制度，提高公众参与立法意识。严格推进立法公开，对立法起草全过程的意见征求部分及时反馈并公开，保障公民的知情权和公开权，提高公民参与立法的积极性。

（撰稿：广东外语外贸大学　刘珠敏）
（审定：广东省司法厅行政执法监督处　曾　洁）

第七章

韶关市人民政府
年度立法观察报告（2020）

一 观察评估

A. 立法程序

A01. 向社会公开征集立法项目建议并反馈（2分）

经网络检索，韶关市政府在向社会公开征集立法项目建议，但未查询到相关的反馈信息。本项得1分。

A02. 对规章立项申请与公开征集的项目建议进行论证评估（2分）

经网络检索，未发现韶关市政府对规章立项申请与公开征集的项目建议进行论证评估的信息。本项得0分。

A03. 制定规章制定年度工作计划（2分）

经网络检索，韶关市政府制定并向社会公布了规章制定年度工作计划。本项得2分。

A04. 规章制定年度工作计划载明规章的名称、起草单位、完成时间（3分）

经网络检索，韶关市政府制定规章年度工作计划中载明了规章的名称、起草单位、完成时间。本项得3分。

A05. 规章制定年度工作计划执行情况（3分）

经综合考察，韶关市政府全面、及时地完成了本年度规章制定年度工作计划。本项得3分。

A06. 规章起草过程中听取社会公众的意见（2 分）

经网络检索，韶关市政府在起草规章的过程中采用不同形式征求社会公众的意见。本项得 2 分。

A07. 与市场主体生产经营活动密切相关的规章起草过程中听取市场主体的意见（1 分）

经网络检索，韶关市政府在起草与市场主体生产经营活动密切相关的规章起草过程中听取了有关市场主体的意见。本项得 1 分。

A08. 规章草案向社会公开征求意见并反馈（5 分）

经网络检索，未发现韶关市政府将规章草案向社会公开征求意见并反馈。本项得 0 分。

A09. 规章草案向社会公开征求意见的期限不少于 30 日（3 分）

经网络检索，未发现韶关市政府将规章草案向社会公开征求意见。本项得 0 分。

A10. 法制机构采取实地调研、座谈会、论证会、听证会、委托研究等形式听取各方对规章送审稿的意见（2 分）

经网络检索，未发现韶关市政府开展实地调研、座谈会等形式的调研活动，听取各方对规章送审稿意见的信息。本项得 0 分。

A11. 规章自公布之日起 30 日后施行（1 分）

经网络检索，韶关市政府的规章自公布之日起均满 30 日后施行。本项得 1 分。

A12. 对规章审查请求和解释请求依法处理（1 分）

经网络检索，未发现韶关市政府收到规章审查请求或有关国家机关、社会组织提出规章解释请求的信息，视为依法处理。本项得 1 分。

B. 立法结果

B01. 根据社会需要制定一定数量的规章（4 分）

经网络检索，韶关市政府于 2019 年通过 2 件地方政府规章，分别是：《韶关市物业管理办法》和《韶关市节约用水办法》。本项得 4 分。

C. 立法内容

本观察报告抽取韶关市政府第十四届 82 次常务会议审议通过，于 2020 年 2 月 1 日起施行的《韶关市物业管理办法（试行）》为考察对象，进行立法内容方面的观察。

C01. 规章内容符合法治精神、法治原则，有上位法依据（24 分）

经比对，《韶关市物业管理办法（试行）》内容符合法治精神、法治原则，有上位法依据。同时，对照立法技术规范的相关要求，《办法》的相关条文在表述的科学严谨、用语规范统一方面仍有进一步提升的空间，具体如下：

《韶关市物业管理办法（试行）》第二十一条 业主大会筹备组应当将成员名单以书面形式在物业管理区域内公告。业主对业主大会筹备组成员有异议的，由街道办事处、乡镇人民政府协调解决。

《广东省物业管理条例》第十三条第四款 业主大会筹备组由业主代表、建设单位以及街道办事处、乡镇人民政府代表七至十五人组成，其中业主代表应当不少于首次业主大会筹备组人数的百分之六十。业主大会筹备组成员名单应当自成立之日起七日内在物业管理区域的显著位置公告。

根据《广东省物业管理条例》第十三条规定业主大会筹备组成员名单应当自成立之日起七日内在物业管理区域的显著位置公告，但《韶关市物业管理办法（试行）》对上位法进行援引时未直接援引公告名单具体期限；同时，也未直接援引公告名单的显著性要求。

《韶关市物业管理办法（试行）》第三十七条业主委员会自选举产生之日起三十日内持业主大会成立和业主委员会选举情况的报告、业主大会议事规则和管理规约及其他应提供的材料向物业所在地的县（市、区）物业管理行政主管部门和街道办事处、乡镇人民政府办理备案手续。

《广东省物业管理条例》第二十七条业主委员会应当自选举产生之日起三十日内，向物业所在地的区、县人民政府房地产行政主管部门和街道办事处、乡镇人民政府备案。备案时应提交以下材料：（一）管理规约、业主大会议事规则；（二）业主大会的会议记录和会议决定；（三）业主委员会委员（候补委员）名单及其基本情况。

物业所在地的区、县人民政府房地产行政主管部门应当在收到上述材料后五日内发出备案回执。

业主委员会收到备案回执后，应将备案情况告知物业服务企业，并在物业管理区域的显著位置公告。

备案的有关事项发生变更的，业主委员会应当自变更之日起十五日内书面报告物业所在地的区、县人民政府房地产行政主管部门和街道办事处、乡镇人民政府。

根据《广东省物业管理条例》第二十七条之规定，依法选举产生的业主委员会具有办理备案手续、告知物业服务企业备案情况及在物业管理区域的显著位置公告备案情况三项义务。《韶关市物业管理办法（试行）》仅规定了依法选举产生的业主委员会需办理备案手续，未直接援引"告知物业服务企业备案情况及在物业管理区域的显著位置公告备案情况"相关内容。

综上，本项得分 12 分。

C02. 规章内部条款之间、规章与本级政府制定的其他规章之间的协调（3 分）

经比对，未发现《韶关市物业管理办法（试行）》内部存在矛盾与冲突等不协调，且规章内容与本级政府其他规章不存在不协调问题。本项得 3 分。

C03. 规章内容具有可操作性（2 分）

经比对，《韶关市物业管理办法（试行）》的强制性条款均具有可操作性。本项得 2 分。

C04. 规章名称科学（1 分）

经比对，《韶关市物业管理办法（试行）》的名称科学。本项得 1 分。

C05. 规章结构合理（1 分）

经比对，《韶关市物业管理办法（试行）》的章节内容权利义务规定合理，能做到权责一致，且能按照各条款内容依次排列，规章的条款、构成要件和法律效果齐备。本项得 1 分。

C06. 规章语言文字符合技术规范（1 分）

经比对，《韶关市物业管理办法（试行）》的语言文字符合技术规范。本项得 1 分。

D. 立法公开

D01. 设有专门的立法网站或在政府门户网站设有立法专栏（3 分）

经网络检索，韶关市政府在其门户网站上设有立法专栏。本项得 3 分。

D02. 规章制定年度工作计划向社会公开（2 分）

经网络检索，韶关市政府向社会公开规章制定年度计划。本项得

2 分。

D03. 规章制定年度工作计划项目变化时及时向社会公开说明（2 分）

经网络检索，韶关市政府 2019 年规章制定计划没有调整。本项得 2 分。

D04. 公开规章草案并附立法说明（8 分）

经网络检索，未发现韶关市政府在规章制定过程中将规章草案向社会公开。本项得 0 分。

D05. 规章文本依法向社会公布（2 分）

经网络检索，韶关市政府 2019 年颁布的所有规章文本均以法定形式公布。本项得 2 分。

D06. 在地方人大、政府或政府法制机构门户网站建立具有检索功能的地方立法数据库或提供数据库外部链接（6 分）

经网络检索，韶关市政府在其门户网站设立"政策法规"一栏，其中按照"国家省政策法规"、"政府文件"分类提供国家、省政府、地方政府立法数据，但数据库不能按照规章类型和规章效力进行检索。本项得 2 分。

D07. 地方立法数据库或相应外部链接收录的地方立法文本齐全（4 分）

经网络检索，韶关市政府其门户网站"政策法规"一栏，其中按照"国家省政策法规"、"政府文件"分类提供地方立法数据检索；其中"政府文件"完整提供了政府规章、政府规范性文件的文本。本项得分为 4 分。

D08. 地方立法工作总结向社会公布（2 分）

经网络检索，韶关市政府通过《韶关市人民政府关于 2019 年度法治政府建设工作的报告》向社会公布 2019 年地方立法工作总结。本项得 2 分。

E. 立法机制完善

E01. 建立立法民主协商制度（1 分）

经网络检索，韶关市政府建立了立法民主协商制度。本项得 1 分。

E02. 建立立法基层联系点制度（1 分）

经网络检索，未查询到韶关市政府建立立法基层联系点制度的信息。

本项得 0 分。

E03. 建立立法专家顾问制度并实施（2 分）

经网络检索，韶关市政府建立了立法专家顾问制度并实施。本项得 2 分。

E04. 建立规章制定后评估制度（1 分）

经网络检索，韶关市政府已经建立了规章制定后评估制度。本项得 1 分。

E05. 实施规章制定后评估，并将评估情况向社会公开（1 分）

经网络检索，韶关市政府有实施规章制定后评估，并将评估情况向社会公开。本项得 1 分。

E06. 建立规章清理制度（1 分）

经网络检索，韶关市政府已建立规章清理制度。本项得 1 分。

E07. 实施规章清理，并将规章清理情况向社会公开（1 分）

经网络检索，未发现韶关市政府本年度需要按照规章清理评估制度进行规章清理，视为已经进行清理。本项得 1 分。

二 问题与建议

本年度政府立法观察，韶关市政府得 62 分。

2019 年，韶关市政府立法工作存在的主要问题是：（1）立法时未及时全面地向社会公布立法资料等信息，听证会、座谈会等记录也未向社会公开。（2）虽然建立了立法后评估以及相关的公开制度，但在实践中有待进一步严格落实。

针对年度观察中发现的问题，建议韶关市政府未来规章制定可以从以下两个方面着力：（1）坚持科学、民主的前提下扎实推进立法工作的开展，需要举行听证会、座谈会的，要依法举行，并提前向社会公告；在召开听证会后，也应当公布相关情况，切实保障公民的知情权与参与权。（2）严格执行立法后评估制度，将相关事项向社会公开，接受社会监督。

（撰稿：广东外语外贸大学　陈思彤）

（审定：吉林大学法学院　方学勇）

第八章

河源市人民政府
年度立法观察报告（2020）

一 观察评估

A. 立法程序

A01. 向社会公开征集立法项目建议并反馈（2分）

经网络检索，河源市政府于2018年12月21日在政府网站刊载《关于公开征集2019年度政府立法工作计划项目建议的通告》；但未查询到相关意见反馈的信息。本项得1分。

A02. 对规章立项申请与公开征集的项目建议进行论证评估（2分）

经网络检索，未查询到河源市政府就规章立项申请与公开征集的项目建议进行论证评估的信息。本项得0分。

A03. 制定规章年度工作计划（2分）

经网络检索，河源市政府及司法局网站分别于2019年10月9日、2019年10月8日刊载《河源市人民政府关于印发河源市政府2019年立法工作计划的通知》，载明年度规章制定计划为：2019年立法项目包括正式项目1项《河源市农村村民建房规划建设管理办法（暂定名）》，计划于2019年10月中旬完成起草工作，12月提交市政府常务会议审议。本项得2分。

A04. 规章制定年度工作计划载明规章的名称、起草单位、完成时间（3分）

经网络检索，"河源市2019年度政府规章制定计划"各项目均明确了规章的名称、起草单位、完成时间，明载无漏。本项得 3 分。

A05. 规章制定年度工作计划执行情况（3 分）

经综合考察，尚未查询到《河源市农村村民建房规划建设管理办法》的公布信息，该项目未如期办结。本项得 2 分。

A06. 规章起草过程中听取社会公众的意见（2 分）

经网络检索，《河源市农村村民建房规划建设管理办法》尚未公布，该立法项目仍在办理中；故视同符合本项评估指标要求。本项得 2 分。

A07. 与市场主体生产经营活动密切相关的规章起草过程中听取市场主体的意见（1 分）

经网络检索，河源市 2019 年计划制定项目均未如期完成，暂无公开与市场主体生产经营活动密切相关的项目信息，故视同完成就相关主体征求意见的工作。本项得 1 分。

A08. 规章草案向社会公开征求意见并反馈（5 分）

经网络检索，《河源市农村宅基地和村民住房建设管理办法》的征求意见公告与意见情况反馈均已公开。本项得 5 分。

A09. 规章草案向社会公开征求意见的期限不少于 30 日（3 分）

经网络检索，河源市政府已公开的规章草案送审稿征求意见期限不少于 30 日。本项得 3 分。

A10. 法制机构采取实地调研、座谈会、论证会、听证会、委托研究等形式听取各方对规章送审稿的意见（2 分）

经网络检索，《河源市农村村民建房规划建设管理办法》尚未公布，该立法项目仍在办理中；故视同符合本项评估指标要求。本项得 2 分。

A11. 规章自公布之日起 30 日后施行（1 分）

经网络检索，河源市政府 2019 年未通过规章，视为符合要求。本项得 1 分。

A12. 对规章审查请求和解释请求依法处理（1 分）

经综合考察，未查询到有国家机关、社会团体等主体提出规章审查请求或规章解释请求的信息，视为依法处理。本项得 1 分。

B. 立法结果

B01. 根据社会需要制定一定数量的规章（4 分）

经网络检索，河源市政府 2019 年度未检索到出台规章。本项得 0 分。

C. 立法内容

经网络检索，河源市政府 2019 年度未检索到出台规章；按照本年度地方政府没有制定地方政府规章予以评分。本部分得 19 分。

D. 立法公开

D01. 设有专门的立法网站或在政府门户网站设有立法专栏（3 分）

经网络检索，未查询到河源市政府设有专门的立法网站或在政府网站设有立法专栏的信息。本项得 0 分。

D02. 规章制定年度工作计划向社会公开（2 分）

经网络检索，河源市政府及司法局网站分别于 2019 年 10 月 9 日、2019 年 10 月 8 日发布《河源市人民政府关于印发河源市政府 2019 年立法工作计划的通知》规章制定年度工作计划已向社会公开。本项得 2 分。

D03. 规章制定年度工作计划项目变化时及时向社会公开说明（2 分）

经网络检索，河源市政府年内规章计划没有调整。本项得 2 分。

D04. 公开规章草案并附立法说明（8 分）

经网络检索，《河源市农村村民建房规划建设管理办法》尚未公布，该立法项目仍在办理中；故视同符合本项评估指标要求。本项得 8 分。

D05. 规章文本依法向社会公布（2 分）

经网络检索，河源市政府 2019 年未公布规章，视为符合要求。本项得 2 分。

D06. 在地方人大、政府或政府法制机构门户网站建立具有检索功能的地方立法数据库或提供数据库外部链接（6 分）

经网络检索，未查询到河源市政府建立地方立法数据库或者提供数据库外部链接的信息。本项得 0 分。

D07. 地方立法数据库或相应外部链接收录的地方立法文本齐全（4 分）

经网络检索，未查询到河源市政府建立地方立法数据库或者提供数据库外部链接的信息。本项得 0 分。

D08. 地方立法工作总结向社会公布（2 分）

经网络检索，未查询到河源市政府公布地方立法工作总结。本项得 0 分。

E. 立法机制完善

E01. 建立立法民主协商制度（1 分）

经网络检索，未查询到河源市政府建立立法民主协商制度的信息。本项得 0 分。

E02. 建立立法基层联系点制度（1 分）

经网络检索，未查询到河源市政府建立立法基层联系点制度的信息。本项得 0 分。

E03. 建立立法专家顾问制度并实施（2 分）

经网络检索，河源市政府已建立立法专家顾问制度并付诸实施。本项得 2 分。

E04. 建立规章制定后评估制度（1 分）

经网络检索，根据《河源市政府规章制定程序规定》（河源市人民政府令第 16 号）第四十四条的规定，已建立规章制定后评估制度。本项得 1 分。

E05. 实施规章制定后评估，并将评估情况向社会公开（1 分）

经网络检索，河源市 2019 年开展了《河源市恐龙地质遗迹保护条例》的立法后评估；但未查询到该项评估报告公开的信息。本项得 0 分。

E06. 建立规章清理制度（1 分）

经网络检索，根据《河源市政府规章制定程序规定》第四十三条的规定，已建立规章清理制度。本项得 1 分。

E07. 实施规章清理，并将规章清理情况向社会公开（1 分）

经网络检索，未查询到河源市政府于 2019 年内开展规章清理工作的信息。本项得 0 分。

二 问题与建议

本年度政府立法观察，河源市政府得 60 分。

2019 年，河源市政府立法工作存在的主要问题是：（1）立法公开不足。对于规章制定年度工作计划的制定、执行工作进展情况公开不够全面。规章制定的工作动态缺失，难以获得完整准确的立法办理情况。规章数据库年度法治政府建设情况报告总结无法查询，不利于公众及时获得充足有效的立法信息。（2）工作制度的落实和优化有待加强。规章制定计划项目的论证评估、立法民主协商制度、立法基层联系点等制度的实施都有待开展。

针对以上问题，建议河源市政府未来在规章制定工作中可以从以下方面着力：（1）加强立法公开。及时公布地方立法中的工作动态，规范公开规章制定工作中的各项信息。健全政府平台地方立法数据库建设，保障公民知情权。（2）进一步完善相关立法工作机制。及时建立完善论证评估制度、立法民主协商制度、立法基层联系点制度，提升立法工作的专业性与科学性，强化立法工作规范。

（撰稿：广东外语外贸大学　刘子婧）
（审定：广东省司法厅法治调研处　黄涛涛）

第九章

梅州市人民政府
年度立法观察报告（2020）

一 观察评估

A. 立法程序

A01. 向社会公开征集立法项目建议并反馈（2分）

经网络检索，未能检索到梅州市政府有向社会公开征集立法项目的建议。本项得0分。

A02. 对规章立项申请与公开征集的项目建议进行论证评估（2分）

经网络检索，未检索到梅州市政府有对规章立项申请与公开征集的项目建议进行论证评估。本项得0分。

A03. 制定规章制定年度工作计划（2分）

经网络检索，梅州市政府2019年度有制定规章制定年度工作计划。本项得2分。

A04. 规章制定年度工作计划载明规章的名称、起草单位、完成时间（3分）

经网络检索，梅州市政府规章制定年度工作计划有载明规章的名称、起草单位、完成时间。本项得3分。

A05. 规章制定年度工作计划执行情况（3分）

经综合考察，梅州市政府有按照规章制定年度工作计划完成制定项目《梅州市消防水源管理办法》。本项得3分。

A06. 规章起草过程中听取社会公众的意见（2分）

经网络检索，可检索到梅州市政府在规章起草过程中有听取社会公众的意见。2019年7月25日，梅州市司法局召开了《梅州市消防水源管理办法》立法论证会。本项得2分。

A07. 与市场主体生产经营活动密切相关的规章起草过程中听取市场主体的意见（1分）

经网络检索，梅州市政府制定《梅州市消防水源管理办法》有听取社会公众的意见，但未专门听取市场主体的意见。本项得0分。

A08. 规章草案向社会公开征求意见并反馈（5分）

经网络检索，梅州市政府有就规章草案向社会公开征求意见，但未能检索到反馈情况。本项得4分。

A09. 规章草案向社会公开征求意见的期限不少于30日（3分）

经网络检索，梅州市政府规章草案向社会公开征求意见的期限不少于30日。本项得3分。

A10. 法制机构采取实地调研、座谈会、论证会、听证会、委托研究等形式听取各方对规章送审稿的意见（2分）

经网络检索，可检索到梅州市政府有采取立法论证会这一形式听取各方对规章送审稿的意见。2019年7月25日，梅州市司法局召开了《梅州市消防水源管理办法》立法论证会。本项得2分。

A11. 规章自公布之日起30日后施行（1分）

经网络检索，梅州市政府规章有自公布之日起30日后施行。本项得1分。

A12. 对规章审查请求和解释请求依法处理（1分）

经综合考察，未发现梅州市政府收到规章审查请求或有国家机关、社会组织提出规章解释请求的信息，视为依法处理。本项得1分。

B. 立法结果

B01. 根据社会需要制定一定数量的规章（4分）

经网络检索，梅州市政府2019年度制定了《梅州市消防水源管理办法》。本项得4分。

C. 立法内容

本立法观察报告以《梅州市消防水源管理办法》为考察对象，进行立法内容方面的观察。

C01. 规章内容符合法治精神、法治原则，有上位法依据（24 分）

经比对，未发现梅州市政府 2019 年制定的规章《梅州市消防水源管理办法》有违反法治精神、法治原则以及与上位法相抵触的情况出现。本项得 24 分。

C02. 规章内部条款之间、规章与本级政府制定的其他规章之间的协调（3 分）

经比对，《梅州市消防水源管理办法》无前后文规定存在不一致之情形，规章内部相协调；《梅州市消防水源管理办法》无与梅州市政府制定的其他规章相冲突之情形，规章与本级政府制定的其他规章之间相协调。本项得 3 分。

C03. 规章内容具有可操作性（2 分）

经比对，《梅州市消防水源管理办法》的强制性条款均具有可操作性。本项得 2 分。

C04. 规章名称科学（1 分）

经比对，《梅州市消防水源管理办法》的名称符合立法技术规范要求。本项得 1 分。

C05. 规章结构合理（1 分）

经比对，《梅州市消防水源管理办法》逻辑结构与体系结构较为合理。本项得 1 分。

C06. 规章语言文字符合要求，清晰准确（1 分）

经网络检索、逐条比对，《梅州市消防水源管理办法》的语言文字均符合规范要求。本项得 1 分。

D. 立法公开

D01. 设有专门的立法网站或在政府门户网站设有立法专栏（3 分）

经网络检索，梅州市政府没有设专门的立法网站或在政府门户网站设立法专栏。本项得 0 分。

D02. 规章制定年度工作计划向社会公开（2 分）

经网络检索，梅州市政府 2019 年度规章制定年度工作计划有向社会公开。本项得 2 分。

D03. 规章制定年度工作计划项目变化时及时向社会公开说明（2分）

经网络检索，梅州市政府2019年度规章制定工作计划项目无变化，视为已然及时说明。本项得2分。

D04. 公开规章草案并附立法说明（8分）

经网络检索，梅州市政府有公开规章草案并作立法说明，但立法说明部分缺少对制定过程的说明。本项得7分。

D05. 规章文本依法向社会公布（2分）

经网络检索，梅州市政府规章文本有依法向社会公布。本项得2分。

D06. 在地方人大、政府或政府法制机构门户网站建立具有检索功能的地方立法数据库或提供数据库外部链接（6分）

经网络检索，未查询到梅州市建立地方立法数据库或者提供数据库外部链接的信息。本项得0分。

D07. 地方立法数据库或相应外部链接收录的地方立法文本齐全（4分）

经网络检索，未查询到梅州市建立地方立法数据库或者提供数据库外部链接的信息。本项得0分。

D08. 地方立法工作总结向社会公布（2分）

经网络检索，梅州市政府在《梅州市人民政府办公室2019年度法治政府建设情况报告》中有总结地方立法工作。本项得2分。

E. 立法机制完善

E01. 建立立法民主协商制度（1分）

经网络检索，根据《梅州市人民政府拟定地方性法规草案和制定政府规章程序规定》第二十七条，梅州市政府有建立立法民主协商制度。本项得1分。

E02. 建立立法基层联系点制度（1分）

经网络检索，根据《梅州市政府基层立法联系点工作规定》，梅州市政府有建立立法基层联系点制度。本项得1分。

E03. 建立立法专家顾问制度并实施（2分）

经网络检索，根据《梅州市人民政府拟定地方性法规草案和制定政府规章程序规定》第二十条，梅州市政府有建立立法专家顾问制度，但未能检索到实施情况。本项得1分。

E04. 建立规章制定后评估制度（1分）

经网络检索，根据《梅州市人民政府拟定地方性法规草案和制定政府规章程序规定》第四十八条，梅州市政府有建立规章制定后评估制度。本项得1分。

E05. 实施规章制定后评估，并将评估情况向社会公开（1分）

经网络检索，梅州市当前暂未出现《梅州市人民政府拟定地方性法规草案和制定政府规章程序规定》第四十八条规定的规章制定后评估的情形，因此视为已经进行评估。本项得1分。

E06. 建立规章清理制度（1分）

经网络检索，根据《梅州市人民政府拟定地方性法规草案和制定政府规章程序规定》第四十九条，梅州市政府有建立规章清理制度。本项得1分。

E07. 实施规章清理，并将规章清理情况向社会公开（1分）

经网络检索，梅州市政府本年度有实施规章清理，并将规章清理情况向社会公开。2019年11月1日向社会公开征求对《梅州市人民政府关于修改部分市政府规章的决定（草案征求意见稿）》意见。本项得1分。

二　问题与建议

本年度政府立法观察，梅州市政府得79分。

2019年，梅州市政府立法工作存在的主要问题是：（1）对于征集立法项目、草案建议等政民互动未能及时公开给予民众反馈意见。（2）地方立法数据库缺失。

针对年度观察中发现的问题，建议梅州市政府未来规章制定可以从以下两个方面着力：（1）及时公开立法情况与动态，提高立法过程中的透明度。（2）建立地方立法数据库，完整收录、展示地方立法成果。

（撰稿：广东外语外贸大学　李少雯）
（审定：广东省司法厅行政执法监督处　曾　洁）

第十章

惠州市人民政府
年度立法观察报告（2020）

一 观察评估

A. 立法程序

A01. 向社会公开征集立法项目建议并反馈（2分）

经网络检索，未能检索到惠州市政府有向社会公开征集立法项目建议。本项得0分。

A02. 对规章立项申请与公开征集的项目建议进行论证评估（2分）

经网络检索，惠州市政府有对规章立项申请与公开征集的项目建议进行论证评估。本项得2分。

A03. 制定规章制定年度工作计划（2分）

经网络检索，惠州市政府有制定2019年度规章制定计划。本项得2分。

A04. 规章制定年度工作计划载明规章的名称、起草单位、完成时间（3分）

经网络检索，惠州市政府规章制定年度工作计划有载明规章的名称、起草单位、完成时间。本项得3分。

A05. 规章制定年度工作计划执行情况（3分）

经综合考察，《惠州市户外广告和招牌设置管理办法》根据规章制定计划预计2019年8月送审，时间上有出入，未达预期。本项得2分。

A06. 规章起草过程中听取社会公众的意见（2分）

经网络检索，可检索到惠州市政府在规章起草过程中有听取社会公众的意见。2019年11月8日至2019年12月13日期间，惠州市城乡管理和综合执法局在惠州市政府门户网站上发布《惠州市户外广告和招牌设置管理办法（草案征求意见稿）》，面向社会公开征求意见。本项得2分。

A07. 与市场主体生产经营活动密切相关的规章起草过程中听取市场主体的意见（1分）

经网络检索，本年度惠州市政府制定的《惠州市户外广告和招牌设置管理办法（草案征求意见稿）》与市场主体生产经营活动密切相关，有向包括市场主体在内的全体社会公众征求意见。本项得1分。

A08. 规章草案向社会公开征求意见并反馈（5分）

经网络检索，惠州市政府有就规章草案向社会公开征求意见，但未能检索到反馈情况。本项得4分。

A09. 规章草案向社会公开征求意见的期限不少于30日（3分）

经网络检索，惠州市政府规章草案向社会公开征求意见的期限不少于30日。本项得3分。

A10. 法制机构采取实地调研、座谈会、论证会、听证会、委托研究等形式听取各方对规章送审稿的意见（2分）

经网络检索，可检索到惠州市政府有采取立法论证会这一形式听取各方对规章送审稿的意见。本项得2分。

A11. 规章自公布之日起30日后施行（1分）

经网络检索，惠州市政府2019年未通过规章，往年此项符合要求，本年度视为已符合要求。本项得1分。

A12. 对规章审查请求和解释请求依法处理（1分）

经综合考察，未发现惠州市政府收到规章审查请求或有国家机关、社会组织提出规章解释请求的信息，视为依法处理。本项得1分。

B. 立法结果

B01. 根据社会需要制定一定数量的规章（4分）

经网络检索，惠州市政府2019年度并未制定及通过新的政府规章。本项得0分。

C. 立法内容

经网络检索，惠州市政府 2019 年度并未制定及通过新的政府规章。根据本立法观察报告之考核标准，本年度地方政府没有制定地方政府规章的，按总分的 60% 计算，即本项得 19 分。

D. 立法公开

D01. 设有专门的立法网站或在政府门户网站设有立法专栏（3 分）

经网络检索，惠州市政府未设有专门的立法网站或在其政府门户网站设有立法专栏。本项得 0 分。

D02. 规章制定年度工作计划向社会公开（2 分）

经网络检索，惠州市政府 2019 年度规章制定年度工作计划有向社会公开。本项得 2 分。

D03. 规章制定年度工作计划项目变化时及时向社会公开说明（2 分）

经网络检索，惠州市政府 2019 年度规章制定工作计划项目无变化。本项得 2 分。

D04. 公开规章草案并附立法说明（8 分）

经网络检索，惠州市政府有公开规章草案但未附立法说明。本项得 4 分。

D05. 规章文本依法向社会公布（2 分）

经网络检索，惠州市政府 2019 年未公布规章，往年此项符合要求，本年度视为已符合要求。本项得 2 分。

D06. 在地方人大、政府或政府法制机构门户网站建立具有检索功能的地方立法数据库或提供数据库外部链接（6 分）

经网络检索，可检索到惠州市政府网站建立了地方立法数据库，但是不能按照规章颁布年份、规章效力以及规章类型进行检索。本项得 2 分。

D07. 地方立法数据库或相应外部链接收录的地方立法文本齐全（4 分）

经网络检索，惠州市政府网站建立的地方立法栏目所收录的规章齐全，暂未发现缺失。本项得 4 分。

D08. 地方立法工作总结向社会公布（2 分）

经网络检索，可于惠州市司法局 2019 年法治政府建设及依法行政工作报告中检索到 2019 年度惠州市政府立法工作相关总结。本项得 2 分。

E. 立法机制完善

E01. 建立立法民主协商制度（1 分）

经网络检索，根据《惠州市人民政府拟定地方性法规草案和制定政府规章程序规定》第二十二条，惠州市政府有建立立法民主协商制度。本项得 1 分。

E02. 建立立法基层联系点制度（1 分）

经网络检索，根据《惠州市人民政府拟定地方性法规草案和制定政府规章程序规定》第二十二条，惠州市政府有建立立法基层联系点制度。本项得 1 分。

E03. 建立立法专家顾问制度并实施（2 分）

经网络检索，惠州市政府有建立立法专家顾问制度并实施。本项得 2 分。

E04. 建立规章制定后评估制度（1 分）

经网络检索，依据《惠州市人民政府拟定地方性法规草案和制定政府规章程序规定》第四十七条，"政府规章的立法后评估工作按照《广东省政府规章立法后评估规定》执行"，可以认定惠州市政府已经建立规章制定后评估制度。本项得 1 分。

E05. 实施规章制定后评估，并将评估情况向社会公开（1 分）

经网络检索，惠州市当前暂未出现《惠州市人民政府拟定地方性法规草案和制定政府规章程序规定》规定的规章制定后评估的情形，因此视为已经进行评估。本项得 1 分。

E06. 建立规章清理制度（1 分）

经网络检索，依据《惠州市人民政府拟定地方性法规草案和制定政府规章程序规定》第四十八条，"政府规章的清理工作按照《广东省政府规章清理工作规定》执行"，惠州市政府建立规章清理制度。本项得 1 分。

E07. 实施规章清理，并将规章清理情况向社会公开（1 分）

经网络检索，未检索到惠州市政府规章清理的相关结果，按其情况视为已清理。本项得 1 分。

二　问题与建议

本年度政府立法观察，惠州市政府得68分。

2019年，惠州市政府立法工作存在的主要问题是：（1）规章制定的工作计划未全面完成。2019年规章制定计划中仅一个正式项目，但进度与计划有出入。（2）对立法项目建议的征集情况仍有不足之处。（3）立法专栏、立法数据库亟待建立，年度立法工作未得到专门总结。

针对年度观察中发现的问题，建议惠州市政府未来规章制定可以从以下数个方面着力：（1）进一步建立健全立法规划，完善规章制定年度计划的内容，并严格按照规划及计划的既定项目逐一落实，在坚持科学、民主、依法的前提下扎实推进立法工作的开展。（2）增进立法过程中的社会参与，及时公开立法动态，及时对立法项目建议作出反馈。（3）改进立法成果的展示方式，完善立法数据库的检索功能，建立地方规章的立法专栏。

（撰稿：广东外语外贸大学　李少雯）
（审定：广东省司法厅行政执法监督处　曾　洁）

第十一章

肇庆市人民政府
年度立法观察报告（2020）

一　观察评估

A. 立法程序

A01. 向社会公开征集立法项目建议并反馈（2分）

经网络检索，肇庆市政府向社会公开征集立法项目建议，但未查询到向社会公开反馈意见的信息。本项得1分。

A02. 对规章立项申请与公开征集的项目建议进行论证评估（2分）

经网络检索，未查询到肇庆市政府对规章立项申请与公开征集的项目建议评估论证的信息。本项得0分。

A03. 制定规章制定年度工作计划（2分）

经网络检索，肇庆市政府于2019年2月19日向社会公布《肇庆市人民政府2019年度政府规章制定计划》。本项得2分。

A04. 规章制定年度工作计划载明规章的名称、起草单位、完成时间（3分）

经网络检索，肇庆市政府制定规章年度工作计划载明了规章的名称、起草单位、完成时间。本项得2分。

A05. 规章制定年度工作计划执行情况（3分）

经综合考察，肇庆市政府在其2019年规章立法计划中列明《肇庆市城市地下空间开发利用管理办法》《肇庆市餐厨废弃物处理办法》两项规章的制定计划，但未依规定完成该规章立法计划。本项得0分。

A06. **规章起草过程中听取社会公众的意见（2 分）**

经网络检索，肇庆市政府在起草规章过程中有听取社会公众的意见。本项得 2 分。

A07. **与市场主体生产经营活动密切相关的规章起草过程中听取市场主体的意见（1 分）**

经网络检索，肇庆市政府在起草与市场主体生产经营活动密切相关的规章起草过程中听取了有关市场主体的意见。本项得 1 分。

A08. **规章草案向社会公开征求意见并反馈（5 分）**

经网络检索，未能查询到肇庆市政府起草的规章草案的信息。本项得 0 分。

A09. **规章草案向社会公开征求意见的期限不少于 30 日（3 分）**

经网络检索，未能查询到肇庆市政府的规章草案向社会公开征求意见相关信息。本项得 0 分。

A10. **法制机构采取实地调研、座谈会、论证会、听证会、委托研究等形式听取各方对规章送审稿的意见（2 分）**

经网络检索，未能查询到规章送审稿的信息。本项得 0 分。

A11. **规章自公布之日起 30 日后施行（1 分）**

经网络检索，肇庆市政府规章自公布之日起满 30 日后施行。本项得 1 分。

A12. **对规章审查请求和解释请求依法处理（1 分）**

经网络检索，未查询到肇庆市政府对规章审查请求和解释请求依法处理的信息，视为已经依法处理。本项得 1 分。

B. 立法结果

B01. **根据社会需要制定一定数量的规章（4 分）**

经网络检索，肇庆市政府于 2019 年通过 2 件地方政府规章，分别是：《肇庆市停车场管理办法》《肇庆市闲置土地处置实施办法》。本项得 4 分。

C. 立法内容

本观察报告抽取《肇庆市停车场管理办法》为考察对象，进行立法内容方面的观察。

C01. 规章内容符合法治精神、法治原则，有上位法依据（24 分）

经比对，未发现肇庆市政府 2019 年制定的规章《肇庆市停车场管理办法》有违反法治精神、法治原则以及与上位法相抵触的情况出现。本项得 24 分。

C02. 规章内部条款之间、规章与本级政府制定的其他规章之间的协调（3 分）

经比对，未发现《肇庆市停车场管理办法》内部存在矛盾与冲突等不协调，且未发现规章内容与本级政府其他规章存在不协调。本项得 3 分。

C03. 规章内容具有可操作性（2 分）

经比对，《肇庆市停车场管理办法》强制性条款具有可操作性。本项得 2 分。

C04. 规章名称科学（1 分）

经分析，《肇庆市停车场管理办法》的名称科学。本项得 1 分。

C05. 规章结构合理（1 分）

经分析，《肇庆市停车场管理办法》结构合理。本项得 1 分。

C06. 规章语言文字符合技术规范（1 分）

经分析，《肇庆市停车场管理办法》语言文字符合技术规范。本项得 1 分。

D. 立法公开

D01. 设有专门的立法网站或在政府门户网站设有立法专栏（3 分）

经网络检索，肇庆市政府在其门户网站上设有"寻政策"栏目作为立法专栏。本项得 3 分。

D02. 规章制定年度工作计划向社会公开（2 分）

经网络检索，肇庆市政府向社会公开规章年度制定计划。本项得 2 分。

D03. 规章制定年度工作计划项目变化时及时向社会公开说明（2 分）

经网络检索，肇庆市政府 2019 年规章制定计划并未发生变动。本项得 2 分。

D04. 公开规章草案并附立法说明（8 分）

经网络检索，未能查询到肇庆市政府的规章草案的信息。本项得 0 分。

D05. 规章文本依法向社会公布（2分）

经网络检索，肇庆市政府2019年颁布的所有规章文本均按照《立法法》、《规章制定程序条例》及相关政府立法程序规则规定的法定形式公布。本项得2分。

D06. 在地方人大、政府或政府法制机构门户网站建立具有检索功能的地方立法数据库或提供数据库外部链接（6分）

经网络检索，肇庆市政府建立了具有检索功能的地方立法数据库。本项得6分。

D07. 地方立法数据库或相应外部链接收录的地方立法文本齐全（4分）

经网络检索，肇庆市政府建立的地方立法数据库收录的地方立法文本齐全。本项得4分。

D08. 地方立法工作总结向社会公布（2分）

经网络检索，2020年1月16日，在肇庆市政府门户网站公布了《肇庆市人民政府关于肇庆市2019年度法治政府建设情况的报告》中对2019年政府立法工作作出全面总结。本项得2分。

E. 立法机制完善

E01. 建立立法民主协商制度（1分）

经网络检索，肇庆市政府已经建立了立法民主协商制度。本项得1分。

E02. 建立立法基层联系点制度（1分）

经网络检索，肇庆市政府已建立立法基层联系点制度。本项得1分。

E03. 建立立法专家顾问制度并实施（2分）

经网络检索，肇庆市政府建立立法专家顾问制度并实施。本项得2分。

E04. 建立规章制定后评估制度（1分）

经网络检索，肇庆市政府已经建立规章制定后评估制度。本项得1分。

E05. 实施规章制定后评估，并将评估情况向社会公开（1分）

经网络检索，肇庆市政府有实施规章制定后评估，但并未将评估情况向社会公开。本项得0分。

E06. 建立规章清理制度（1分）

经网络检索，肇庆市政府已经建立规章清理制度。本项得1分。

E07. 实施规章清理，并将规章清理情况向社会公开（1分）

经网络检索，肇庆市政府实施规章清理并将规章清理情况向社会公开。本项得1分。

二　问题与建议

本次政府立法年度观察报告，肇庆市政府得74分。

2019年，肇庆市政府地方立法工作存在的主要问题是：（1）年度规章制定计划有待严格落实。（2）在立法过程中，未检索到采取实地调研、座谈会、论证会、听证会、委托研究等形式，听取各方对规章送审稿的意见的会议记录公告或是新闻报道。（3）肇庆市政府实施了规章制定后评估，但未能检索到评估情况向社会公开。

针对上述问题，建议肇庆市政府可以从以下方面改善地方立法工作：（1）严格把握规章制定年度计划的落实情况，确保在规定的时间内能够科学、合理、审慎、民主地完成立法工作，为社会管理提供有利的法律保障。（2）进一步完善立法过程中的听证制度，建立健全听证前要公示、听证过程要记录、听证后要反馈的工作流程。（3）健全规章制定后评估制度，将该工作制度常规化，强化评估信息公开透明度。

（撰稿：广东外语外贸大学　陈思彤）
（审定：吉林大学法学院　方学勇）

第十二章

东莞市人民政府
年度立法观察报告(2020)

一 观察评估

A. 立法程序

A01. 向社会公开征集立法项目建议并反馈（2分）

经网络检索，东莞市政府向社会公开征集立法项目建议，但未检索到其向社会公开反馈意见的相关信息。本项得1分。

A02. 对规章立项申请与公开征集的项目建议进行论证评估（2分）

经网络检索，未发现东莞市政府对规章立项申请与公开征集的项目建议进行论证评估的相关信息。本项得0分。

A03. 制定规章制定年度工作计划（2分）

经网络检索，东莞市政府在其门户网站上刊登《东莞市人民政府2019年规章立法计划》，该通知载明本年度的规章制定计划为制定《东莞市地下管线管理办法》、《东莞市公园管理办法》两项规章。本项得2分。

A04. 规章制定年度工作计划载明规章的名称、起草单位、完成时间（3分）

经网络检索，东莞市政府制定规章年度工作计划中载明了规章的名称、起草单位、完成时间。本项得3分。

A05. 规章制定年度工作计划执行情况（3分）

经综合考察，东莞市政府在其2019年规章立法计划中列明规章制度项目《东莞市地下管线管理办法》、规章预备项目《东莞市公园管理办法》两项规章的制定计划，其中《东莞市地下管线管理办法》已于 2019 年年内通过。本项得 3 分。

A06. 规章起草过程中听取社会公众的意见（2 分）

经网络检索，未查询到东莞市政府在起草规章过程中通过召开座谈会或论证会的方式听取社会公众意见的信息。本项得 0 分。

A07. 与市场主体生产经营活动密切相关的规章起草过程中听取市场主体的意见（1 分）

经网络检索，东莞市政府在与市场主体生产经营活动密切相关的规章起草过程中，向社会公开征求意见，其间亦未收到公众反馈意见，故视同听取。本项得 1 分。

A08. 规章草案向社会公开征求意见并反馈（5 分）

经网络检索，东莞市政府在起草规章草案的过程中除均通过起草单位门户网站、政府法制机构门户网站或者官方媒体网站公开征求过公众意见，并向社会公告反馈意见情况。本项得 5 分。

A09. 规章草案向社会公开征求意见的期限不少于 30 日（3 分）

经网络检索，东莞市政府的规章草案公开向社会征求意见的期限均不少于 30 日。本项得 3 分。

A10. 法制机构采取实地调研、座谈会、论证会、听证会、委托研究等形式听取各方对规章送审稿的意见（2 分）

经网络检索，未发现东莞市政府法制机构开展了实地调研、座谈会等形式的调研活动，听取各方对规章送审稿意见的信息。本项得 0 分。

A11. 规章自公布之日起 30 日后施行（1 分）

经网络检索，东莞市政府的规章自公布之日起均满 30 日后施行。本项得 1 分。

A12. 对规章审查请求和解释请求依法处理（1 分）

经综合考察，未发现政府收到规章审查请求或有国家机关、社会组织提出规章解释请求的信息，视为依法处理。本项得 1 分。

B. 立法结果

B01. 根据社会需要制定一定数量的规章（4 分）

经网络检索，东莞市政府于 2019 年通过 3 件地方政府规章，分别是：《东莞市城乡建设档案管理办法》《东莞市电力设施保护管理办法》《东莞市地下管线管理办法》。本项得 4 分。

C. 立法内容

本观察报告抽取《东莞市电力设施保护管理办法》为考察对象，进行立法内容方面的观察。

C01. 规章内容符合法治精神、法治原则，有上位法依据（24 分）

《东莞市电力设施保护管理办法》第八条　市电力行政主管部门应当会同市自然资源行政主管部门和电力企业组织编制电网专项规划，并在编制时广泛征求各有关单位、社会公众和专家的意见，报市人民政府批准后公布实施。经批准的电网专项规划不得擅自变更，确需变更的，由组织编制电网专项规划的部门按照规定的程序组织修改和报送批准。

电网专项规划应当纳入城乡总体规划、土地利用总体规划以及控制性详细规划，并与我市能源发展规划以及其他相关行业规划相协调。

园区管委会、镇人民政府（街道办事处）编制或修编城乡总体规划、土地利用总体规划时，应当征求电力行政主管部门和电力企业的意见，明确发电、输电、变电设施的布局。编制或者修编控制性详细规划时，应当根据城乡总体规划提出的电力设施规模，确定电力设施的用地面积、坐标位置、管线廊道走向，并统筹安排电力设施用地、架空电力线路走廊和地下电缆通道。

《广东省供用电条例》第七条　电网专项规划应当包括变电设施及配电设施位置、电力线路设施及走廊、电力通信设施、地下电缆通道及其有关辅助设施等内容，并划定电网规划控制区范围。

电网专项规划应当纳入土地利用总体规划、城乡规划及控制性详细规划，并与环境保护规划、林业专项规划、自然保护区总体规划、风景名胜区总体规划和海洋功能区划等规划相协调。

县级以上人民政府负责电力规划的部门应当会同有关部门和电网经营企业组织编制电网专项规划，按照国家和省的有关规定征求供电企业等有关单位、社会公众和专家的意见，加强对中高压输变电选线选址的论证和优化，报同级人民政府批准后依法公布实施，并在政府网站长期公告，供社会公众查询。

经比对，《广东省供用电条例》第七条之规定，专项规划报同级人民政府批准后依法公布实施，并在政府网站长期公告，供社会公众查询。

《东莞市电力设施保护管理办法》与此不一致。本项得 18 分。

C02. 规章内部条款之间、规章与本级政府制定的其他规章之间的协调（3 分）

经比对，未发现《东莞市电力设施保护管理办法》内部存在矛盾与冲突等不协调，且未发现规章内容与本级政府其他规章存在不协调。本项得 3 分。

C03. 规章内容具有可操作性（2 分）

经比对，《东莞市电力设施保护管理办法》的强制性条款均具有可操作性。本项得 2 分。

C04. 规章名称科学（1 分）

经比对，《东莞市电力设施保护管理办法》名称科学。本项得 1 分。

C05. 规章结构合理（1 分）

经比对，《东莞市电力设施保护管理办法》的章节内容权利义务规定合理，能做到权责一致，且能按照各条款内容依次排列，规章的条款、构成要件和法律效果齐备。本项得 1 分。

C06. 规章语言文字符合技术规范（1 分）

经比对，《东莞市电力设施保护管理办法》的语言文字符合技术规范。本项得 1 分。

D. 立法公开

D01. 设有专门的立法网站或在政府门户网站设有立法专栏（3 分）

经网络检索，东莞市司法局在其门户网站上设有"立法立规"专栏。本项得 3 分。

D02. 规章制定年度工作计划向社会公开（2 分）

经网络检索，东莞市政府在其门户网站向社会公开征求年度规章制定计划。本项得 2 分。

D03. 规章制定年度工作计划项目变化时及时向社会公开说明（2 分）

经网络检索，东莞市政府 2019 年规章制定计划没有调整。本项得 2 分。

D04. 公开规章草案并附立法说明（8 分）

经网络检索，东莞市政府在规章制定过程中所有草案向社会公开征求意见均附有立法说明，并且包括立法必要性、制定过程、主要内容和个别条款的说明等内容。本项得 8 分。

  D05. 规章文本依法向社会公布（2 分）

  经网络检索，东莞市政府 2019 年所制定的规章文本均依法向社会公布。本项得 2 分。

  D06. 在地方人大、政府或政府法制机构门户网站建立具有检索功能的地方立法数据库或提供数据库外部链接（6 分）

  经网络检索，未查询到东莞市政府建立地方立法数据库或者提供数据库外部链接的信息。本项得 0 分。

  D07. 地方立法数据库或相应外部链接收录的地方立法文本齐全（4 分）

  经网络检索，未查询到东莞市政府建立地方立法数据库或者提供数据库外部链接的信息。本项得 0 分。

  D08. 地方立法工作总结向社会公布（2 分）

  经网络检索，东莞市政府网站公布《东莞市 2019 年法治政府建设情况报告》，向社会公开了地方立法工作总结。本项得 2 分。

  E. 立法机制完善

  E01. 建立立法民主协商制度（1 分）

  经网络检索，东莞市政府已经建立立法民主协商制度。本项得 1 分。

  E02. 建立立法基层联系点制度（1 分）

  经网络检索，东莞市政府已经建立立法基层联系点制度。本项得 1 分。

  E03. 建立立法专家顾问制度并实施（2 分）

  经网络检索，东莞市政府建立了立法专家顾问制度并实施。本项得 2 分。

  E04. 建立规章制定后评估制度（1 分）

  经网络检索，东莞市政府已经建立了规章制定后评估制度。本项得 1 分。

  E05. 实施规章制定后评估，并将评估情况向社会公开（1 分）

  经网络检索，东莞市政府有实施规章制定后评估，并将评估情况向社会公开。本项得为 1 分。

E06. 建立规章清理制度（1 分）

经网络检索，东莞市政府建立了规章清理制度。本项得 1 分。

E07. 实施规章清理，并将规章清理情况向社会公开（1 分）

经网络检索，未发现东莞市政府本年度需要按照规章清理评估制度进行规章清理，视为已经进行清理。本项得 1 分。

二　问题与建议

本年度政府立法观察，东莞市政府得 77 分。

2019 年，东莞市政府立法工作存在的主要问题是：（1）没有进一步细化《东莞市人民政府 2017—2021 年规章立法规划》中各年度应完成的相关制定、修改和废止规章的立法工作计划。（2）没有按照《东莞市人民政府 2019 年规章立法计划（东府〔2018〕149 号）》中的规定如期完成本年度规章制定工作，规章制定计划发生调整，但未检索到相关提前公示材料。（3）没有贯彻落实规章制定后评估并向社会公开制度。规章制定后，相关部门有对规章进行评估工作，但并未将相关评估信息向社会反馈。（4）立法基层联系点制度尚未在全市铺开。针对年度观察中发现的问题，建议东莞市政府在下一个年度的工作中可以从以下四个方面着力：（1）进一步健全立法规划，完善规章制定年度计划的内容，将《东莞市人民政府 2017—2021 年规章立法规划》的内容详细划分为单独年度的立法计划，拟定好每项计划立法送审时间、完成时间，并向社会公开，确保政府能够在规定期限内完成相关立法工作；另外，还可对本年度发生变更（新增或暂缓）的规章制定计划提前向社会公布。（2）完善规章制定后评估制度。规章制定后，相关部门应该主动开展座谈会、听证会等立法后评估工作，检视条款内容是否符合社会需求、并及时对规章立法之未尽事项及时给予释明。（3）结合已经建立立法基层联系点制度的镇区的经验，拟定立法基层联系点制度建设的相关规章制度。

（撰稿：广东外语外贸大学　陈思彤）

（审定：吉林大学法学院　方学勇）

第十三章

中山市人民政府
年度立法观察报告（2020）

一 观察评估

A. 立法程序

A01. 向社会公开征集立法项目建议并反馈（2分）

经网络检索，未能检索到中山市政府有向社会公开征集立法项目建议并反馈。本项得0分。

A02. 对规章立项申请与公开征集的项目建议进行论证评估（2分）

经网络检索，未检索到中山市政府有对规章立项申请与公开征集的项目建议进行论证评估。本项得0分。

A03. 制定规章制定年度工作计划（2分）

经网络检索，中山市政府2019年度有制定规章年度工作计划。本项得2分。

A04. 规章制定年度工作计划载明规章的名称、起草单位、完成时间（3分）

经网络检索，中山市政府规章制定年度工作计划有载明规章的名称、起草单位、完成时间。本项得3分。

A05. 规章制定年度工作计划执行情况（3分）

经综合考察，中山市政府有按照规章制定年度工作计划执行规章制定工作。制定了《中山市慈善事业促进办法》《中山市户外广告管理办法》，修改了《中山市人民政府起草地方性法规草案和制定政府规章程序规定》。

本项得 3 分。

A06. 规章起草过程中听取社会公众的意见（2 分）

经网络检索，可检索到中山市政府在规章起草过程中有听取社会公众的意见。2019 年 8 月 7 日中山市司法局就《中山市政务信息资源共享管理办法（草案送审稿）》及其起草说明向社会公布，公开征求社会各界意见。本项得 2 分。

A07. 与市场主体生产经营活动密切相关的规章起草过程中听取市场主体的意见（1 分）

经网络检索，本年度中山市政府制定的规章中无与市场主体生产经营活动密切相关的规章，但规章起草过程中有听取社会公众的意见，视为已听取。本项得 1 分。

A08. 规章草案向社会公开征求意见并反馈（5 分）

经网络检索，中山市政府有就规章草案向社会公开征求意见并作出反馈。本项得 5 分。

A09. 规章草案向社会公开征求意见的期限不少于 30 日（3 分）

经网络检索，中山市政府规章草案向社会公开征求意见的期限确不少于 30 日。本项得 3 分。

A10. 法制机构采取实地调研、座谈会、论证会、听证会、委托研究等形式听取各方对规章送审稿的意见（2 分）

经网络检索，未能检索到中山市政府有采取实地调研、座谈会、论证会、听证会、委托研究等形式听取各方对规章送审稿的意见。本项得 0 分。

A11. 规章自公布之日起 30 日后施行（1 分）

经网络检索，中山市政府规章自公布之日起 30 日后施行。本项得 1 分。

A12. 对规章审查请求和解释请求依法处理（1 分）

经综合考察，未发现政府收到规章审查请求或有国家机关、社会组织提出规章解释请求的信息，视为依法处理。本项得 1 分。

B. 立法结果

B01. 根据社会需要制定一定数量的规章（4 分）

经网络检索，中山市政府 2019 年度已根据社会需要制定一定数量的规章。本项得 4 分。

C. 立法内容

本立法观察报告抽取《中山市户外广告管理办法》为考察对象，进行立法内容方面的观察。

C01. 规章内容符合法治精神、法治原则，有上位法依据（24 分）

经比对，未发现中山市政府 2019 年制定的规章《中山市户外广告管理办法》有违反法治精神、法治原则以及与上位法相抵触的情况出现。本项得 24 分。

C02. 规章内部条款之间、规章与本级政府制定的其他规章之间的协调（3 分）

经比对，《中山市户外广告管理办法》无前后文规定存在不一致之情形，规章内部相协调；《中山市户外广告管理办法》无与中山市政府制定的其他规章相冲突之情形，规章与本级政府制定的其他规章之间相协调。本项得 3 分。

C03. 规章内容具有可操作性（2 分）

经比对，《中山市户外广告管理办法》第六章第四十一条规定："违反本办法第二十八条第（一）项第（二）项规定，户外广告设施到期不拆除或者不更新的，由市城管和执法部门按照有关规定予以处理"。其中，"有关规定"范围太抽象，可操作性有所欠缺。本项得 0 分。

C04. 规章名称科学（1 分）

经比对，《中山市户外广告管理办法》的名称符合立法技术规范要求。本项得 1 分。

C05. 规章结构合理（1 分）

经比对，《中山市户外广告管理办法》设定共七个章节，权力义务规定能做到权责一致且能按照各条款内容依次排列，逻辑结构与体系结构较为合理。本项得 1 分。

C06. 规章语言文字符合要求，清晰准确（1 分）

经比对，《中山市户外广告管理办法》的语言文字均符合规范要求。本项得 1 分。

D. 立法公开

D01. 设有专门的立法网站或在政府门户网站设有立法专栏（3分）

经网络检索，未能检索到中山市政府在其政府门户网站设有立法专栏。本项得0分。

D02. 规章制定年度工作计划向社会公开（2分）

经网络检索，中山市政府2019年度规章制定年度工作计划有向社会公开。本项得2分。

D03. 规章制定年度工作计划项目变化时及时向社会公开说明（2分）

经网络检索，中山市政府2019年度规章制定工作计划项目无变化。本项得2分。

D04. 公开规章草案并附立法说明（8分）

经网络检索，中山市政府有公开规章草案并作立法说明。本项得8分。

D05. 规章文本依法向社会公布（2分）

经网络检索，中山市政府规章文本有依法向社会公布。本项得2分。

D06. 在地方人大、政府或政府法制机构门户网站建立具有检索功能的地方立法数据库或提供数据库外部链接（6分）

经网络检索，在中山市政府或政府法制机构门户网站上未检索到立法数据库。本项得0分。

D07. 地方立法数据库或相应外部链接收录的地方立法文本齐全（4分）

经网络检索，在中山市政府或政府法制机构门户网站上未检索到立法数据库。本项得0分。

D08. 地方立法工作总结向社会公布（2分）

经网络检索，未能检索到中山市政府作地方立法工作总结且向社会公布。本项得0分。

E. 立法机制完善

E01. 建立立法民主协商制度（1分）

经网络检索，根据《中山市政府立法协商工作规则》，中山市政府有建立立法民主协商制度。本项得1分。

E02. 建立立法基层联系点制度（1分）

经网络检索，根据《中山市政府立法工作基层联系点工作办法》，中山市政府有建立立法基层联系点制度。本项得1分。

E03. 建立立法专家顾问制度并实施（2分）

经网络检索，根据《中山市人民政府起草地方性法规草案和制定政府规章程序规定》第二十六条，中山市政府有建立立法专家顾问制度，但未能检索到实施情况。本项得1分。

E04. 建立规章制定后评估制度（1分）

经网络检索，根据《中山市人民政府起草地方性法规草案和制定政府规章程序规定》第五十二条，中山市政府有建立规章制定后评估制度。本项得1分。

E05. 实施规章制定后评估，并将评估情况向社会公开（1分）

经网络检索，中山市当前暂未出现《中山市人民政府起草地方性法规草案和制定政府规章程序规定》第五十二条规定的规章制定后评估的情形，因此视为已经进行评估。本项得1分。

E06. 建立规章清理制度（1分）

经网络检索，根据《中山市人民政府起草地方性法规草案和制定政府规章程序规定》第五十五条，中山市政府有建立规章清理制度。本项得1分。

E07. 实施规章清理，并将规章清理情况向社会公开（1分）

经网络检索，未检索到中山市政府规章清理的相关结果，按其情况视为已清理。本项得1分。

二　问题与建议

本年度政府立法观察，中山市政府得76分。

2019年，中山市政府立法工作存在的主要问题是：（1）在规章立法技术上，本年度制定的《中山市户外广告管理办法》中某些条款在可操作性尚有欠缺。（2）立法程序存在较突出的是规章的制定过程并未面向社会公开的问题，如立法项目建议征集阶段，规章送审稿的意见听取等方面仍有较大完善的空间。（3）缺少具有检索功能的完善的立法数据库。

针对年度观察中发现的问题，建议中山市政府未来规章制定可以从以下几方面着力：（1）在规章制定过程中，重视论证评估的作用，提高规章条款的可操作性。（2）加强立法程序公开。强化履行广泛征求公众意见的程序，使立法初衷更贴近社会公众、使规章制定过程更加科学民主。

（撰稿：广东外语外贸大学　李少雯）

（审定：广东省司法厅行政执法监督处　曾　洁）

第十四章

江门市人民政府
年度立法观察报告（2020）

一　观察评估

A. 立法程序

A01. 向社会公开征集立法项目建议并反馈（2分）

经网络检索，江门市政府于2018年8月1日在政府和市司法局网站上刊载《关于公开征集江门市2019年度地方性法规和政府规章立法建议项目的公告》，但未查询到相关建议反馈的信息。本项得1分。

A02. 对规章立项申请与公开征集的项目建议进行论证评估（2分）

经网络检索，未查询到江门市政府就规章立项申请与公开征集的项目建议进行论证评估的信息。本项得0分。

A03. 制定规章制定年度工作计划（2分）

经网络检索，江门市政府网站于2019年1月9日刊载《江门市人民政府办公室关于印发江门市2019年度政府规章制定计划的通知》，载明该年规章制定工作计划为新制定项目《江门市气象灾害防御规定》。本项得2分。

A04. 规章制定年度工作计划载明规章的名称、起草单位、完成时间（3分）

经网络检索，"江门市2019年度政府规章制定计划"包含1项规章制定项目：《江门市气象灾害防御规定》，其名称、起草单位、完成时间均载明无漏。本项得3分。

第十四章　江门市人民政府年度立法观察报告(2020)　　245

A05. 规章制定年度工作计划执行情况（3 分）

经综合考察，《江门市气象灾害防御规定》于 2020 年 3 月 2 日经江门市政府十五届 87 次常务会议审议通过，3 月 10 日公布。规章制定工作计划载明该项规章应于 2019 年 6 月送审，未如期办结。本项得 2 分。

A06. 规章起草过程中听取社会公众的意见（2 分）

经网络检索，未查询到《江门市气象灾害防御规定》在起草过程中通过召开座谈会或论证会的方式听取社会公众意见的信息。本项得 1 分。

A07. 与市场主体生产经营活动密切相关的规章起草过程中听取市场主体的意见（1 分）

经网络检索，江门市气象局网站在对《江门市气象灾害防御规定（征求意见稿）》向社会公开征求意见期间未收到反馈意见；江门市司法局通过江门市政府网站对《江门市气象灾害防御规定（草案送审稿）》向社会公开征求意见期间亦未收到公众反馈意见。故视同完成就相关主体征求意见的工作。本项得 1 分。

A08. 规章草案向社会公开征求意见并反馈（5 分）

经网络检索，《江门市气象灾害防御规定（征求意见稿）》与《江门市气象灾害防御规定（草案送审稿）》均向社会公开征求意见并反馈。本项得 5 分。

A09. 规章草案向社会公开征求意见的期限不少于 30 日（3 分）

经网络检索，《江门市气象灾害防御规定（征求意见稿）》向社会公开征求意见的时间为 2019 年 6 月 10 日至 6 月 25 日，不符合"向社会公开征求意见的期限不少于 30 日"的要求。本项得 2 分。

A10. 法制机构采取实地调研、座谈会、论证会、听证会、委托研究等形式听取各方对规章送审稿的意见（2 分）

经网络检索，江门市法制机构开展了实地调研、座谈会等形式的调研活动，听取各方对规章送审稿意见的信息。本项得 2 分。

A11. 规章自公布之日起 30 日后施行（1 分）

经网络检索，本年度出台规章公布后所载明的施行日期均满足不少于 30 日的要求。本项得 1 分。

A12. 对规章审查请求和解释请求依法处理（1 分）

经综合考察，未查询到有国家机关、社会团体等主体提出规章审查请求或规章解释请求的信息，视为依法处理。本项得 1 分。

B. 立法结果
B01. 根据社会需要制定一定数量的规章（4 分）

经网络检索，2019 年，江门市政府完成了 1 部规章《江门市地名管理办法》的修订。本项得 4 分。

C. 立法内容

本观察报告抽取《江门市地名管理办法》为考察对象，进行立法内容方面的观察。

C01. 规章内容符合法治精神、法治原则，有上位法依据（24 分）

《江门市地名管理办法》第八条第二款规定："负有地名管理职责的主管部门应当将处理违反地名管理规定的单位和个人违法信息录入公共信用信息平台，并及时向社会公布。"

《立法法》第八十二条规定，设区的市、自治州的人民政府制定地方政府规章限于城乡建设与管理、环境保护、历史文化保护等方面的事项。没有法律、行政法规、地方性法规的依据，地方政府规章不得设定减损公民、法人和其他组织权利或者增加其义务的规范。《行政处罚法》第十三条规定："省、自治区、直辖市人民政府和省、自治区人民政府所在地的市人民政府以及经国务院批准的较大的市人民政府制定的规章可以在法律、法规规定的给予行政处罚的行为、种类和幅度的范围内作出具体规定。尚未制定法律、法规的，前款规定的人民政府制定的规章对违反行政管理秩序的行为，可以设定警告或者一定数量罚款的行政处罚。罚款的限额由省、自治区、直辖市人民代表大会常务委员会规定。"《地名管理条例实施细则》第三十二条规定："各级地名管理部门应当加强地名工作的管理、监督和检查。对擅自命名、更名或使用不规范地名的单位和个人，应发送违章使用地名通知书，限期纠正；对逾期不改或情节严重、造成不良后果者，地名管理部门应根据有关规定，对其进行处罚。"《地名管理条例实施细则》第三十三条规定："地名标志为国家法定的标志物。对损坏地名标志的，地名管理部门责令其赔偿；对偷窃、故意损毁或擅自移动地名标志的，地名管理部门报请有关部门，依据《治安管理处罚条例》的规定予以处罚；情节恶劣、后果严重触犯刑律的，依法追究刑事责任。"

经比对，认为江门市政府应当在《地方组织法》第三十五条和《立法法》第八十二条等法律法规规定的合法权限范围内制定规章。将私主体违法信息录入公共信用信息平台并实施信用惩戒属于减损公民、法人或其他组织合法权益的行为，具有处罚性质。但根据《行政处罚法》第十三条对地方政府制定规章设定行政处罚的规定，只能在上位法规定的行政处罚种类、幅度等范围内进行细化，或者在无上位法规定相关行政处罚的情形下设置警告或一定数额的罚款两种行政处罚。信用惩戒行为目前还没有法律或行政法规、规章设定对此进行种类、幅度上的规定；据此认为本条款的设置存在超越立法权限之嫌。此外，《江门市地名管理办法》的上位法，如《地名管理条例实施细则》，也已经对地名管理应当给予的处罚就行为、种类、幅度作出了规定，故认为《江门市地名管理办法》的本项条款设置也缺乏上位法依据支撑。本项得 18 分。

C02. 规章内部条款之间、规章与本级政府制定的其他规章之间的协调（3 分）

经比对，未发现《江门市地名管理办法》内部条款之间、规章与本级政府制定的其他规章之间存在冲突等不协调的情形。本项得 3 分。

C03. 规章内容具有可操作性（2 分）

经比对，《江门市地名管理办法》的强制性条款均具有可操作性。本项得 2 分。

C04. 规章名称科学（1 分）

经比对，《江门市地名管理办法》名称准确、简洁，明确了规章适用范围，符合技术规范要求。本项得 1 分。

C05. 规章结构合理（1 分）

经比对，《江门市地名管理办法》的规章体系结构符合立法技术规范要求。本项得 1 分。

C06. 规章语言文字符合技术规范（1 分）

经比对，《江门市地名管理办法》的语言文字均符合技术规范要求。本项得 1 分。

D. 立法公开

D01. 设有专门的立法网站或在政府门户网站设有立法专栏（3 分）

经网络检索，江门市政府网站没设立专门的立法网站或立法专栏。本项得 0 分。

D02. 规章制定年度工作计划向社会公开（2 分）

经网络检索，江门市政府网站于 2019 年 1 月 9 日向社会发布《江门市人民政府办公室关于印发江门市 2019 年度政府规章制定计划的通知》。本项得 2 分。

D03. 规章制定年度工作计划项目变化时及时向社会公开说明（2 分）

经网络检索，江门市政府年内规章计划没有调整。本项得 2 分。

D04. 公开规章草案并附立法说明（8 分）

经网络检索，江门市政府网站公开了《江门市气象灾害防御规定（草案送审稿）》及其立法说明；立法说明包含制定背景介绍（制定过程）、制定必要性与可行性分析、制定的依据、草案的主要内容，但缺少对个别条款的说明。本项得 6 分。

D05. 规章文本依法向社会公布（2 分）

经网络检索，已公布的规章均在政府门户网站和政府公报中公布，符合按照法定形式公布文本的要求。本项得 2 分。

D06. 在地方人大、政府或政府法制机构门户网站建立具有检索功能的地方立法数据库或提供数据库外部链接（6 分）

经网络检索，江门市政府网站于"政务公开"板块下的"法规公文"栏目按照"市政府文件""部门文件""涉企扶持政策""国家法律法规"和"省级文件"分类分别提供了相应的数据库链接。其中"市政府文件"相应的数据库为江门市政府"政府信息公开指南"，其中专设"规章文件"栏目；"国家法律法规"对应的外部数据库为"中国政府法制信息网"；"省级文件"对应的外部数据库为广东省政府的政务公开文件库。本项得 6 分。

D07. 地方立法数据库或相应外部链接收录的地方立法文本齐全（4 分）

经网络检索，江门市提供的外部网络链接按类型完整收录了所有规章文件。本项得 4 分。

D08. 地方立法工作总结向社会公布（2 分）

经网络检索，《江门市人民政府关于 2019 年度法治政府建设情况的报告》专门就地方立法工作进行了总结。本项得 2 分。

E. 立法机制完善

E01. 建立立法民主协商制度（1分）

经网络检索，未查询到江门市政府建立立法民主协商制度的信息。本项得 0 分。

E02. 建立立法基层联系点制度（1分）

经网络检索，江门市政府已建立起立法基层联系点若干；基层联系点工作办法正在起草中。本项得 1 分。

E03. 建立立法专家顾问制度并实施（2分）

经网络检索，江门市政府已建立立法专家顾问制度并付诸实施。本项得 2 分。

E04. 建立规章制定后评估制度（1分）

经网络检索，根据《江门市人民政府拟定地方性法规草案和制定政府规章程序规定》第五十五条的规定，已建立规章制定后评估制度。本项得 1 分。

E05. 实施规章制定后评估，并将评估情况向社会公开（1分）

经网络检索，江门市已实施规章制定后评估，但未查询到评估报告相关信息。本项得 0 分。

E06. 建立规章清理制度（1分）

经网络检索，根据《江门市人民政府拟定地方性法规草案和制定政府规章程序规定》第五十四条的规定，已建立规章清理制度。本项得 1 分。

E07. 实施规章清理，并将规章清理情况向社会公开（1分）

经网络检索，已公开信息显示江门市司法局实施了规章清理工作，但未查询到具体规章清理情况的信息。本项得 0 分。

二 问题与建议

本年度政府立法观察，江门市政府得 80 分。

2019 年，江门市政府立法工作存在的主要问题是：（1）立法公开的内容有所欠缺。《江门市人民政府关于 2019 年度法治政府建设情况的报告》总结所述的立法论证活动、立法后评估工作报告以及规章清理工作情况等都未得到完整公开。(2) 规章制定计划未如期完成。年内审议公布的《江门市地名管理办法》属于 2018 年规章制定工作计划；2019 年规章制定工作计划规定《江门市气象灾害防御规定》应当于 2019 年 6 月报送市政府，但年内仅完成草案送审稿的公开征求意见工作，2020 年 3 月才审议通过、公布。

  针对以上问题，建议江门市政府未来在规章制定工作中可以从以下方面着力：(1) 充分利用政府信息公开平台，及时准确发布地方立法过程中的工作进展情况，增加对各项立法工作制度和立法调研、座谈会等工作动态的公开，做到信息公开更全面，更阳光，更透明。(2) 在保证立法质量的前提下，提升立法工作效率，确保各项立法工作进度安排合理，及时完成年度规章制定工作计划。

（撰稿：广东外语外贸大学　刘子婧）
（审定：广东省司法厅法治调研处　黄涛涛）

第十五章

阳江市人民政府
年度立法观察报告(2020)

一 观察评估

A. 立法程序

A01. 向社会公开征集立法项目建议并反馈（2分）

经网络检索，阳江市政府于2018年9月5日向社会公开征集立法项目建议，但并未发现有对社会公开征集的立法项目建议进行反馈。本项得1分。

A02. 对规章立项申请与公开征集的项目建议进行论证评估（2分）

经网络检索，未发现阳江市政府对规章立项申请与公开征集的项目建议进行论证评估。本项得0分。

A03. 制定规章制定年度工作计划（2分）

经网络检索，阳江市政府没有规章制定年度工作计划。本项得0分。

A04. 规章制定年度工作计划载明规章的名称、起草单位、完成时间（3分）

经网络检索，阳江市政府没有规章制定年度工作计划，没有规章名称、起草单位、完成时间等。本项得0分。

A05. 规章制定年度工作计划执行情况（3分）

经综合考察，阳江市政府没有规章制定年度工作计划，没有规章制定年度工作计划的执行情况。本项得0分。

A06. 规章起草过程中听取社会公众的意见（2分）

经网络检索，阳江市政府没有制定并通过新的规章，视为在规章起草过程中听取了社会公众的意见。本项得2分。

A07. 与市场主体生产经营活动密切相关的规章起草过程中听取市场主体的意见（1分）

经网络检索，阳江市政府没有制定并通过新的规章，视为其在与市场主体生产经营活动密切相关的规章起草过程中听取市场主体的意见。本项得1分。

A08. 规章草案向社会公开征求意见并反馈（5分）

经网络检索，阳江市政府2019年没有制定并通过新的规章，视为阳江市有将规章草案向社会公开征求意见并反馈。本项得5分。

A09. 规章草案向社会公开征求意见的期限不少于30日（3分）

经网络检索，阳江市政府2019年没有制定并通过新的规章，视为其规章草案向社会公开征求意见的期限不少于30日。本项得3分。

A10. 法制机构采取实地调研、座谈会、论证会、听证会、委托研究等形式听取各方对规章送审稿的意见（2分）

经网络检索，阳江市政府2019年没有制定并通过新的规章，视为阳江市法制机构有采取实地调研、座谈会、论证会、听证会、委托研究等形式听取各方对规章送审稿的意见。本项得2分。

A11. 规章自公布之日起30日后施行（1分）

经网络检索，阳江市2019年没有新的规章制定完成并公布，视为其规章是自公布之日起30日后施行。本项得1分。

A12. 对规章审查请求和解释请求依法处理（1分）

经综合考察，未发现2019年阳江市有收到规章审查请求和解释请求，视为已经依法处理。本项得1分。

B. 立法结果

B01. 根据社会需要制定一定数量的规章（4分）

经网络检索，2019年，阳江市未制定并通过新的规章（含制定、修改）。本项得0分。

C. 立法内容

经网络检索，2019年，阳江市未制定并通过新的规章（含制定、修改）。C 部分以总分 60% 计算，得 19 分。

D. 立法公开

D01. 设有专门的立法网站或在政府门户网站设有立法专栏（3 分）

经网络检索，阳江市在其政府门户网站设有立法专栏。本项得 3 分。

D02. 规章制定年度工作计划向社会公开（2 分）

经网络检索，阳江市政府没有制定年度工作计划。本项得 0 分。

D03. 规章制定年度工作计划项目变化时及时向社会公开说明（2 分）

经网络检索，阳江市政府没有制定年度工作计划，也没有变化。本项得 2 分。

D04. 公开规章草案并附立法说明（8 分）

经网络检索，阳江市 2019 年没有制定并通过新的规章，视为其有公开规章草案并附立法说明。本项得 8 分。

D05. 规章文本依法向社会公布（2 分）

经网络检索，所有规章文本在阳江政府网站和阳江政府公报公布。本项得 2 分。

D06. 在地方人大、政府或政府法制机构门户网站建立具有检索功能的地方立法数据库或提供数据库外部链接（6 分）

经网络检索，阳江市政府网站有建立具有检索功能的地方立法数据库或相应的外部网络链接，但不能按照规章颁布年份、效力进行检索。本项得 2 分。

D07. 地方立法数据库或相应外部链接收录的地方立法文本齐全（4 分）

经网络检索，阳江市地方立法数据库或相应外部网络链接收录的地方立法文本齐全。本项得 4 分。

D08. 地方立法工作总结向社会公布（2 分）

经网络检索，未找到阳江市政府立法工作总结。本项得 0 分。

E. 立法机制完善

E01. 建立立法民主协商制度（1 分）

经网络检索，未发现阳江市建立了立法民主协商制度。本项得 0 分。

E02. 建立立法基层联系点制度（1分）

经网络检索，阳江市建立了立法基层联系点制度。本项得1分。

E03. 建立立法专家顾问制度并实施（2分）

经网络检索，未发现阳江市建立了立法顾问制度。本项得0分。

E04. 建立规章制定后评估制度（1分）

经网络检索，根据《阳江市人民政府制定规章程序办法》第六章第五十二条，阳江市政府已建立规章制定后评估制度。本项得1分。

E05. 实施规章制定后评估，并将评估情况向社会公开（1分）

经网络检索，阳江市当前暂未出现需要规章制定后评估情形，因此视为已经进行评估。本项得1分。

E06. 建立规章清理制度（1分）

经网络检索，根据《阳江市人民政府制定规章程序办法》第六章第五十二条，阳江市政府已建立规章清理制度。本项得1分。

E07. 实施规章清理，并将规章清理情况向社会公开（1分）

经网络查询，阳江市当前暂未出现需要规章清理情形，因此视为已经进行清理。本项得1分。

二　问题与建议

本年度政府立法观察，阳江市政府得61分。

2019年，阳江市没有制定（含制定、修改）并通过新的规章，也没有正在征求意见或处于送审阶段的规章。阳江市政府立法工作存在的主要问题是：（1）没有制定规章制定工作计划、立法总结。阳江市没有制定规章年度计划，没有很好地发挥地方立法权。（2）没有制定规章，大多都是规范性文件。阳江市2019年度没有进行新的立法项目。（3）政府网站没有完善数据库或外部网络链接的建设。阳江市政府网站中有收录政府规章和规范性文件，但却不能按照规章颁布年份、效力进行检索。

针对以上问题，建议阳江市政府未来规章制定可以从以下三个方面着力：（1）制定年度立法工作计划，并严格按照规划及计划的既定项目逐一落实，在年末对立法工作进行总结，坚持科学、民主、依法的前提下扎实推进立法工作的开展。（2）增强政府法制机构的独立性以及工作人员的配备。政府法制机构作为政府的重要力量，对保证行政立法的合法性、规范性有重要的作用，有助于进一步提高行政立法的质量。（3）加强对政府门户网站的建设。应将所有的地方立法文本收录完全，并按照规章颁布年份、效力以及类型进行归类，完善规章立法数据库的投入。

（撰稿：广东外语外贸大学　徐洁荧）
（审定：广东省司法厅行政执法监督处　曾　洁）

第十六章

湛江市人民政府年度立法观察报告(2020)

一 观察评估

A. 立法程序

A01. 向社会公开征集立法项目建议并反馈（2分）

经网络检索，湛江市政府已向社会公开征集立法项目建议，但未检索到相关的反馈信息。本项得1分。

A02. 对规章立项申请与公开征集的项目建议进行论证评估（2分）

经网络检索，未查询到湛江市政府就公开征集的项目建议进行论证评估的信息。本项得0分。

A03. 制定规章制定年度工作计划（2分）

经网络检索，湛江市政府向社会公布了2019年度公开规章制定年度工作计划。本项得2分。

A04. 规章制定年度工作计划载明规章的名称、起草单位、完成时间（3分）

经网络检索，《湛江市人民政府2019年规章和规范性文件制定计划》载明规章的名称、起草单位、完成时间。本项得3分。

A05. 规章制定年度工作计划执行情况（3分）

经综合考察，湛江市政府全面及时地完成了规章制定年度工作计划。本项得3分。

A06. 规章起草过程中听取社会公众的意见（2 分）

经网络检索，湛江市政府在起草规章过程中，均有按照程序规定，听取社会公众的意见。本项得 2 分。

A07. 与市场主体生产经营活动密切相关的规章起草过程中听取市场主体的意见（1 分）

经网络检索，湛江市政府在起草规章的过程中有听取市场主体的意见。本项得 1 分。

A08. 规章草案向社会公开征求意见并反馈（5 分）

经网络检索，湛江市政府在制定《湛江市既有住宅增设电梯暂行办法》草案时，向社会公开征求意见并且在其门户网站上反馈信息，但《湛江市渡口渡船安全管理实施办法（草案稿）》并未向社会公开征求意见并反馈。本项得 4 分。

A09. 规章草案向社会公开征求意见的期限不少于 30 日（3 分）

经网络检索，湛江市政府制定《湛江市既有住宅增设电梯暂行办法》草案向社会公开征求意见的期限不少于 30 日，但《湛江市渡口渡船安全管理实施办法（草案稿）》并未向社会公开征求意见。本项得 2 分。

A10. 法制机构采取实地调研、座谈会、论证会、听证会、委托研究等形式听取各方对规章送审稿的意见（2 分）

经网络检索，未查询到湛江市法制机构采取实地调研、座谈会、论证会、听证会、委托研究等形式听取各方对规章送审稿的意见的信息。本项得 0 分。

A11. 规章自公布之日起 30 日后施行（1 分）

经网络检索，湛江市政府制定的规章均从公布之日起满 30 日后实施。本项得 1 分。

A12. 对规章审查请求和解释请求依法处理（1 分）

经网络检索，未发现有对湛江市政府制定的规章审查请求和解释请求。视为已经依法处理。本项得 1 分。

B. 立法结果

B01. 根据社会需要制定一定数量的规章（4 分）

经网络检索，湛江市政府于 2019 年通过了 2 部规章：《湛江市渡口渡船安全管理实施办法》《湛江市既有住宅增设电梯暂行办法》。本项得

4 分。

C. 立法内容

本观察报告抽取湛江市政府第十四届 60 次常务会议审议通过，于 2020 年 2 月 1 日起施行的《湛江市既有住宅增设电梯暂行办法》为考察对象，进行立法内容方面的观察。

C01. 规章内容符合法治精神、法治原则，有上位法依据（24 分）

经比对，《湛江市既有住宅增设电梯暂行办法》内容符合法治精神、法治原则，有上位法依据。本项得 24 分。

C02. 规章内部条款之间、规章与本级政府制定的其他规章之间的协调（3 分）

经比对，《湛江市既有住宅增设电梯暂行办法》内部不存在矛盾与冲突等不协调，且规章内容与本级政府其他规章不存在不协调。本项得 3 分。

C03. 规章内容具有可操作性（2 分）

经比对，《湛江市既有住宅增设电梯暂行办法》内容具有可操作性。本项得 2 分。

C04. 规章名称科学（1 分）

经比对，《湛江市既有住宅增设电梯暂行办法》的名称科学。本项得 1 分。

C05. 规章结构合理（1 分）

经比对，《湛江市既有住宅增设电梯暂行办法》中关于"违规加装电梯的法律责任的规定"有待进一步明确，同《规章制定程序条例》第七条、第八条，《广东省人民政府法规规章起草工作规定》第五条的相关要求有一定差距。本项得 0 分。

C06. 规章语言文字符合技术规范（1 分）

经检索、比对，《湛江市既有住宅增设电梯暂行办法》的语言文字符合技术规范。本项得 1 分。

D. 立法公开

D01. 设有专门的立法网站或在政府门户网站设有立法专栏（3 分）

经网络检索，湛江市政府没有设专门的立法网站或在政府门户网站设有立法专栏。本项得 0 分。

D02. 规章制定年度工作计划向社会公开（2 分）

经网络检索，湛江市政府有向社会公开规章制定年度工作计划。本项得 2 分。

D03. 规章制定年度工作计划项目变化时及时向社会公开说明（2 分）

经网络检索，未发现湛江市政府规章制定工作计划项目有变化。本项得 2 分。

D04. 公开规章草案并附立法说明（8 分）

经网络检索，湛江市政府在制定《湛江市既有住宅增设电梯暂行办法》时有向社会公开征求意见均附有立法说明，并且包括立法必要性、制定过程、主要内容和个别条款的说明等内容，但《湛江市渡口渡船安全管理实施办法》并没有公开规章草案并附立法说明。本项得 4 分。

D05. 规章文本依法向社会公布（2 分）

经网络检索，湛江市政府所有规章文本按照《立法法》《规章制定程序条例》及相关政府立法程序规则规定的法定形式（政府门户网站和政府公报）公布。本项得 2 分。

D06. 在地方人大、政府或政府法制机构门户网站建立具有检索功能的地方立法数据库或提供数据库外部链接（6 分）

经网络检索，湛江市人大、政府或政府法制机构门户网站未建立具有检索功能的地方立法数据库或提供数据库外部链接。本项得 0 分。

D07. 地方立法数据库或相应外部链接收录的地方立法文本齐全（4 分）

经网络检索，湛江市人大、政府或政府法制机构门户网站未建立具有检索功能的地方立法数据库或提供数据库外部链接。本项得 0 分。

D08. 地方立法工作总结向社会公布（2 分）

经网络检索，湛江市政府于 2019 年 12 月 30 日发布《湛江市人民政府 2019 年度法治政府建设情况报告》总结了 2019 年的立法工作。本项得 2 分。

E. 立法机制完善

E01. 建立立法民主协商制度（1 分）

经网络检索，湛江市政府已建立立法民主协商制度。本项得 1 分。

E02. 建立立法基层联系点制度（1分）

经网络检索，湛江市政府建立了立法基层联系点制度。本项得1分。

E03. 建立立法专家顾问制度并实施（2分）

经网络检索，湛江市政府建立了立法专家顾问制度并实施。本项得2分。

E04. 建立规章制定后评估制度（1分）

经网络检索，未查询到湛江市政府建立规章制定后评估制度。本项得0分。

E05. 实施规章制定后评估，并将评估情况向社会公开（1分）

经网络检索，未查询到湛江市政府实施规章制定后评估并向社会公布评估执行情况的信息。本项得0分。

E06. 建立规章清理制度（1分）

经网络检索，湛江市政府已建立规章清理制度。本项得1分。

E07. 实施规章清理，并将规章清理情况向社会公开（1分）

经网络检索，湛江市政府实施规章清理并将规章清理情况向社会公开。本项得1分。

二 问题与建议

本年度政府立法观察，湛江市政府得73分。

2019年，湛江市政府立法工作存在的主要问题是：（1）虽有对外公布征求规章立项计划的建议，但未对该立项计划作进一步的反馈公告。（2）立法信息公开的力度和相关网站建设工作还需要加强。（3）立法后评估制度的建立与落实有待提高。

针对年度观察中发现的问题，建议湛江市政府未来规章制定可以从以下五个方面着力：（1）加紧健全立法规划征求及意见反馈公告的工作之流程，完善规章制定年度计划的内容，按时向社会公开。（2）严格按照规划及计划的既定项目逐一落实立法建设工作，使司法工作人员在履职过程中有法可依，使广大群众有明确的行为规范指引。（3）进一步建立健全立法公开平台、强化政府网站建设和管理、做到定期更新，按月维护，保证政府立法信息公开的准确性、及时性、全面性。（4）规范新媒体政务信息发布格式，维护法制的权威。（5）强化立法后评估制度建设与落实，推进规章的清理工作常规化、制度化。

（撰稿：广东外语外贸大学　陈思彤）
（审定：吉林大学法学院　方学勇）

第十七章

茂名市人民政府
年度立法观察报告（2020）

一 观察评估

A. 立法程序

A01. 向社会公开征集立法项目建议并反馈（2分）

经网络检索，2018年7月26日，茂名市法制局发布了《茂名市法制局关于征集2019年度地方性法规和政府规章立法建议项目的公告》，未查询到反馈情况。本项得1分。

A02. 对规章立项申请与公开征集的项目建议进行论证评估（2分）

经网络检索，未查询到茂名市对规章立项申请与公开征集的项目建议进行论证评估的相关信息。本项得0分。

A03. 制定规章制定年度工作计划（2分）

经网络检索，茂名市政府办公室于2018年12月18日向社会公布了《茂名市人民政府办公室关于印发〈茂名市人民政府2019年制订规章计划〉的通知》。本项得2分。

A04. 规章制定年度工作计划载明规章的名称、起草单位、完成时间（3分）

经网络检索，《茂名市人民政府办公室关于印发〈茂名市人民政府2019年制订规章计划〉的通知》载明2项年内完成项目，包括《茂名市物业管理办法》《茂名市不可移动文物修缮工程管理规定》；载明1项预备项目，为《茂名市户外广告设施和招牌设置管理规定》。以上项目均载明规章名称、起草单位，并注明"年内"完成。本项得 3 分。

A05. 规章制定年度工作计划执行情况（3 分）

经综合考察，2019 年计划年内完成项目 2 项，均未完成。其中，《茂名市物业管理办法》在 2019 年 12 月 18 日完成送审稿征求意见工作；《茂名市不可移动文物修缮工程管理规定》在 2019 年 12 月 24 日完成送审稿征求意见工作。本项得 1 分。

A06. 规章起草过程中听取社会公众的意见（2 分）

经网络检索，《茂名市物业管理办法》《茂名市不可移动文物修缮工程管理规定》等规章举行过听证会、座谈会、论证会。本项得 2 分。

A07. 与市场主体生产经营活动密切相关的规章起草过程中听取市场主体的意见（1 分）

经网络检索，暂未查询到规章起草规过程中听取市场主体的意见的内容。本项得 0 分。

A08. 规章草案向社会公开征求意见并反馈（5 分）

经网络查询，2019 年度内发布的规章草案均能在茂名市司法局门户网站向社会公开征求意见并反馈。本项 5 分。

A09. 规章草案向社会公开征求意见的期限不少于 30 日（3 分）

经网络检索，规章草案向社会公开征求意见的期限均未少于 30 日。本项得 3 分。

A10. 法制机构采取实地调研、座谈会、论证会、听证会、委托研究等形式听取各方对规章送审稿的意见（2 分）

经网络检索，茂名市司法局发布了公开征求《茂名市物业管理办法（送审稿）》和《茂名市不可移动文物修缮工程管理规定（送审稿）》意见的公告，但未采取实地调研、座谈会、论证会、听证会、委托研究等任何一种形式主动听取各方意见。本项得 0 分。

A11. 规章自公布之日起 30 日后施行（1 分）

经网络检索，本年度出台规章公布后所载明的施行日期均满足不少于 30 日的要求。本项得 1 分。

A12. 对规章审查请求和解释请求依法处理（1 分）

经综合考察，未发现政府收到规章审查请求或有国家机关、社会组织提出规章解释请求的信息，视为依法处理。本项得 1 分。

B. 立法结果

B01. 根据社会需要制定一定数量的规章（4 分）

经网络检索，2019 年，茂名市政府制定规章 1 件：《茂名市城市道路管理规定》。本项得 4 分。

C. 立法内容

本观察报告抽取《茂名市城市道路管理规定》为考察对象，进行立法内容方面的观察。

C01. 规章内容符合法治精神、法治原则，有上位法依据（24 分）

《茂名市城市道路管理规定》第三十四条"挖掘城市道路，应当持自然资源行政主管部门的审批文件向城市道路行政主管部门申请办理挖掘道路审批手续，经批准并依法交纳城市道路挖掘修复费，领取道路挖掘行政许可文件后，方可挖掘。"

《城市道路管理条例》第三十三条规定"因工程建设需要挖掘城市道路的，应当持城市规划部门批准签发的文件和有关设计文件，到市政工程行政主管部门和公安交通管理部门办理审批手续，方可按照规定挖掘。"

经比对，《城市道路管理条例》明确规定该条适用的前提是因工程建设实施挖掘，《茂名市城市道路管理规定》扩展了违法的适用范围。本项得 18 分。

C02. 规章内部条款之间、规章与本级政府制定的其他规章之间的协调（3 分）

经比对，未发现《茂名市城市道路管理规定》内部条款之间、规章与本级政府制定的其他规章之间存在冲突等不协调的情形。本项得 3 分。

C03. 规章内容具有可操作性（2 分）

经比对，《茂名市城市道路管理规定》的强制性条款均具有可操作性。本项得 2 分。

C04. 规章名称科学（1 分）

经比对，《茂名市城市道路管理规定》的名称科学。本项得 1 分。

C05. 规章结构合理（1 分）

经比对，《茂名市城市道路管理规定》的章节内容权力义务规定合理，能做到权责一致，且能按照各条款内容依次排列，规章的条款、构成要件和法律效果齐备。本项得 1 分。

C06. 规章语言文字符合技术规范（1 分）

经比对，《茂名市城市道路管理规定》语言文字符合技术规范。本项得 1 分。

D. 立法公开

D01. 设有专门的立法网站或在政府门户网站设有立法专栏（3 分）

经网络检索，未查询到茂名市政府网站设有立法专栏。本项得 0 分。

D02. 规章制定年度工作计划向社会公开（2 分）

经网络检索，茂名市政府办公室于 2018 年 12 月 18 日向社会公布了《茂名市人民政府办公室关于印发〈茂名市人民政府 2019 年制订规章计划〉的通知》。本项得 2 分。

D03. 规章制定年度工作计划项目变化时及时向社会公开说明（2 分）

经网络检索，茂名市政府年内规章计划没有调整。本项得 2 分。

D04. 公开规章草案并附立法说明（8 分）

经网络检索，《茂名市物业管理办法》《茂名市不可移动文物修缮工程管理规定》规章草案都附有立法说明，但二者均缺少个别条款说明。本项得 6 分。

D05. 规章文本依法向社会公布（2 分）

经网络检索，已公布的规章均在政府门户网站和政府公报中公布，符合按照法定形式公布文本的要求。本项得 2 分。

D06. 在地方人大、政府或政府法制机构门户网站建立具有检索功能的地方立法数据库或提供数据外部链接（6 分）

经网络检索，茂名市政府网站有"政策法规"一栏，但是不能按照颁布年份、效力以及类型进行检索。本项得 0 分。

D07. 地方立法数据库或相应外部链接收录的地方立法文本齐全（4 分）

经网络检索，茂名市政府网站中的"政务公开"板块下的"政策法规"完整收录了所有规章文件。本项得 4 分。

D08. 地方立法工作总结向社会公布（2 分）

经网络检索，2020 年 1 月 22 日，茂名市政府发布《茂名市 2019 年法治政府建设情况报告》《2020 年茂名市政府工作报告》，其中包含 2019 年立法工作总结。本项得 2 分。

E. 立法机制完善

E01. 建立立法民主协商制度（1 分）

经网络检索，未查询到茂名市政府建立立法民主协商制度的相关信息。本项得 0 分。

E02. 建立立法基层联系点制度（1 分）

经网络检索，未查询到茂名市政府建立立法基层联系点制度的相关信息。本项得 0 分。

E03. 建立立法专家顾问制度并实施（2 分）

经网络检索，未查询到茂名市建立了立法专家顾问制度。本项得 0 分。

E04. 建立规章制定后评估制度（1 分）

经网络检索，根据《茂名市人民政府拟定地方性法规草案和制定政府规章程序规定》第六章第四十九条，茂名市已经建立了规章制定后评估制度。本项得 1 分。

E05. 实施规章制定后评估，并将评估情况向社会公开（1 分）

经网络检索，按照规章立法后评估制度规定，茂名市本年度不需要进行规章立法后评估，视为已经进行评估。本项得 1 分。

E06. 建立规章清理制度（1 分）

经网络检索，根据《茂名市人民政府拟定地方性法规草案和制定政府规章程序规定》第六章第五十条，茂名市已经建立了规章清理制度。本项得 1 分。

E07. 实施规章清理，并将规章清理情况向社会公开（1 分）

经网络检索，根据规章清理制度的规定，茂名市本年度不需要实施规章清理，视同完成清理工作。本项得 1 分。

二　问题与建议

本年度政府立法观察，茂名市政府得 71 分。

2019 年，茂名市政府立法工作存在的主要问题是：（1）在立法规划方面，年度立法计划未落实。《茂名市人民政府2019年制订规章计划》的审议项目共2项，分别为《茂名市物业管理办法》《茂名市不可移动文物修缮工程管理规定》。但截至2019年底，所有计划内规章均未完成相关工作任务。（2）立法公开方面，茂名市政府官方网站地方立法数据库或建立相应的外部网络链接收录的地方立法文本并不齐全；官方网站建立了地方立法数据库，但是不能按照法规效力以及法规类型进行检索。（3）在立法科学性方面，未对规章送审稿采取实地调研、听证会、论证会等各种形式听取意见。

针对年度观察中发现的问题，建议茂名市政府未来在规章制定工作中可以从以下几个方面着力：（1）进一步完善相关立法工作机制。严格按照立法计划推进规章制定工作。（2）严格推行立法公开，将立法起草（含修改、废止）全过程及其立法说明向社会公开，保障公民的知情权和监督权。（3）严格遵循相关程序规定，规章起草、制定过程中，通过召开论证会、听证会等形式听取各方意见，并及时反馈，以调整规章文本，使之符合科学立法、民主立法、依法立法要求。（4）遵循民主、科学立法的要求，加快推进民主协商制度的建立，吸收立法咨询专家，建立专家论证制度，以提高立法科学性。

（撰稿：广东外语外贸大学　刘珠敏）
（审定：吉林大学法学院　方学勇）

第十八章

汕尾市人民政府
年度立法观察报告(2020)

一 观察评估

A. 立法程序

A01. 向社会公开征集立法项目建议并反馈（2分）

经网络检索，未查询到汕尾市向社会公开征集立法项目建议并反馈的信息。本项得 0 分。

A02. 对规章立项申请与公开征集的项目建议进行论证评估（2分）

经网络检索，未查询到汕尾市对规章立项申请与公开征集的项目建议进行论证评估的相关信息。本项得 0 分。

A03. 制定规章制定年度工作计划（2分）

经网络检索，汕尾市政府办公室于 2019 年 8 月 22 日印发了《汕尾市人民政府办公室关于印发〈汕尾市人民政府 2019 年政府规章制定计划〉的通知》，该《通知》载明年内完成项目（2项），预备项目（1项）。本项得 2 分。

A04. 规章制定年度工作计划载明规章的名称、起草单位、完成时间（3分）

经网络检索，《汕尾市人民政府办公室关于印发〈汕尾市人民政府 2019 年政府规章制定计划〉的通知》载明 2 项年内完成项目，包括《汕尾市人民政府拟定地方性法规草案和制定政府规章程序规定》《汕尾市违法建设治理办法》；载明 1 项预备项目，为《汕尾市城市节约用水管理办法》。以上项目均载明规章名称、起草单位，并注明"年内"完成。本项得 3 分。

A05. 规章制定年度工作计划执行情况（3 分）

经综合考察，2019 年计划年内完成项目 2 项，已完成 1 项，即《汕尾市人民政府拟定地方性法规草案和制定政府规章程序规定》，还有 1 项未完成，即《汕尾市违法建设治理办法》。本项得 2 分。

A06. 规章起草过程中听取社会公众的意见（2 分）

经网络检索，2019 年 8 月 12 日，汕尾市司法局举办《汕尾市违法建设治理办法》座谈会。本项得 2 分。

A07. 与市场主体生产经营活动密切相关的规章起草过程中听取市场主体的意见（1 分）

经网络检索，未查询到《汕尾市违法建设治理办法》在起草过程中听取市场主体的意见。本项得 0 分。

A08. 规章草案向社会公开征求意见并反馈（5 分）

经网络查询，2019 年度内发布的规章草案均能在汕尾市司法局门户网站向社会公开征求意见，但未查询到相关反馈信息。本项得 3 分。

A09. 规章草案向社会公开征求意见的期限不少于 30 日（3 分）

经网络检索，规章草案向社会公开征求意见的期限均未少于 30 日。本项得 3 分。

A10. 法制机构采取实地调研、座谈会、论证会、听证会、委托研究等形式听取各方对规章送审稿的意见（2 分）

经网络检索，未查询到汕尾市采取实地调研、座谈会、论证会、听证会、委托研究等任何一种形式主动听取各方意见。本项得 0 分。

A11. 规章自公布之日起 30 日后施行（1 分）

经网络检索，本年度出台规章公布后所载明的施行日期均满足不少于 30 日的要求。本项得 1 分。

A12. 对规章审查请求和解释请求依法处理（1 分）

经综合考察，未发现政府收到规章审查请求或有国家机关、社会组织提出规章解释请求的信息，视为依法处理。本项得 1 分。

B. 立法结果

B01. 根据社会需要制定一定数量的规章（4分）

经网络检索，2019年，汕尾市政府制定规章1件：《汕尾市人民政府拟定地方性法规草案和制定政府规章程序规定》。本项得4分。

C. 立法内容

本观察报告抽取《汕尾市人民政府拟定地方性法规草案和制定政府规章程序规定》为考察对象，进行立法内容方面的观察。

C01. 规章内容符合法治精神、法治原则，有上位法依据（24分）

《汕尾市人民政府拟定地方性法规草案和制定政府规章程序规定》第三十九条第一款"市司法行政部门应当认真汇总、整理、研究各方面的意见，进行审查、论证，并对法规规章送审稿进行修改完善，形成地方性法规草案和政府规章草案以及对草案的说明。说明应当包括下列内容……"

《规章制定程序条例》第二十五条第一款规定"法制机构应当认真研究各方面的意见，与起草单位协商后，对规章送审稿进行修改，形成规章草案和对草案的说明。说明应当包括制定规章拟解决的主要问题、确立的主要措施以及与有关部门的协调情况等。"

经比对，《汕尾市人民政府拟定地方性法规草案和制定政府规章程序规定》第三十九条第一款规定与《规章制定程序条例》要求法制机构"与起草单位协商后，对规章送审稿进行修改"不一致。本项得18分。

C02. 规章内部条款之间、规章与本级政府制定的其他规章之间的协调（3分）

经比对，未发现《汕尾市人民政府拟定地方性法规草案和制定政府规章程序规定》内部条款之间、规章与本级政府制定的其他规章之间存在冲突等不协调的情形。本项得3分。

C03. 规章内容具有可操作性（2分）

经比对，《汕尾市人民政府拟定地方性法规草案和制定政府规章程序规定》的强制性条款均具有可操作性。本项得2分。

C04. 规章名称科学（1分）

经比对，《汕尾市人民政府拟定地方性法规草案和制定政府规章程序规定》的名称科学。本项得1分。

C05. 规章结构合理（1 分）

经比对，《汕尾市人民政府拟定地方性法规草案和制定政府规章程序规定》的章节内容权力义务规定合理，能做到权责一致，且能按照各条款内容依次排列，规章的条款、构成要件和法律效果齐备。本项得 1 分。

C06. 规章语言文字符合技术规范（1 分）

经比对，《汕尾市人民政府拟定地方性法规草案和制定政府规章程序规定》语言文字符合技术规范。本项得 1 分。

D. 立法公开

D01. 设有专门的立法网站或在政府门户网站设有立法专栏（3 分）

经网络检索，未查询到汕尾市政府网站设有立法专栏。本项得 0 分。

D02. 规章制定年度工作计划向社会公开（2 分）

经网络检索，汕尾市政府办公室于 2019 年 8 月 22 日向社会公布了《汕尾市人民政府办公室关于印发〈汕尾市人民政府 2019 年政府规章制定计划〉的通知》。本项得 2 分。

D03. 规章制定年度工作计划项目变化时及时向社会公开说明（2 分）

经网络检索，汕尾市政府年内规章计划没有调整。本项得 2 分。

D04. 公开规章草案并附立法说明（8 分）

经网络检索，《汕尾市人民政府拟定地方性法规草案和制定政府规章程序规定》《汕尾市违法建设治理办法》都附有立法说明，《汕尾市违法建设治理办法》立法说明缺少制定过程说明。本项得 7 分。

D05. 规章文本依法向社会公布（2 分）

经网络检索，已公布的规章均在政府门户网站和政府公报中公布，符合按照法定形式公布文本的要求。本项得 2 分。

D06. 在地方人大、政府或政府法制机构门户网站建立具有检索功能的地方立法数据库或提供数据外部链接（6 分）

经网络检索，未发现汕尾市政府或政府法制机构门户网站建立具有检索功能的地方立法数据库或提供数据外部链接。本项得 0 分。

D07. 地方立法数据库或相应外部链接收录的地方立法文本齐全（4 分）

经网络检索，未发现汕尾市政府或政府法制机构门户网站建立具有检索功能的地方立法数据库或提供数据外部链接。本项得 0 分。

D08. 地方立法工作总结向社会公布（2 分）

经网络检索，汕尾市政府门户网站中公布的《2019 年法治政府建设情况的报告》专门就地方立法工作进行了总结。本项得 2 分。

E. 立法机制完善

E01. 建立立法民主协商制度（1 分）

经网络检索，未查询到汕尾市政府建立立法民主协商制度的相关信息。本项得 0 分。

E02. 建立立法基层联系点制度（1 分）

经网络检索，2019 年 10 月 24 日，汕尾市政府网站公布了《汕尾市人民政府拟定地方性法规草案和制定政府规章程序规定》，建立了立法基层联系点制度。本项得 1 分。

E03. 建立立法专家顾问制度并实施（2 分）

经网络检索，未查询到汕尾市建立了立法专家顾问制度。本项得 0 分。

E04. 建立规章制定后评估制度（1 分）

经网络检索，根据《汕尾市人民政府拟定地方性法规草案和制定政府规章程序规定》第六章第五十条，汕尾市建立了规章制定后评估制度。本项得 1 分。

E05. 实施规章制定后评估，并将评估情况向社会公开（1 分）

经网络检索，按照规章立法后评估制度的规定，汕尾市本年度不需要进行规章立法后评估，视为已经进行评估。本项得 1 分。

E06. 建立规章清理制度（1 分）

经网络检索，根据《汕尾市人民政府拟定地方性法规草案和制定政府规章程序规定》第六章第五十一条，汕尾市已经建立了规章清理制度。本项得 1 分。

E07. 实施规章清理，并将规章清理情况向社会公开（1 分）

经网络检索，根据规章清理制度的规定，汕尾市本年度不需要实施规章清理，视同完成清理工作。本项得 1 分。

二　问题与建议

本年度政府立法观察，汕尾市政府得 67 分。

2019 年，汕尾市政府立法工作存在的主要问题是：（1）在立法规划方面，一是年度立法计划公布较晚。时过半年才公布立法计划，且未征求立法项目意见。二是年度立法计划未落实。《汕尾市人民政府 2019 年政府规章制定计划》的审议项目共 2 项，分别为《汕尾市人民政府拟定地方性法规草案和制定政府规章程序规定》《汕尾市违法建设治理办法》。但截至2019 年底，只完成了一部规章。（2）立法公开方面，汕尾市政府官方网站及司法局网站未查询到计划内规章征求意见的反馈。（3）在立法科学性方面，未检索到对规章送审稿采取实地调研、听证会、论证会等各种形式听取意见材料。（4）在立法后续工作中，虽有立法评估制度，未进行立法后评估，也未公布规章清理情况。

针对年度观察中发现的问题，建议汕尾市政府未来在规章制定工作中可以从以下四个方面着力：（1）进一步完善相关立法工作机制。及时公布年度立法计划，提高立法工作的体系性和科学性。（2）及时公开立法资料。（3）严格遵循相关程序规定，规章起草、制定过程中，采取多种形式听取各方意见，以符合科学立法、民主立法的要求。（3）重视立法民主协商及立法专家顾问制度的建设，提高立法民主性和立法科学性。

（撰稿：广东外语外贸大学　刘珠敏）
（审定：吉林大学法学院　方学勇）

第十九章

清远市人民政府
年度立法观察报告（2020）

一　观察评估

A. 立法程序

A01. 向社会公开征集立法项目建议并反馈（2分）

经网络检索，清远市政府未向社会公开征集2019年度立法项目建议。本项得0分。

A02. 对规章立项申请与公开征集的项目建议进行论证评估（2分）

经网络检索，清远市政府未向社会公开征集2019年度立法项目建议。本项得0分。

A03. 制定规章制定年度工作计划（2分）

经网络检索，清远市政府制定了年度工作计划，并通过其市政府官方网站向社会公布了《清远市人民政府2019年度规章制定计划》。本项得2分。

A04. 规章制定年度工作计划载明规章的名称、起草单位、完成时间（3分）

经网络检索，清远市政府在《清远市人民政府2019年度规章制定计划》中明确载明了《清远市在建违法建设查处办法》的名称、起草单位、完成时间等内容。本项得3分。

A05. 规章制定年度工作计划执行情况（3分）

经综合考察，《清远市人民政府2019年度规章制定计划》中清远市应在 2019 年年度内完成年度规章项目 1 件：《清远市在建违法建设查处办法》，应于 2019 年 9 月底前报送市委、市政府审定；原则上在 2019 年 12 月底前，市政府完成对该市政府规章的审定以及最终公布工作。实际上，《清远市在建违法建设查处办法（送审稿）》于 2019 年 9 月 25 日至 2019 年 10 月 25 日审查期间才向社会征求意见，于 2020 年 4 月 1 日开始实施。因此审查时间并未与计划完全相符。本项得 2 分。

A06. 规章起草过程中听取社会公众的意见（2 分）

经网络检索，未发现《清远市在建违法建设查处办法（征求意见稿）》在起草过程中召开了座谈会、论证会、听证会等形式听取社会公众的意见。本项得 0 分。

A07. 与市场主体生产经营活动密切相关的规章起草过程中听取市场主体的意见（1 分）

经网络检索，未发现《清远市在建违法建设查处办法（征求意见稿）》听取市场主体的意见。本项得 0 分。

A08. 规章草案向社会公开征求意见并反馈（5 分）

经网络检索，《清远市在建违法建设查处办法（征求意见稿）》于 2019 年 8 月 23 日至 2019 年 9 月 23 日向社会征求意见，并于 2020 年 1 月 19 日公布了《清远市在建违法建设查处办法（征求意见稿）》网上征求意见的反馈情况说明。本项得 5 分。

A09. 规章草案向社会公开征求意见的期限不少于 30 日（3 分）

经网络检索，已公开的规章草案送审稿意见期限均不少于 30 日。本项得 3 分。

A10. 法制机构采取实地调研、座谈会、论证会、听证会、委托研究等形式听取各方对规章送审稿的意见（2 分）

经网络检索，未发现清远市法制机构有采取实地调研、座谈会、论证会、听证会、委托研究等形式听取各方对《清远市在建违法建设查处办法（送审稿）》的意见。本项得 0 分。

A11. 规章自公布之日起 30 日后施行（1 分）

经网络检索，清远市制定的规章均在公布之日起 30 日后实施。本项得 1 分。

A12. 对规章审查请求和解释请求依法处理（1 分）

经综合考察，2019 年清远市并未收到规章审查请求和解释请求。本项得 1 分。

B. 立法结果

B01. 根据社会需要制定一定数量的规章（4 分）

经网络检索，2019 年，清远市政府制定并通过新的规章（含制定、修改）1 部：《清远市环境教育规定》。本项得 4 分。

C. 立法内容

本观察报告抽取《清远市环境教育规定》为考察对象，进行立法内容方面的观察。

C01. 规章内容符合法治精神、法治原则，有上位法依据（24 分）

《清远市环境教育规定》第十二条 高等院校和中高等职业学校应当将环境保护知识纳入学校教育内容，根据学校实际及专业设置情况，通过开设环境教育必修课程、选修课程或者讲座等多种形式开展环境教育活动，培养学生的环境保护意识，鼓励学生开展环境保护社会实践活动。

《教育法》第十四条 国务院和地方各级人民政府根据分级管理、分工负责的原则，领导和管理教育工作。中等及中等以下教育在国务院领导下，由地方人民政府管理。高等教育由国务院和省、自治区、直辖市人民政府管理。

经比对，《清远市环境教育规定》第十二条规定，高等院校和中高等职业学校应当将环境保护知识纳入学校教育内容，但根据《教育法》第十四条第三款规定，高等教育是由国务院和省、自治区、直辖市人民政府管理，而清远市并非上位法规定的国务院和省、自治区、直辖市人民政府，故下位法扩大了地方政府权限，违反上位法的规定。本项得 18 分。

C02. 规章内部条款之间、规章与本级政府制定的其他规章之间的协调（3 分）

经比对，未发现《清远市环境教育规定》内部存在矛盾与冲突等不协调，且未发现规章内容与本级政府其他规章存在不协调。本项得 3 分。

C03. 规章内容具有可操作性（2 分）

经比对，《清远市环境教育规定》的强制性条款均具有可操作性，符合《立法法》第六条、《规章制定程序条例》第八条的规定。本项得 2 分。

C04. 规章名称科学（1分）

《清远市环境教育规定》名称准确、简洁，符合《规章制定程序条例》第七条、第八条，《广东省人民政府法规规章起草工作规定》第五条的规定。本项得1分。

C05. 规章结构合理（1分）

《清远市环境教育规定》的体系结构和逻辑结构合理。本项得1分。

C06. 规章语言文字符合技术规范（1分）

经比对，《清远市环境教育规定》的语言文字均符合立法技术规范要求。本项得1分。

D. 立法公开

D01. 设有专门的立法网站或在政府门户网站设有立法专栏（3分）

经网络检索，清远市在其政府门户网站设有立法专栏。本项得3分。

D02. 规章制定年度工作计划向社会公开（2分）

经网络检索，清远市政府于2019年5月13日在其网站上公开了《清远市人民政府2019年度规章制定计划》。本项得2分。

D03. 规章制定年度工作计划项目变化时及时向社会公开说明（2分）

经网络检索，清远市2019年规章制定工作计划项目无变化。本项得2分。

D04. 公开规章草案并附立法说明（8分）

经网络检索，清远市于2019年9月25日公布了《清远市在建违法建设查处办法（送审稿）》，但并未附立法说明。本项得4分。

D05. 规章文本依法向社会公布（2分）

经网络检索，《清远市环境教育规定》《清远市在建违法建设查处办法》的规章文本均已向社会公开。本项得2分。

D06. 在地方人大、政府或政府法制机构门户网站建立具有检索功能的地方立法数据库或提供数据库外部链接（6分）

经网络检索，清远市政府官方网站建立了地方立法数据库，但是不能按照规章颁布年份、规章效力进行检索。本项得2分。

D07. 地方立法数据库或相应外部链接收录的地方立法文本齐全（4分）

经网络检索，清远市地方立法数据库或相应外部链接收录的地方立法文本齐全。本项得 4 分。

　　D08. 地方立法工作总结向社会公布（2 分）

　　经网络检索，清远市制定了地方立法工作总结并向社会公布。本项得 2 分。

　　E. 立法机制完善

　　E01. 建立立法民主协商制度（1 分）

　　根据《清远市人民政府规章制定办法》第二十七条，清远市已经建立立法民主协商制度。本项得 1 分。

　　E02. 建立立法基层联系点制度（1 分）

　　经网络检索，清远市建立了立法基层联系点制度。本项得 1 分。

　　E03. 建立立法专家顾问制度并实施（2 分）

　　根据《清远市人民政府规章制定办法》第五条，清远市已经建立立法专家顾问制度。在实际中，清远市环保局在起草《清远市环境教育规定》时组织了立法宣讲和专家公众咨询会，因此清远市实施了立法专家顾问制度。本项得 2 分。

　　E04. 建立规章制定后评估制度（1 分）

　　根据《清远市人民政府规章制定办法》第四十七、四十八、四十九条的规定，清远市政府建立了规章制定后评估制度。本项得 1 分。

　　E05. 实施规章制定后评估，并将评估情况向社会公开（1 分）

　　清远市当前暂未出现《清远市人民政府规章制定办法》规定的规章制定后评估的情形，因此视为已经进行评估。本项得 1 分。

　　E06. 建立规章清理制度（1 分）

　　根据《清远市人民政府规章制定办法》第五十条至第五十六条的规定，清远市政府建立了规章清理制度。本项得 1 分。

　　E07. 实施规章清理，并将规章清理情况向社会公开（1 分）

　　清远市当前暂未出现《清远市人民政府规章制定办法》规定的规章清理情形，因此视为已经进行清理。本项得 1 分。

二　问题与建议

　　本年度政府立法观察，清远市政府得 76 分。

2019年，清远市政府立法工作存在的主要问题是：（1）规章制定的工作计划未全面完成。《清远市人民政府2019年度规章制订计划》虽然都有推进实施，但是并未在2019年度完成相关制定、修改和废止工作。（2）立法的合法性、规范性有待提升。通过比对，发现《清远市环境教育规定》存在下位法扩大了地方政府权限，违反上位法规定的现象。同时还存在规章语言文字口语化、不符合技术规范等问题。（3）立法的公开性有待提高和优化。经网络检索，发现清远市政府在制定2019年规章制定计划前未向社会公众公开征集立法项目建议。同时《清远市在建违法建设查处办法（送审稿）》向社会公众征求意见时未附立法说明。

针对以上问题，建议清远市政府未来在规章制定工作中可以从以下三个方面着力：（1）进一步完善落实立法制定计划。进一步加强立法工作的体系性和科学性，对因客观条件不满足或工作重点有变化等特殊情况，应充分利用好相关制度对立法计划进行调整，以避免计划落空或执行不到位的情况。（2）进一步加强政府法制机构对规章起草的主导作用。政府法制机构作为政府的重要力量，对保证行政立法的合法性、规范性有重要的作用，有助于进一步提高行政立法的质量。（3）进一步加强立法信息公开和广泛征求公众意见的工作。应当更主动地进行立法说明，对立法必要性、制定过程、主要内容和个别条款等内容进行说明，同时应当举办听证会、论证会、座谈会，确保公众参与，认真听取社会公众意见，接受监督。

（撰稿：广东外语外贸大学　徐洁荧）
（审定：广东省司法厅行政执法监督处　曾　洁）

第二十章

潮州市人民政府
年度立法观察报告（2020）

一　观察评估

A. 立法程序

A01. 向社会公开征集立法项目建议并反馈（2分）

经网络检索，潮州市政府有向社会公开征集2019年度立法项目建议，但并未发现有对社会公开征集的立法项目建议进行反馈。本项得1分。

A02. 对规章立项申请与公开征集的项目建议进行论证评估（2分）

经网络检索，未发现潮州市政府对规章立项申请与公开征集的项目建议进行论证评估。本项得0分。

A03. 制定规章制定年度工作计划（2分）

经网络检索，潮州市政府制定了年度工作计划，并通过其市政府官方网站向社会公布了《潮州市人民政府2019年制订规章计划》。本项得2分。

A04. 规章制定年度工作计划载明规章的名称、起草单位、完成时间（3分）

经网络检索，潮州市政府发布的《潮州市人民政府2019年制订规章计划》中，有明确载明规章的名称、起草单位，送审时间，但未注明具体完成时间。本项得2分。

A05. 规章制定年度工作计划执行情况（3分）

经综合考察，截至2019年12月31日，规章制定年度工作计划的执行情况如下：《潮州市城镇燃气安全管理办法》拟在 2019 年 6 月送审，但实际上《潮州市城镇燃气安全管理办法（征求意见稿）》于 2019 年 9 月 10 日至 10 月 11 日才向社会征求意见，与计划时间不符。《潮州市城市道路停车泊位管理办法》拟在 2019 年 8 月送审，但实际上《潮州市城区机动车道路临时停放管理办法（征求意见稿）》于 2019 年 9 月 25 日至 10 月 26 日才向社会征求意见，与计划时间不符。本项得 1 分。

A06. 规章起草过程中听取社会公众的意见（2 分）

经网络检索，未检索到潮州市政府在规章起草过程中举行了听证会、论证会、座谈会等。本项得 0 分。

A07. 与市场主体生产经营活动密切相关的规章起草过程中听取市场主体的意见（1 分）

经网络检索，未检索到潮州市政府在与市场主体生产经营活动密切相关的规章起草过程中听取了市场主体的意见。本项得 0 分。

A08. 规章草案向社会公开征求意见并反馈（5 分）

经网络检索，《潮州市城镇燃气安全管理办法（征求意见稿）》于 2019 年 9 月 10 日至 2019 年 10 月 10 日向社会征求意见并进行了反馈。《潮州市城区机动车道路临时停放管理办法（征求意见稿）》于 2019 年 9 月 26 日至 10 月 26 日向社会征求意见，于 2019 年 12 月 6 日对向社会征求的意见进行了反馈。本项得 5 分。

A09. 规章草案向社会公开征求意见的期限不少于 30 日（3 分）

经网络检索，《潮州市城镇燃气安全管理办法（征求意见稿）》向社会公布征求意见的时间区间为 2019 年 9 月 10 日至 2019 年 10 月 10 日止，为期 30 日，不少于 30 日，符合《规章制定程序条例》的规定。《潮州市城区机动车道路临时停放管理办法（征求意见稿）》向社会公布征求意见的时间区间为 2019 年 9 月 26 日至 10 月 26 日，为期 30 日，不少于 30 日，符合《规章制定程序条例》的规定。本项得 3 分。

A10. 法制机构采取实地调研、座谈会、论证会、听证会、委托研究等形式听取各方对规章送审稿的意见（2 分）

经网络检索，潮州市法制局在 2018 年 3 月 9 日举行了制定《潮州市燃气管理办法》的听证会。本项得 2 分。

A11. 规章自公布之日起 30 日后施行（1 分）

经网络检索，潮州市 2019 年没有新的规章制定完成并公布，视为其规章是自公布之日起 30 日后施行。本项得 1 分。

A12. 对规章审查请求和解释请求依法处理（1 分）

经综合考察，2019 年潮州市并未收到规章审查请求和解释请求，视为已经依法处理。本项得 1 分。

B. 立法结果
B01. 根据社会需要制定一定数量的规章（4 分）

经网络检索，2019 年，潮州市未制定并通过新的规章（含制定、修改）。本项得 0 分。

C. 立法内容

经网络检索，2019 年，潮州市未制定并通过新的规章（含制定、修改）。C 部分以总分 60% 计算，得 19 分。

D. 立法公开
D01. 设有专门的立法网站或在政府门户网站设有立法专栏（3 分）

经网络检索，潮州市设有专门的立法网站或在其政府门户网站设有立法专栏。本项得 3 分。

D02. 规章制定年度工作计划向社会公开（2 分）

经网络检索，潮州市政府于 2019 年 6 月 5 日在其网站上公开了《潮州市人民政府 2019 年制订规章计划》。本项得 2 分。

D03. 规章制定年度工作计划项目变化时及时向社会公开说明（2 分）

经网络检索，潮州市政府 2019 年规章制定工作计划项目无变化。本项得 2 分。

D04. 公开规章草案并附立法说明（8 分）

经网络检索，潮州市政府于 2019 年 9 月 10 日公布了《潮州市城镇燃气安全管理办法（征求意见稿）》并附有立法说明；于 2019 年 9 月 26 日公布了《潮州市城区机动车道路临时停放管理办法（征求意见稿）》，但并未附立法说明。本项得 4 分。

D05. 规章文本依法向社会公布（2 分）

经网络检索，所有规章文本在潮州政府网站和潮州政府公报公布。本项得 2 分。

D06. 在地方人大、政府或政府法制机构门户网站建立具有检索功能的地方立法数据库或提供数据库外部链接（6分）

经网络检索，潮州市政府建立了具有检索功能的地方立法数据库或提供数据库外部链接，但不能按照规章颁布年份、效力进行检索。本项得2分。

D07. 地方立法数据库或相应外部链接收录的地方立法文本齐全（4分）

经网络检索，潮州市政府立法数据库或相应外部链接收录的地方立法文本齐全。本项得4分。

D08. 地方立法工作总结向社会公布（2分）

经网络检索，潮州市政府于2020年1月15日发布的《潮州市2019年度法治政府建设情况报告》有相关地方立法工作总结。本项得2分。

E. 立法机制完善

E01. 建立立法民主协商制度（1分）

经网络检索，未发现潮州市政府建立了立法民主协商制度。本项得0分。

E02. 建立立法基层联系点制度（1分）

经网络检索，未发现潮州市政府建立了立法基层联系点制度。本项得0分。

E03. 建立立法专家顾问制度并实施（2分）

经网络检索，未发现潮州市政府建立了立法顾问制度。本项得0分。

E04. 建立规章制定后评估制度（1分）

经网络检索，根据《潮州市人民政府拟定地方性法规草案和制定政府规章程序规定》第五十二条，可认定潮州市已经建立起规章制定后评估制度。本项得1分。

E05. 实施规章制定后评估，并将评估情况向社会公开（1分）

经网络检索，潮州市政府当前暂未出现需要进行规章制定后评估的情形，因此视为已经进行评估。本项得1分。

E06. 建立规章清理制度（1分）

经网络检索，根据《潮州市人民政府拟定地方性法规草案和制定政府规章程序规定》第五十三条，可认定潮州市已经建立起规章制定后清理制度。本项得 1 分。

E07. 实施规章清理，并将规章清理情况向社会公开（1 分）

经网络检索，潮州市当前暂未出现需要进行规章清理的情形，因此视为已经进行清理。本项得 1 分。

二　问题与建议

本年度政府立法观察，潮州市政府得 62 分。

2019 年，潮州市地方政府规章立法工作存在的主要问题是：（1）规章制定的工作计划未全面完成。《潮州市人民政府 2019 年制订规章计划》虽然都有推进实施，但是并未在 2019 年度完成相关制定、修改和废止工作。（2）地方立法信息公开和地方立法数据库建设有待完善。潮州市政府仍有部分应当公开的地方立法信息尚未公开，且潮州市政府官方网站中的地方立法数据库不能按照规章制定的时间、效力等进行检索。（3）立法工作机制有待建立与完善。潮州市还尚未建立立法民主协商制度、立法基层联系点制度和立法专家顾问制度。

针对以上问题，建议潮州市政府将来的地方政府规章制定工作可以从以下四个方面着力：（1）进一步建立健全立法规划，完善规章制定年度计划的内容，并严格按照规划及计划的既定项目逐一落实，在坚持科学、民主、依法的前提下扎实推进立法工作的开展。（2）进一步加强地方立法信息公开和立法数据库建设。应当更主动地进行立法说明，对立法必要性、制定过程、主要内容和个别条款等内容进行说明，同时应将所有的地方立法文本收录完全，完善地方立法数据的检索功能。（3）进一步加强工作机制的建立和完善，在贯彻全面推进依法治国的基础上积极推进立法民主协商制度、立法基层联系点制度和立法专家顾问制度的建立以及积极完善规章制定后评估制度和规章清理制度。

（撰稿：广东外语外贸大学　徐洁荧）
（审定：广东省司法厅法治调研处　黄涛涛）

第二十一章

揭阳市人民政府
年度立法观察报告(2020)

一 观察评估

A. 立法程序

A01. 向社会公开征集立法项目建议并反馈（2分）

经网络检索，未查询到揭阳市发布向社会公开征集规章立法项目建议并反馈的信息。本项得0分。

A02. 对规章立项申请与公开征集的项目建议进行论证评估（2分）

经网络检索，未查询到揭阳市政府就规章立项申请与公开征集的项目建议进行论证评估的信息。本项得0分。

A03. 制定规章制定年度工作计划（2分）

经网络检索，揭阳市政府网站于2019年6月12日刊载《揭阳市人民政府办公室关于印发揭阳市人民政府2019年制订规章计划的通知》，载明该年规章制定工作计划包括制定项目2项：《揭阳市人民政府拟定法规草案和制定规章程序规定（修订）》《揭阳市城市道路车辆通行管理办法》。本项得2分。

A04. 规章制定年度工作计划载明规章的名称、起草单位、完成时间（3分）

经网络检索，"揭阳市2019年度政府规章制定计划"各项目皆明确规章的名称与起草单位；对2项制定项目规定了报送市政府审查的时间，未载明完成时间。本项得2分。

A05. 规章制定年度工作计划执行情况（3 分）

经综合考察，《揭阳市人民政府拟定法规草案和制定规章程序规定》于 2019 年内通过并公布；《揭阳市城市道路车辆通行管理办法》未如期办结。本项得 2 分。

A06. 规章起草过程中听取社会公众的意见（2 分）

经网络检索，未查询到揭阳市在规章起草过程中通过听证会、论证会、座谈会等形式听取社会公众意见的信息。本项得 1 分。

A07. 与市场主体生产经营活动密切相关的规章起草过程中听取市场主体的意见（1 分）

经网络检索，揭阳市政府计划年内制定项目《揭阳市城市道路车辆通行管理办法》涉及市场主体的生产经营活动，但该项目尚未完成，意见征集反馈情况不明，视为已听取市场主体意见。本项得 1 分。

A08. 规章草案向社会公开征求意见并反馈（5 分）

经网络检索，《揭阳市人民政府拟定法规草案和制定规章程序规定》的规章草案向社会公开征求意见并反馈；《揭阳市城市道路车辆通行管理办法》的规章草案向社会公开征求意见后未查询到反馈信息。本项得 4 分。

A09. 规章草案向社会公开征求意见的期限不少于 30 日（3 分）

经网络检索，揭阳市政府已公开的规章草案送审稿征求意见期限均不少于 30 日。本项得 3 分。

A10. 法制机构采取实地调研、座谈会、论证会、听证会、委托研究等形式听取各方对规章送审稿的意见（2 分）

经网络检索，未查询到揭阳市法制机构采取实地调研、座谈会、论证会、听证会、委托研究等形式听取各方对规章送审稿意见的信息。本项得 0 分。

A11. 规章自公布之日起 30 日后施行（1 分）

经网络检索，本年度新制定规章公布后所载明的施行日期均满足不少于 30 日的要求。本项得 1 分。

A12. 对规章审查请求和解释请求依法处理（1 分）

经综合考察，未查询到有国家机关、社会团体等主体提出规章审查请求或规章解释请求的信息，视为依法处理。本项得 1 分。

B. 立法结果

B01. 根据社会需要制定一定数量的规章（4 分）

经网络检索，2019 年，揭阳市政府通过了 2 部规章，分别是《揭阳市"门前三包"区域责任制管理办法》和《揭阳市人民政府拟定法规草案和制定规章程序规定（修订）》。本项得 4 分。

C. 立法内容

本观察报告抽取《揭阳市人民政府拟定法规草案和制定规章程序规定》为考察对象，进行立法内容方面的观察。

C01. 规章内容符合法治精神、法治原则，有上位法依据（24 分）

经比对，《揭阳市人民政府拟定法规草案和制定规章程序规定》的内容符合宪法、法律、行政法规和其他上位法的规定，符合中央和省委政策精神。本项得 24 分。

C02. 规章内部条款之间、规章与本级政府制定的其他规章之间的协调（3 分）

经比对，未发现《揭阳市人民政府拟定法规草案和制定规章程序规定》内部条款之间、规章与本级政府制定的其他规章之间存在冲突等不协调的情形。本项得 3 分。

C03. 规章内容具有可操作性（2 分）

经比对，《揭阳市人民政府拟定法规草案和制定规章程序规定》的强制性条款均具有可操作性。本项得 2 分。

C04. 规章名称科学（1 分）

经比对，《揭阳市人民政府拟定法规草案和制定规章程序规定》名称准确、简洁，明确了规章适用范围，符合技术规范要求。本项得 1 分。

C05. 规章结构合理（1 分）

经比对，《揭阳市人民政府拟定法规草案和制定规章程序规定》的规章体系结构符合立法技术规范要求，且规章的条款、构成要件完备，法律效果齐备，符合技术规范要求。本项得 1 分。

C06. 规章语言文字符合技术规范（1 分）

经比对，《揭阳市人民政府拟定法规草案和制定规章程序规定》的语言文字均符合技术规范要求。本项得 1 分。

D. 立法公开

D01. 设有专门的立法网站或在政府门户网站设有立法专栏（3分）

经网络检索，揭阳市政府网站没有设专门立法网站或立法专栏。本项得0分。

D02. 规章制定年度工作计划向社会公开（2分）

经网络检索，揭阳市政府网站于2019年6月12日向社会发布《揭阳市人民政府办公室关于印发揭阳市人民政府2019年制订规章计划的通知》。本项得2分。

D03. 规章制定年度工作计划项目变化时及时向社会公开说明（2分）

经网络检索，揭阳市政府年内规章计划没有调整。本项得2分。

D04. 公开规章草案并附立法说明（8分）

经网络检索，揭阳市政府网站公开了《揭阳市人民政府拟定法规草案和制定规章程序规定（修订征求意见稿）》及其修订说明；但修订说明缺少对制定过程的介绍和个别条款的说明；《揭阳市城市道路车辆通行管理办法（征求意见稿）》公开了规章草案文本但未附立法说明。本项得2分。

D05. 规章文本依法向社会公布（2分）

经网络检索，已公布的规章均在政府门户网站和政府公报中公布，符合按照法定形式公布文本的要求。本项得2分。

D06. 在地方人大、政府或政府法制机构门户网站建立具有检索功能的地方立法数据库或提供数据库外部链接（6分）

经网络检索，揭阳市政府网站上建立了地方立法数据库，位于"政务公开"板块下的"法规公文"栏目；该数据库可以按照"政府规章""市政府文件""市府办文件""部门规范性文件""国家法律法规"和"本省文件库"分类检索，但不能按照规章颁布年份或效力进行检索。本项得2分。

D07. 地方立法数据库或相应外部链接收录的地方立法文本齐全（4分）

经网络检索，揭阳市政府提供的数据库完整收录了所有规章文件。本项得4分。

D08. 地方立法工作总结向社会公布（2分）

经网络检索，揭阳市政府已公布了《揭阳市人民政府2019年立法工作情况报告》。本项得 2 分。

E. 立法机制完善

E01. 建立立法民主协商制度（1 分）

经网络检索，未搜索到揭阳市政府建立立法民主协商制度的信息。本项得 0 分。

E02. 建立立法基层联系点制度（1 分）

经网络检索，揭阳市政府已经确定了行政立法基层联系点并为之举行了授牌仪式（暨业务培训会），向社会公开征集联系点志愿服务律师；《揭阳市行政立法基层联系点工作规则》已印发。本项得 1 分。

E03. 建立立法专家顾问制度并实施（2 分）

经网络检索，揭阳市政府已建立政府法律顾问制度并付诸实施。本项得 2 分。

E04. 建立规章制定后评估制度（1 分）

经网络检索，根据《揭阳市人民政府拟定地方性法规草案和制定规章程序规定》第五十四条的规定，已建立规章制定后评估制度。本项得 1 分。

E05. 实施规章制定后评估，并将评估情况向社会公开（1 分）

经网络检索，未查询到揭阳市政府实施规章制定后评估的信息。本项得 0 分。

E06. 建立规章清理制度（1 分）

经网络检索，根据《揭阳市人民政府拟定地方性法规草案和制定规章程序规定》第五十四条的规定，已建立规章清理制度。本项得 1 分。

E07. 实施规章清理，并将规章清理情况向社会公开（1 分）

经网络检索，《揭阳市人民政府关于市政府机构改革涉及市政府规章规范性文件的行政机关职责调整问题的决定》已于年内出台，但尚未查询到 2019 年内具体规章清理工作安排及清理情况的信息。本项得 0 分。

二　问题与建议

本年度政府立法观察，揭阳市政府得 74 分。

2019年，揭阳市政府立法工作存在的主要问题是：（1）在年度规章制定方面民主性有待提升。为确保规章制定计划的科学性，揭阳市司法局召开了规章制定计划项目论证会，邀请了市委编办、有关政府部门及法律顾问参与会议。但未就计划项目公开征求社会公众的意见。（2）在规章执行方面有待加强。在2019年规章制定计划未作出调整的情况下，制定项目之一《揭阳市城市道路车辆通行管理办法》未如期完成。（3）在机制完善方面，立法民主协商制度立有待确立，规章制定后评估、清理机制的落实、公开应当加大力度。

针对以上问题，建议揭阳市政府未来在规章制定工作中可以从以下方面着力：（1）进一步落实现有工作制度，开展规章制定向社会公开征求意见及论证评估，提升政府规章制定工作的公信力，积极带动民众参与地方立法。（2）加强立法公开，及时公开规章制定工作过程中的执行情况及工作总结，充分利用政府信息公开平台完善法律法规数据库的建设与更新。（3）继续建立完善各项立法工作机制，推动制度公开，为立法工作的科学性提供有力保障。

（撰稿：广东外语外贸大学　刘子婧）
（审定：广东省司法厅法治调研处　黄涛涛）

第二十二章

云浮市人民政府
年度立法观察报告(2020)

一 观察评估

A. 立法程序

A01. 向社会公开征集立法项目建议并反馈（2分）

经网络检索，云浮市政府于2018年7月30日在政府网站上刊载《关于公开征集我市2019年度地方性法规和政府规章立法建议项目的公告》，但未检索到相关建议反馈的信息。本项得1分。

A02. 对规章立项申请与公开征集的项目建议进行论证评估（2分）

经网络检索，未查询到云浮市政府就规章立项申请与公开征集的项目建议进行论证评估的信息。本项得0分。

A03. 制定规章制定年度工作计划（2分）

经网络检索，云浮市政府网站于2019年3月13日刊载《云浮市人民政府办公室关于印发云浮市人民政府2019年度规章制定计划的通知》。该通知载明年内正式项目3项：《云浮市城乡建设档案管理办法》《云浮市人民防空工程产权管理规定》《云浮市信息基础设施建设管理办法》。本项得2分。

A04. 规章制定年度工作计划载明规章的名称、起草单位、完成时间（3分）

经网络检索，"云浮市2019年度政府规章制定计划"各项目皆载明规章的名称与起草单位；3项正式项目的完成时间明确为"2019年送审"，未载明完成时间。本项得 3 分。

A05. 规章制定年度工作计划执行情况（3 分）

经综合考察，未查询到计划年内完成送审的 3 件规章通过的公开信息。另据 2020 年 1 月公布的《云浮市政府办公室关于调整 2019 年度规章制定计划的通知》，《云浮市信息基础设施建设管理办法》不再纳入市人民政府 2019 年度规章制定计划，故有 2 项规章制定项目《云浮市城乡建设档案管理办法》《云浮市人民防空工程产权管理规定》未如期办结。本项得 1 分。

A06. 规章起草过程中听取社会公众的意见（2 分）

经网络检索，云浮市政府分别就《云浮市人民防空工程建设管理规定（征求意见稿）》及《云浮市城乡建设档案管理办法（征求意见稿）》举行了立法听证会征求社会公众意见。本项得 2 分。

A07. 与市场主体生产经营活动密切相关的规章起草过程中听取市场主体的意见（1 分）

经网络检索，《云浮市城乡建设档案管理办法)》是为与市场主体生产经营活动密切相关的规章，该项目就征求意见稿召开立法听证会征集的听证代表包括专营单位（电力、燃气、广电、通讯）代表 4 人，房地产行业协会 1 人；其中一位企业代表提出的 3 条建议分别得到了采纳或解释。未发现有疏漏市场主体意见、忽视经营者合法权益的现象。本项得 1 分。

A08. 规章草案向社会公开征求意见并反馈（5 分）

经网络检索，云浮市政府年度内制定规章草案均向社会公开发布了征求意见公告，但未查询到对《云浮市人民防空工程建设管理规定（征求意见稿）》的意见征集予以反馈的信息。本项得 4 分。

A09. 规章草案向社会公开征求意见的期限不少于 30 日（3 分）

经网络检索，云浮市已公开的规章草案征求意见期限均不少于 30 日。本项得 3 分。

A10. 法制机构采取实地调研、座谈会、论证会、听证会、委托研究等形式听取各方对规章送审稿的意见（2 分）

经网络检索，未查询到云浮市法制机构采取实地调研、座谈会、论证会、听证会、委托研究等形式听取各方对规章送审稿意见的信息。本项得 0 分。

第二十二章　云浮市人民政府年度立法观察报告(2020)

A11. 规章自公布之日起 30 日后施行（1 分）

经网络检索，云浮市政府本年度出台规章公布后所载明的施行日期均满足不少于 30 日的要求。本项得 1 分。

A12. 对规章审查请求和解释请求依法处理（1 分）

经综合考察，未查询到有国家机关、社会团体等主体提出规章审查请求或规章解释请求的信息，视为依法处理。本项得 1 分。

B. 立法结果

B01. 根据社会需要制定一定数量的规章（4 分）

经网络检索，2019 年，云浮市政府通过了 1 部规章《云浮市电力设施建设与保护办法》。本项得 4 分。

C. 立法内容

本观察报告抽取《云浮市电力设施建设与保护办法》为考察对象，进行立法内容方面的观察。

C01. 规章内容符合法治精神、法治原则，有上位法依据（24 分）

《云浮市电力设施建设与保护办法》第三条第一款规定："各级人民政府及街道办事处应当加强对本行政区域内电力设施建设与保护工作的领导，建立协调机构，协调解决电力设施建设与保护工作中的重大问题，并将电力设施建设与保护工作纳入社会治安综合治理范围。"

《地方组织法》第五十九条规定："县级以上的地方各级人民政府行使下列职权：……（二）领导所属各工作部门和下级人民政府的工作；……"《电力设施保护条例实施细则》第三条第一款规定："电力管理部门、公安部门、电力企业和人民群众都有保护电力设施的义务。各级地方人民政府设立的由同级人民政府所属有关部门和电力企业（包括：电网经营企业、供电企业、发电企业）负责人组成的电力设施保护领导小组，负责领导所辖行政区域内电力设施的保护工作，其办事机构设在相应的电网经营企业，负责电力设施保护的日常工作。"《广东省供用电条例》第四条第一款规定："各级人民政府应当加强对本行政区域供用电工作的领导，建立供用电工作协调机制，协调解决工作中的重大问题。"

经比对，认为根据《地方组织法》规定只有地方各级政府才能行使领导所属部门和下级政府工作的职权；根据《电力设施保护条例实施细则》

（2011）的规定，各级政府设立的电力设施保护领导小组负责相应辖区内的电力设施保护工作。而街道办事处仅仅是市辖区或不设区的市的人民政府设立的派出机关。另《广东省供用电条例》亦未赋予街道办以领导相关工作的职能。故《云浮市电力设施建设与保护办法》第三条第一款缺乏上位法依据，存在条款设置缺陷。本项得18分。

C02. 规章内部条款之间、规章与本级政府制定的其他规章之间的协调（3分）

经比对，未发现《云浮市电力设施建设与保护办法》内部条款之间、规章与本级政府制定的其他规章之间存在冲突等不协调的情形。本项得3分。

C03. 规章内容具有可操作性（2分）

经比对，《云浮市电力设施建设与保护办法》的强制性条款均具有可操作性。本项得2分。

C04. 规章名称科学（1分）

经比对，《云浮市电力设施建设与保护办法》名称准确、简洁，明确了规章适用范围，符合技术规范要求。本项得1分。

C05. 规章结构合理（1分）

经比对，《云浮市电力设施建设与保护办法》的规章体系结构符合立法技术规范要求。本项得1分。

C06. 规章语言文字符合技术规范（1分）

经比对，《云浮市电力设施建设与保护办法》的语言文字均符合规范要求。本项得1分。

D. 立法公开

D01. 设有专门的立法网站或在政府门户网站设有立法专栏（3分）

经网络检索，云浮市政府网站在"政务公开"板块设置了"政策法规"专栏，但没有设专门的立法网站或立法专栏。本项得0分。

D02. 规章制定年度工作计划向社会公开（2分）

经网络检索，云浮市政府网站于2019年3月13日发布《云浮市人民政府办公室关于印发云浮市人民政府2019年度规章制定计划的通知》，规章制定年度工作计划已向社会公开。本项得2分。

D03. 规章制定年度工作计划项目变化时及时向社会公开说明（2分）

经网络检索，云浮市政府网站于 2010 年 1 月 13 日公布《云浮市人民政府办公室关于调整 2019 年度规章制定计划的通知》，内容为"《云浮市信息基础设施建设管理办法》不再纳入市政府 2019 年度规章制定计划"；依据是"省人民政府以广东省人民政府令第 256 号令形式颁布了《广东省通信设施建设与保护规定》"，故无需再单独制定市政府规章。本项得 2 分。

D04. 公开规章草案并附立法说明（8分）

经网络检索，已公开的规章草案中仅《云浮市人民防空工程建设管理规定（征求意见稿）》未附立法说明。本项得 4 分。

D05. 规章文本依法向社会公布（2分）

经网络检索，已公布的规章均在政府门户网站和政府公报中公布，符合按照法定形式公布文本的要求。本项得 2 分。

D06. 在地方人大、政府或政府法制机构门户网站建立具有检索功能的地方立法数据库或提供数据库外部链接（6分）

经网络检索，云浮市人大网站提供了具有数据库外部链接（"法律法规库"）的搜索功能；所连接的数据库为"国家法律法规数据库"，可以按照规章颁布年份、效力以及类型进行检索。本项得 6 分。

D07. 地方立法数据库或相应外部链接收录的地方立法文本齐全（4分）

经网络检索，云浮市提供的"国家法律法规数据库"以收录法律法规为主，未收录任何地方政府规章。但政府网站"政策法规"专栏下的"政府文件"类别下完整收录了政府规章及规范性文件。本项得 2 分。

D08. 地方立法工作总结向社会公布（2分）

经网络检索，《云浮市人民政府关于 2019 年法治政府建设情况的报告》与《云浮市司法局 2019 年度法治政府建设情况报告》皆对行政立法工作进行了总结。本项得 2 分。

E. 立法机制完善

E01. 建立立法民主协商制度（1分）

经网络检索，未查询到云浮市政府建立立法民主协商制度的信息。本项得 0 分。

E02. 建立立法基层联系点制度（1 分）

经网络检索，未查询到云浮市政府建立立法基层联系点制度的信息。本项得 0 分。

E03. 建立立法专家顾问制度并实施（2 分）

经网络检索，云浮市政府已建立立法专家顾问制度并付诸实施。本项得 2 分。

E04. 建立规章制定后评估制度（1 分）

经网络检索，根据《云浮市人民政府拟定地方性法规草案和制定政府规章程序规定》第四十九条的规定，已建立规章制定后评估制度。本项得 1 分。

E05. 实施规章制定后评估，并将评估情况向社会公开（1 分）

经网络检索，云浮市政府已制定的政府规章在 2019 年 12 月 31 日之前均未实施满 3 年；按照规章立法后评估制度规定本年度尚不需要进行规章立法后评估，视为已评估。本项得 1 分。

E06. 建立规章清理制度（1 分）

经网络检索，根据《云浮市人民政府拟定地方性法规草案和制定政府规章程序规定》第五十条的规定，已建立规章清理制度。本项得 1 分。

E07. 实施规章清理，并将规章清理情况向社会公开（1 分）

经网络检索，云浮市政府按照规章清理制度的规定本年度尚不需要开展规章清理，视为已清理。本项得 1 分。

二　问题与建议

本年度政府立法观察，云浮市政府得 75 分。

2019 年，云浮市政府立法工作存在的主要问题是：（1）规章制定工作计划的制定与执行有待完善。未就公开征求立法建议项目予以反馈，相关项目是否开展论证评估亦情况不明。从出台规章情况来看，本年度规章制定项目均未按计划如期完成。（2）工作机制仍可继续完善。经网络检索 2019 年尚未确立起立法民主协商制度。

针对以上问题，建议云浮市政府未来在规章制定工作中可以从以下方面着力：（1）落实规章制定工作计划各项要求，及时、准确公开立法信息,增强规章制定计划的科学性、权威性。(2)进一步优化完善立法工作制度,提高立法工作水平,提升立法成果质量。

(撰稿:广东外语外贸大学　刘子婧)
(审定:广东省司法厅法治调研处　黄涛涛)

附录一

广东地方人大立法法治年度观察指标体系（2020）

一级指标	二级指标	三级指标	分值	观察方法
A. 立法程序（26分）	立法计划制定和执行（10分）	A01. 广泛向社会公开征集立法项目	3	检索
		A02. 对法规立项项目进行论证评估并向社会公布论证评估情况	1	检索
		A03. 立法规划的制定	1	检索
		A04. 年度立法计划的制定与执行	2	检索
		A05. 年度立法计划明确法规草案拟提请地方人大及其常委会审议时间	2	检索
		A06. 年度立法计划的调整	1	检索
	法规起草（10分）	A07. 地方人大及其常委会在立法起草（含修改、废止）中发挥主导作用	4	综合
		A08. 立法起草（含修改）过程中的社会参与情况	4	检索
		A09. 立法起草（含修改）过程中的市场主体参与情况	2	检索
	法规审议（5分）	A10. 常委会审议法规草案遵循三审制（不含法规修改、废止案）	2	检索
		A11. 已通过法规在审议时听取提案人说明	1	检索
		A12. 法规草案在表决前进行评估，并将表决前评估情况向社会公开	2	检索
	法规解释（1分）	A13. 有权机关提出法规解释请求后及时作出解释	1	综合

附录一　广东地方人大立法法治年度观察指标体系(2020)

续表

一级指标	二级指标	三级指标	分值	观察方法
B. 立法结果（2分）	立法数量（2分）	B01. 根据社会需要通过一定数量的法规（含制定、修改和废止）	2	检索
C. 立法内容（30分）	法规合法性（22分）	C01. 法规内容符合法治精神、法治原则，与上位法不相抵触	22	比对
	法规协调性（3分）	C02. 法规与本级人大及其常委会制定的其他法规相协调	1	比对
		C03. 法规内部协调	2	比对
	法规可操作性（1分）	C04. 法规内容具有可操作性	1	比对
	法规技术合理性（4分）	C05. 法规名称科学	1	比对
		C06. 法规结构合理	2	比对
		C07. 法规语言文字符合要求，清晰准确	1	比对
D. 立法公开（36分）	立法专网的建立（2分）	D01. 建立地方立法专网或专栏	2	检索
	立法计划公开（3分）	D02. 年度立法计划依法向社会公布	1	检索
		D03. 年度立法计划调整后及时向公众公开说明	2	检索
	草案公开（12分）	D04. 法规制定过程中，草案依法向社会公开征求意见	4	检索
		D05. 草案公开附有立法说明	8	检索
	文本公开（1分）	D06. 法规文本依法公布	1	检索
	法规数据库的建立（8分）	D07. 地方人大、政府或政府法制机构门户网站建立具有检索功能的地方立法数据库或提供数据库外部链接	6	检索
		D08. 地方立法数据库、专栏或相应外部链接数据库收录地方性法规齐全	2	检索
	立法工作总结公开（2分）	D09. 立法工作总结向社会公布	2	检索
	立法资料公开（8分）	D10. 立法过程中的审议情况等立法资料主动向社会公开	8	检索

续表

一级指标	二级指标	三级指标	分值	观察方法
E. 立法机制完善（6分）	法规立法后评估制度	E01. 法规立法后评估制度的建立和实施	2	检索
	法规清理制度	E02. 法规清理制度的建立和实施	1	调查
	立法专家顾问制度	E03. 建立立法专家顾问制度	1	检索
	立法基层联系点制度	E04. 建立立法基层联系点制度	1	调查
	立法协商机制	E05. 建立立法协商制度	1	检索

A. 立法程序

本部分主要考察地方人大及其常委会是否依照《立法法》等法律法规的要求，制定立法程序规则或议事规则并依照执行。本一级指标下设二级指标4个，即"立法计划的制定和执行""法规起草""法规审议"和"法规解释"；三级指标13个，即 A01、A02、A03、A04、A05、A06、A07、A08、A09、A10、A11、A12、A13；总分26分。

A01. 广泛向社会公开征集立法项目（3分）

1. 考核内容

地方人大及其常委会在制定立法规划、年度立法计划前是否向社会公开征集立法项目建议。

2. 考核依据

《广东省地方立法条例》第七条、《广东省人民代表大会常务委员会立法公开工作规定》第十二条。

3. 考核标准

地方人大及其常委会在制定立法规划、年度立法计划前向社会公开征集立法项目建议且时间不少于三十日的，得3分；立法规划或立法计划没有向社会公开征集立法项目的，扣2分；立法规划或立法计划向社会公开征集立法项目建议但时间少于三十日的，扣1分。

A02. 对法规立项项目进行论证评估并向社会公布论证评估情况（1分）

1. 考核内容

地方人大及其常委会在制定立法规划、年度立法计划前是否对法规立项项目进行论证评估，并向社会公布论证评估情况。

2. 考核依据

《立法法》第五十二条、《广东省地方立法条例（2016）》第八条、《广东省人民代表大会常务委员会立法公开工作规定》第八条。

3. 考核标准

地方人大及其常委会立法前对法规立项项目进行论证评估，并将论证评估结果向社会公布，得1分；否则，得0分。

A03. 立法规划的制定（1分）

1. 考核内容

地方人大及其常委会立法前是否制定立法规划。

2. 考核依据

《立法法》第五十二条、《立法法》第七十七条、《广东省地方立法条例》第六条。

3. 考核标准

地方人大及其常委会在期限内制定了立法规划的，得1分；未制定立法规划，得0分。

A04. 年度立法计划的制定与执行（2分）

1. 考核内容

地方人大及其常委会是否制定年度立法计划并切实执行。

2. 考核依据

《立法法》第五十二条、《广东省地方立法条例》第十三条、《广东省人民代表大会常务委员会立法技术与工作程序规范》第二百零三条。

3. 考核标准

立法计划得到全面执行的，得2分；立法项目执行50%及以上的，得1分；没有制定立法计划或立法项目执行不足50%的，得0分。立法计划的执行是指计划中的立法项目进入了法规草案公开征求社会公众意见阶段或达到年度计划中规定的进度。

A05. 年度立法计划明确法规草案拟提请地方人大及其常委会审议时间（2分）

1. 考核内容

地方人大及其常委会制定的年度立法计划是否明确法规草案拟提请人大常委会审议时间。

2. 考核依据

《广东省地方立法条例》第十一条、《广东省人民代表大会常务委员会立法技术与工作程序规范》第二百条。

3. 考核标准

地方人大及其常委会制定的年度立法计划明确了法规草案拟提请人大常委会审议时间的，得2分；没有明确的，得0分。没有制定、公布年度立法计划的，视为年度立法计划未明确法规草案拟提请人大常委会审议时间。

A06. 年度立法计划的调整（1分）

1. 考核内容

地方人大及其常委会制定的立法计划是否调整。

2. 考核依据

《广东省地方立法条例》第十四条；《广东省人民代表大会常务委员会立法公开工作规定》第六条；《广东省人民代表大会常务委员会立法公开工作规定》第七条；《广东省人民代表大会常务委员会立法技术与工作程序规范》第二百零三条、第二百零六条。

3. 考核标准

地方人大常委会制定的立法计划未调整的，或者调整后得到落实的，得1分；立法计划有所调整但未得到落实的，得0分。

A07. 地方人大及其常委会在立法起草（含修改、废止）中发挥主导作用（4分）

1. 考核内容

地方人大常委会在立法起草中是否发挥主导作用，重点考察地方人大常委会及地方人大专门委员会自主起草或者委托起草情况。

2. 考核依据

《立法法》第五十三条、《广东省地方立法条例》第五条、《中共广东省委贯彻落实〈中共中央关于全面推进依法治国若干重大问题的决定〉的意见》"(三)发挥人大及其常委会在立法工作中的主导作用。健全有立法权的人大主导立法工作的机制。深入分析立法需求,科学制定立法规划和立法计划。及时开展立改废释,增强法规的及时性、系统性、针对性、有效性。建立由人大相关专门委员会、人大常委会法制工作机构组织有关部门参与起草综合性、全局性、基础性等重要法规草案制度。统筹协调政府部门和社会机构起草法规草案工作,加大督促指导力度,确保法规草案质量。增加有法治实践经验的人大常委会专职委员、人大专门委员会委员比例。建立健全专门委员会、工作委员会立法专家顾问制度。"

3. 考核标准

在年度立法计划中规定,地方人大常委会及地方人大专门委员会自主起草、委托起草或联合其他部门共同起草的地方性法规草案1件以上(含1件)并在实践中得到执行的,得4分;年度立法计划中有规定和实践中得到实行的,两者有一的,得2分,两者都没有的,得0分。

A08. 立法起草(含修改)过程中的社会参与情况(4分)

1. 考核内容

地方人大常委会是否通过书面征求意见、网上征求意见和召开座谈会、论证会、听证会等形式,广泛听取各方面的意见,促进公众参与。

2. 考核依据

《立法法》第三十六条;《广东省地方立法条例》第二十二条;《广东省人民代表大会常务委员会立法公开工作规定》第十九条、第二十条、第三十四条、第三十五条。

3. 考核标准

已制定(包括修改)的地方性法规草案通过起草单位、政府法制机构或者人大常委会网站等公开征求公众意见,提供公众意见反馈渠道(包括直接反馈、电子邮箱等反馈渠道),并在意见征询结束后在网上反馈征求意见情况的,得4分;提供公众意见反馈渠道但没有在网上反馈征求意见情况的,得2分;没有提供公众意见反馈渠道但在网上有反馈征求意见情况的,得2分;两者都没有的,得0分。

A09. 立法起草(含修改)过程中的市场主体参与情况(2分)

1. 考核内容

地方人大及其常委会在起草与市场主体生产经营活动密切相关的法规过程中,是否听取市场主体的意见。

2. 考核依据

《优化营商环境条例》第六十二条。

3. 考核标准

已制定（包括修改）的地方性法规草案起草过程中专门听取了市场主体、行业协会或者商会意见的，得 2 分；没有的，得 0 分。本年度制定（包括修改）的地方性法规与市场主体生产经营活动关联不大的，视为听取了市场主体意见。

A10. 常委会审议法规草案遵循三审制（不含法规修改、废止案）（2 分）

1. 考核内容

地方人大及其常委会在审议法规草案时，是否遵循三审制。

2. 考核依据

《立法法》第二十九条、《广东省地方立法条例》第十九条。

3. 考核标准

省、市地方人大常委会经三次审议通过的法规超过本年度制定法规总数的 50% 及以上的，得 2 分；20% 及以上、不足 50% 的，得 1 分；不足 20% 的，或者年度没有制定地方性法规的，得 0 分。省、市地方人大一次审议通过的法规，视为三审通过的法规；省、市地方人大常委会会议一次审议通过的修改、废止的法规，视为三审通过的法规；自治县地方人大一次审议通过的法规，视为三审通过的法规。

A11. 已通过法规在审议时听取提案人说明（1 分）

1. 考核内容

地方人大及其常委会审议本年度已通过的法规草案过程中，是否听取了提案人的说明。

2. 考核依据

《立法法》第十八条、《广东省人民代表大会常务委员会议事规则》第十八条。

3. 考核标准

已通过的地方性法规有提案人的，在审议过程中提案人到会作立法起草情况说明的，得 1 分；没有到会作立法起草情况说明的，得 0 分。没有提案人，在审议过程中有立法起草情况说明的，视为提案人到会作立法起草情况说明。

A12. 法规草案在表决前进行评估，并将表决前评估情况向社会公开（2分）

1. 考核内容

是否至少有一件法规草案在表决前进行了评估，并将该表决前评估情况向社会公开。

2. 考核依据

《立法法》第三十九条、《广东省人民代表大会常务委员会立法评估工作规定》第五条、《广东省人民代表大会常务委员会立法评估工作规定》第六条、《广东省人民代表大会常务委员会立法公开工作规定》第八条。

3. 考核标准

地方人大及其常委会通过的法规草案在表决前至少有一件经过评估，且将该表决前评估情况向社会公开的，得2分；否则，得0分。民族自治县人大以自治条例、单行条例以通过年度计算，其他年度没有通过自治条例、单行条例的，视为在表决前进行了评估。

A13. 有权机关提出法规解释请求后及时作出解释（1分）

1. 考核内容

地方人大及其常委会对法规解释的情况。

2. 考核依据

《广东省地方立法条例》第六十条、第六十三条。

3. 考核标准

有权机关提出法规解释请求后，地方人大及其常委会及时依法作出解释的，或有权机关没有提出法规解释请求的，得1分；其他情形，得0分。有权机关提出法规解释请求后，未作出立法解释，但有合理理由且向社会公布的，视为已作出解释。

B. 立法结果

本部分主要考察省、市地方人大及其常委会是否积极地行使地方立法权，制定能满足地方发展需要数量的法规。本一级指标下设二级指标1个，即"立法数量"；三级指标1个，即B01；总分2分。

B01. 根据社会需要通过一定数量的法规（含制定、修改和废止）（2分）

1. 考核内容

地方人大及其常委会是否根据社会需要制定一定数量的法规。

2. 考核依据

《中共中央关于全面推进依法治国若干重大问题的决定》"（四）实现立法和改革决策相衔接，做到重大改革于法有据、立法主动适应改革和经济社会发展需要。实践证明行之有效的，要及时上升为法律。实践条件还不成熟、需要先行先试的，要按照法定程序作出授权。对不适应改革要求的法律法规，要及时修改和废止"。

《中共广东省委贯彻落实〈中共中央关于全面推进依法治国若干重大问题的决定〉的意见》"（一）健全保证宪法法律在我省实施的机制。加强地方立法，及时制定和修改与法律相配套的法规规章，发挥地方立法对完善以宪法为核心的中国特色社会主义法律体系的重要作用。确保地方立法不与宪法、法律、行政法规相抵触，维护社会主义法制的统一。加强规范性文件备案审查制度和能力建设，把所有规范性文件纳入备案审查范围。探索建立党委、人大、政府备案审查的衔接联动机制，加大主动审查力度，依法撤销和纠正违法的规范性文件，禁止制发带有立法性质的文件。加强对法律法规实施的监督检查，保证法律法规的正确实施。""（八）做好立法和改革决策的衔接。坚持立法先行，发挥立法的引领和推动作用，实现立法和改革决策相衔接，保障重大改革于法有据、有序进行。立法要主动适应改革发展需要，对改革发展急需的、实践证明行之有效的政策措施，及时上升为法规规章；需要先行先试的，要按照法定程序获得授权。建立常态化的法规规章清理工作机制，及时修改和废止与改革发展要求不适应的法规规章"。

《立法法》第七十二条。

3. 考核标准

省、市地方人大及其常委会通过的地方性法规总数（含制定、修改和废止）在1件以上的，得2分；没有通过的，得0分。三个自治县人大近两年制定自治条例、单行条例（含起草、制定、修改和废止）1件以上，得2分；没有制定的，得0分。

C. 立法内容

本部分主要考察地方人大及其常委会所制定法规的内容。在进行本部分的考察时，随机选取该年度地方人大及其常委会制定的一部法规作为考察对象。省、市地方人大及其常委会本年度没有制定地方性法规的，民族区域自治县人大近两年未制定自治条例、单行条例（含起草、制定、修改和废止）的，按照总分60%（四舍五入）取整数计分。本一级指标下设二级指标4个，即"法规的合法性""法规的协调性""法规的可操作性"和"法规的技术合理性"；三级指标7个，即C01、C02、C03、C04、C05、C06、C07；总分30分。

C01. 法规内容符合法治精神、法治原则，与上位法不相抵触（22分）

1. 考核内容

地方人大及其常委会通过的法规内容是否符合法治精神、法治原则，与上位法不相抵触。

2. 考核依据

《宪法》第五条、《立法法》第七十二条、《广东省地方立法条例》第三条。

3. 考核标准

通过的地方性法规没有违反法治精神、法治原则，没有和上位法相抵触的，得22分；存在违反法治精神、法治原则的，或者与上位法相抵触的，每一处扣4分，扣完即止。深圳、珠海、汕头三个经济特区按全国人大常委会授权立法对上位法作出变更规定，并在向社会公开的资料中已说明变更理由的，视为不抵触。

C02. 法规与本级人大及其常委会制定的其他法规相协调（1分）

1. 考核内容

地方人大及其常委会通过的法规是否与本级人大及其常委会制定的其他法规相协调。

2. 考核依据

《广东省地方性法规清理工作若干规定（试行）》第五条第三项。

3. 考核标准

通过的法规没有与本级人大及其常委会制定的其他法规不协调的，得1分；有不协调或者相互冲突的，得0分。

C03. 法规内部协调（2分）

1. 考核内容

地方人大及其常委会通过的法规内容内部是否协调

2. 考核依据

《广东省人民政府法规规章审查工作规定》第七条；《广东省人民代表

大会常务委员会立法技术与工作程序规范（试行）》第四条、第六十一条。

3. 考核标准

地方人大及其常委会通过的法规内容内部协调，不存在冲突的，得2分；存在一处相冲突的，扣1分，以此类推，扣完即止。

C04. 法规内容具有可操作性（1分）

1. 考核内容

地方人大及其常委会通过的法规内容是否具有可操作性。

2. 考核依据

《立法法》第六条、《广东省人民政府法规规章起草工作规定》第五条、《广东省人民代表大会常务委员会立法技术与工作程序规范（试行）》第四条。

3. 考核标准

地方人大及其常委会通过的法规中，强制性条款不存在不可操作条款的，得1分；存在不可操作条款的，得0分。

C05. 法规名称科学（1分）

1. 考核内容

地方人大及其常委会通过的法规名称是否科学。

2. 考核依据

《广东省人民代表大会常务委员会立法技术与工作程序规范（试行）》第二编第一章第二节"名称"、第五章第三节"词语的使用"。

3. 考核标准

地方人大及其常委会通过的法规名称科学的，得1分；不科学的，得0分。

C06. 法规结构合理（2分）

1. 考核内容

地方人大及其常委会通过的法规体系和逻辑结构是否合理。

2. 考核标准

《广东省人民代表大会常务委员会立法技术与工作程序规范（试行）》第二编第一章第三节"结构"、《广东省人民政府法规规章起草工作规定》第五条第六项、《广东省人民政府法规规章审查工作规定》第七条第五项。

3. 考核标准

地方人大及其常委会通过的法规体系合理，逻辑结构完备的，得2

分；体系结构不合理或条款缺乏构成要件或必要的法律效果的，每处扣1分，依此类推，扣完即止。

C07. 法规语言文字符合要求，清晰准确（1分）

1. 考核内容

地方性法规的语言文字是否符合技术要求，表达是否清晰准确。

2. 考核依据

《全国人大常委会〈立法技术规范（试行）（一）〉》《关于〈立法技术规范（试行）（一）〉的说明》《全国人大常委会〈立法技术规范（试行）（二）〉》《关于〈立法技术规范（试行）（二）〉的说明》《广东省地方立法条例》第一百零六条，《广东省人民代表大会常务委员会立法技术与工作程序规范（试行）》第二编"地方性法规的内容构成和表述规范"、第三编"立法文本规范"，《广东省人民政府法规规章审查工作规定》第七条、《广东省人民政府法规规章起草工作规定》第五条。

3. 考核标准

地方性法规条款的语言文字符合技术规范要求的，得1分；有1条或以上的语言文字不符合技术规范的，得0分。

D. 立法公开

本部分主要考察地方人大及其常委会在法规制定过程中是否能依法公开各种立法资料。本一级指标下设二级指标7个，即"立法专网的建立""立法计划公开""草案公开""文本公开""法规数据库的建立""立法工作总结公开"和"立法资料公开"；三级指标10个，即D01、D02、D03、D04、D05、D06、D07、D08、D09、D10；总分36分。

D01. 建立地方立法专网或专栏（2分）

1. 考核内容

地方人大及其常委会是否建立地方立法工作专网或专栏。

2. 考核依据

十九届四中全会《中共中央关于坚持和完善中国特色社会主义制度，推进国家治理体系和治理能力现代化若干重大问题的决定》有关"完善立法体制机制"的规定。

3. 考核标准

地方人大及其常委会建立了地方立法专网，或地方人大常委会门户网站建立地方立法专栏的，得 2 分；没有的，得 0 分。

D02. 年度立法计划依法向社会公布（1 分）

1. 考核内容

年度立法计划是否依法向社会公布。

2. 考核依据

《广东省地方立法条例》第十二条、《广东省人民代表大会常务委员会立法公开工作规定》第六条。

3. 考核标准

年度立法计划依法向社会公布的，得 1 分；没有公布年度立法计划的，得 0 分。

D03. 年度立法计划调整后及时向公众公开说明（2 分）

1. 考核内容

年度立法计划调整后是否及时向公众公开说明。

2. 考核依据

《广东省人民代表大会常务委员会立法公开工作规定》第六条、《广东省人民代表大会常务委员会立法公开工作规定》第七条。

3. 考核标准

立法计划没有调整，或者调整后并及时向社会公开说明理由的，得 2 分；其他情况，得 0 分。地方人大及其常委会在本年度审议立法计划项目外的其他法规草案，该法规草案不属于以往年度立法计划项目的，视为本年度立法计划已进行调整；该法规草案属于以往年度立法计划项目的，不在年度立法计划调整范围之列。没有制定、公布年度立法计划的，视为没有公布调整后的立法计划。

D04. 法规制定过程中，草案依法向社会公开征求意见（4 分）

1. 考核内容

法规草案是否向社会公开征求意见。

2. 考核依据

《广东省地方立法条例》第十六条、《广东省地方立法条例》第五十一条。《广东省人民代表大会常务委员会立法公开工作规定》第六条、第七条、第四章。《广东省人民政府立法听取意见工作规定》第三条。

3. 考核标准

已制定（包括修改）的地方性法规，均通过起草单位、政府法制机构或者人大常委会网站，或者官方媒体网站公开征求过公众意见的，得 4 分；50% 及以上通过网络公开征求过公众意见的，得 2 分；不足 50% 的，得 0 分。

D05. 草案公开附有立法说明（8 分）

1. 考核内容

法规草案向公众公开征求意见时是否附有立法说明。

2. 考核依据

《广东省人民政府立法听取意见工作规定》第六条。

3. 考核标准

草案向社会公开征求意见均附有立法说明，并且包括立法必要性、立法目的或起草过程、立法内容或个别条款说明三个部分的，得 8 分；附有立法说明，但缺少其中相应内容的，每 1 件少一项内容，扣 1 分，依此类推；有 1 件法规草案未附立法说明的，扣 6 分，依此类推，扣完即止。

D06. 法规文本依法公布（1 分）

1. 考核内容

法规文本是否依法向社会公众公布。

2. 考核依据

《立法法》第七十八条、第七十九条，《广东省地方立法条例》第一百零三条、第一百零四条。

3. 考核标准

通过的所有法规文本在《立法法》的法定形式（常委会公报、人大门户网站、报纸）公布的，得 1 分；有一部法规没有公布，或公布形式不齐全的，得 0 分。

D07. 地方人大、政府或政府法制机构门户网站建立具有检索功能的地方立法数据库或提供数据库外部链接（6 分）

1. 考核内容

地方人大、政府或政府法制机构门户网站是否建立具备检索功能的地方立法数据库或者提供数据库的外部链接。

2. 考核依据

《中共广东省委贯彻落实〈中共中央关于全面推进依法治国若干重大问题的决定〉的意见》"三、加快推进政务公开。坚持以公开为常态、不公开为例外原则，推进决策公开、执行公开、管理公开、服务公开、结果公开，实现政务信息查询便利化。各级政府及其工作部门依据权责清单，向社会全面公开政府职能、法律依据、实施主体、职责权限、管理流程、监督方式等事项。重点推进财政预决算、公共资源配置、重大建设项目批准和实施、社会公益事业建设、公共监管等领域的政府信息公开。完善政府新闻发布制度。

严格落实行政机关规范性文件统一公布要求，确保规范性文件合法有效。涉及公民、法人或者其他组织权利和义务的规范性文件，按照政府信息公开范围和程序予以公布。健全省市县政府公报发布制度。推行行政执法公示制度，明确行政执法公示范围，依法公开执法依据、执法程序、执法结果等信息。

加快政务公开信息化建设。完善政府网站管理体制，加强政府网站信息发布和内容建设。依法推进全省政务信息数据服务平台建设"。

3. 考核标准

在地方人大常委会、地方政府门户或者政府法制机构的门户网站上建立地方立法数据库或提供数据库链接，且按照法规颁布年份、法规效力以及法规类型为检索类型进行法规分类的，得6分；门户网站上建立地方立法数据库或提供数据库外部链接，但没有按照法规颁布年份、法规效力以及法规类型进行分类的，每少一种分类，扣1分；没有建立地方立法数据库或提供外部链接的，得0分。

D08. 地方立法数据库或相应外部链接数据库收录地方性法规齐全（2分）

1. 考核内容

地方立法数据库或相应外部链接数据库收录的地方性法规是否齐全。

2. 考核依据

同 D07.

3. 考核标准

建立的地方立法数据库或提供外部链接的数据库所收录的本行政区域内本年度的地方性法规齐全的，得2分；每少1件，扣1分，依此类推，扣完即止。

D09. 立法工作总结向社会公布（2分）

1. 考核内容

立法工作总结是否向社会公布。

2. 考核依据

《地方各级人民代表大会和地方各级人民政府组织法》的相关要求。

3. 考核标准

在地方人大常委会门户网站上公布了地方立法工作总结，或在公布的地方人大常委会工作报告中有章节专门对地方立法工作进行总结的，得 2 分；其他情形，得 0 分。

D10. 立法过程中的审议情况等立法资料主动向社会公开（8 分）

1. 考核内容

地方立法资料的公布。

2. 考核依据

《广东省人民代表大会常务委员会立法公开工作规定》第二章。

3. 考核标准

所有法规制定过程中的审议情况等立法资料均向社会公布的（涉及国家秘密、商业秘密、个人隐私的除外），得 8 分；有 1 件立法过程中的相关资料未予公布的，扣 4 分，以此类推，扣完为止；每件地方性法规有公布立法资料，但缺少相应内容的，每少一个内容，扣 1 分，以此类推。向社会公布的立法资料至少应当包括以下情形：（1）起草单位的起草说明；（2）政府法制机构或人大常委会法工委的审查报告；（3）地方性法规案的审议情况的报告；（4）其他应当依法公布的事项。

E. 立法机制完善

本部分主要考察地方人大及其常委会是否健全立法机制并贯彻执行。本一级指标下设二级指标 5 个，即"法规立法后评估""法规清理制度""立法专家顾问制度""立法基层联系点制度"和"立法协商机制"；三级指标 5 个，即 E01、E02、E03、E04、E04、E05；总分 6 分。

E01. 法规立法后评估制度的建立和实施（2 分）

1. 考核内容

是否建立并实施地方性法规立法后评估制度。

2. 考核依据

《立法法》第六十三条；《广东省人民代表大会常务委员会立法评估工作规定（试行）》；《广东省人民代表大会常务委员会立法技术与工作程序规范（试行）》第九章。

3. 考核标准

地方人大常委会建立起法规立法后评估制度并严格按照立法后评估制度的具体规定进行立法后评估的，得 2 分；建立了立法后评估制度但没有实施的，得 1 分；其他情况，得 0 分。在立法程序规则中有相应制度规定的，视为已建立；按照立法后评估制度规定，不需要进行立法后评估的，视为已经进行立法后评估。

E02. 法规清理制度的建立和实施（1 分）

1. 考核内容

是否建立法规清理制度。

2. 考核依据

《广东省地方性法规清理工作若干规定（试行）》、《广东省人民代表大会常务委员会关于全面清理地方性法规和进一步完善地方性法规案审议程序的决定》。

3. 考核标准

地方人大常委会建立起法规清理制度并严格按照法规清理制度的具体规定进行法规清理的，得 1 分；没有建立或没有实施的，得 0 分。在立法程序规则中有相应制度规定的，视为已建立；按照法规清理制度规定，不需要进行法规清理的，视为已经进行法规清理。

E03. 建立立法专家顾问制度（1 分）

1. 考核内容

地方人大及其常委会是否建立专门委员会、工作委员会立法专家顾问制度。

2. 考核依据

《中共中央关于全面推进依法治国若干重大问题的决定》"（二）健全有立法权的人大主导立法工作的体制机制，发挥人大及其常委会在立法工作中的主导作用。建立由全国人大相关专门委员会、全国人大常委会法制工作委员会组织有关部门参与起草综合性、全局性、基础性等重要法律草案制度。增加有法治实践经验的专职常委比例。依法建立健全专门委员会、工作委员会立法专家顾问制度"。《广东省人民代表大会常务委员会立法咨询专家工作规定》。

3. 考核标准

制定了立法专家顾问制度的，得 1 分；否则，得 0 分。

E04. 建立地方立法基层联系点制度（1分）

1. 考核内容

地方人大及其常委会是否建立地方立法基层联系点制度。

2. 考核依据

《中共中央关于全面推进依法治国若干重大问题的决定》"（三）深入推进科学立法、民主立法。加强人大对立法工作的组织协调，健全立法起草、论证、协调、审议机制，健全向下级人大征询立法意见机制，建立基层立法联系点制度，推进立法精细化"。《广东省人民代表大会常务委员会立法公开工作规定》第二十八条。《中共广东省委贯彻落实〈中共中央关于全面推进依法治国若干重大问题的决定〉的意见》"（六）健全立法起草、论证、听证、评估、协调、审议机制，推进立法精细化。探索和完善法规规章多元起草机制，对专业性较强的法规规章草案，委托第三方研究起草。健全向下级人大征询立法意见制度，法规草案都要征求下级人大常委会的意见。完善基层立法联系点制度，省人大常委会在地级以上市各选取1个以上县（市、区）建立基层立法联系点，有立法权的市和民族自治县要根据实际建立基层立法联系点"。

3. 考核标准

制定了基层立法联系点制度的，得1分；否则，得0分。

E05. 建立立法协商制度（1分）

1. 考核内容

地方人大及其常委会是否开展立法协商，建立立法协商机制。

2. 考核依据

《中共中央关于全面深化改革若干重大问题的决定》"八、加强社会主义民主政治制度建设，深入开展立法协商、行政协商、民主协商、参政协商、社会协商。加强中国特色新型智库建设，建立健全决策咨询制度"；"（三）健全立法机关和社会公众沟通机制，开展立法协商，充分发挥政协委员、民主党派、工商联、无党派人士、人民团体、社会组织在立法协商中的作用，探索建立有关国家机关、社会团体、专家学者等对立法中涉及的重大利益调整论证咨询机制。拓宽公民有序参与立法途径，健全法律法规规章草案公开征求意见和公众意见采纳情况反馈机制，广泛凝聚社会共识。"《中共广东省委贯彻落实〈中共中央关于全面深化改革若干重大问题的决定〉的意见》"3. 推进协商民主广泛多层制度化发展。在党的领导下，以经济社会发展重大问题和涉及群众切身利益的实际问题为内容，在全社会开展广泛协商，坚持协商于决策之前和决策实施之中。探索构建程序合理、环节完整的协商民主体系，拓宽政权机关、政协组织、党派团体、基层组织、社会组织的协商渠道。深入开展立法协商、行政协商、民主协商、参政协商、社会协商并形成机制。建设广东特色的新型智库，建立健全决策咨询机制。完善各民主党派、工商联组织和无党派组织向党委提出建议制度。发挥统一战线在协商民主中的重要作用，发挥人民政协作为协商民主的重要渠道作用。拓展协商民主形式，更加活跃有序地组织专题协商、对口协商、界别协商、提案办理协商，明确协商内容，增加协商密度，提高协商成效。完善协商成果反馈机制。坚持党政主要领导督办政协重点提案制度。健全政协委员直接向党政主要领导反映重要意见建议的"直通车"制度。完善政协委员推荐制度，优化委员结构。完善政协委员联络群众制度，注重加强各级政协与港澳政协委员的联络、联谊和协商"；"（六）完善立法机关和社会公众沟通机制，拓宽公民有序参与立法途径。完善立法公开制度，法规规章草案要公开征求公众意见，并反馈采纳情况。开展立法协商，充分发挥政协委员、民主党派、工商联、无党派人士、人民团体、社会组织在立法协商中的作用。探索建立有关国家机关、社会团体、专家学者等对立法中涉及重大利益调整的论证咨询机制，广泛凝聚社会共识"。

3. 考核标准

在地方立法工作中，制定了立法协商制度的，得1分；否则，得0分。

附录二

广东地方政府立法法治评估指标体系（2020）

一级指标	二级指标	三级指标	分值	观察方法
A. 立法程序（27分）	规章制定工作计划（12分）	A01. 向社会公开征集立法项目建议并反馈	2	检索
		A02. 对规章立项申请与公开征集的项目建议进行论证评估	2	检索
		A03. 制定规章制定年度工作计划	2	检索
		A04. 规章制定年度工作计划载明规章的名称、起草单位、完成时间	3	检索
		A05. 规章制定年度工作计划执行情况	3	综合
	规章起草（11分）	A06. 规章起草过程中听取社会公众的意见	2	检索
		A07. 与市场主体生产经营活动密切相关的规章起草过程中听取市场主体的意见	1	检索
		A08. 规章草案向社会公开征求意见并反馈	5	检索
		A09. 规章草案向社会公开征求意见的期限不少于30日	3	检索
	规章审查（2分）	A10. 法制机构采取实地调研、座谈会、论证会、听证会、委托研究等形式听取各方对规章送审稿的意见	2	检索
	规章公布实施（1分）	A11. 规章自公布之日起30日后施行	1	检索
	规章审查与解释（1分）	A12. 对规章审查请求和解释请求依法处理	1	综合

续表

一级指标	二级指标	三级指标	分值	观察方法
B. 立法结果（4分）	规章制定数量（4分）	B01. 根据社会需要制定一定数量的规章	4	检索
C. 立法内容（32分）	规章的合法性（24分）	C01. 规章内容符合法治精神、法治原则，有上位法依据	24	比对
	规章的协调性（3分）	C02. 规章内部条款之间、规章与本级政府制定的其他规章之间的协调	3	比对
	规章的可操作性（2分）	C03. 规章内容具有可操作性	2	比对
	规章的技术合理性（3分）	C04. 规章名称科学	1	比对
		C05. 规章结构合理	1	比对
		C06. 规章语言文字符合技术规范	1	比对
D. 立法公开（29分）	规章制定工作计划公开（7分）	D01. 设有专门的立法网站或在政府门户网站设有立法专栏	3	检索
		D02. 规章制定年度工作计划向社会公开	2	检索
		D03. 规章制定年度工作计划项目变化时及时向社会公开说明	2	检索
	规章草案公开（8分）	D04. 公开规章草案并附立法说明	8	检索
	规章文本公开（2分）	D05. 规章文本依法向社会公布	2	检索
	规章数据库的建立（10分）	D06. 在地方人大、政府或政府法制机构门户网站建立具有检索功能的地方立法数据库或提供数据库外部网络链接	6	检索
		D07. 地方立法数据库或相应外部网络链接收录的地方立法文本齐全	4	检索
	规章制定工作总结公开（2分）	D08. 地方立法工作总结向社会公布	2	检索

续表

一级指标	二级指标	三级指标	分值	观察方法
E. 立法机制完善（8分）	立法民主协商制度（1分）	E01. 建立立法民主协商制度	1	检索
	立法基层联系点制度（1分）	E02. 建立立法基层联系点制度	1	检索
	立法专家顾问制度（2分）	E03. 建立立法专家顾问制度并实施	2	检索
	规章评估制度（2分）	E04. 建立规章制定后评估制度	1	检索
		E05. 实施规章制定后评估，并将评估情况向社会公开	1	检索
	规章清理制度（2分）	E06. 建立规章清理制度	1	检索
		E07. 实施规章清理，并将规章清理情况向社会公开	1	检索

A. 立法程序

本部分主要考察地方政府立法是否遵循《立法法》《规章制定程序条例》等法律法规的要求。本一级指标下设二级指标5个，即"规章制定工作计划""规章起草""规章审查""规章公布实施""规章审查与解释"；三级指标12个，即A01、A02、A03、A04、A05、A06、A07、A08、A09、A10、A11、A12；总分值，27分。

A01. 向社会公开征集立法项目建议并反馈（2分）

1. 考核内容

政府是否有向社会公开征集立法项目建议并反馈。

2. 考核依据

《法治政府建设实施纲要（2015—2020）》，《广东省法治政府实施纲要（2016—2020）》，《中共广东省委贯彻落实〈中共中央关于全面推进依法治国若干重大问题的决定〉的意见》，《广东省人民政府规章立项办法》第八条、《广东省人民政府规章立项办法》第八条。

3. 考核标准

政府有向社会公开征集立法项目建议并反馈的，得 2 分；有征集但未反馈的，得 1 分；未征集的，得 0 分。

A02. 对规章立项申请与公开征集的项目建议进行论证评估（2 分）

1. 考核内容

法制机构是否对规章立项申请与公开征集的项目建议进行论证评估。

2. 考核依据

《规章制定程序条例》第十二条。

3. 考核标准

法制机构有对规章立项申请与公开征集的项目建议进行评估论证的，得 2 分；有 1 个规章立项申请或公开征集的项目建议未进行评估论证的，扣 1 分，以此类推，扣完为止。

A03. 制定规章制定年度工作计划（2 分）

1. 考核内容

政府是否制定规章制定年度工作计划。

2. 考核依据

《规章制定程序条例》第十二条、第十三条；《广东省人民政府规章立项办法》第十三条。

3. 考核标准

政府制定了规章制定年度工作计划的，得 2 分；未制定的，得 0 分。

A04. 规章制定年度工作计划载明规章的名称、起草单位、完成时间（3 分）

1. 考核内容

政府制定的年度工作计划是否载明规章的名称、起草单位、完成时间等。

2. 考核依据

《规章制定程序条例》第十二条、第十三条；《广东省人民政府规章立项办法》第十三条。

3. 考核标准

政府制定年度工作计划载明了规章的名称、起草单位、完成时间等的，得 3 分；有一项没有载明的，扣 1 分，以此类推，扣完即止。未制定的，得 0 分。

A05. 规章制定年度工作计划执行情况（3分）

1. 考核内容

是否依法制定规章制定年度工作计划并遵照执行。

2. 考核依据

《规章制定程序条例》第十二条、第十三条；《广东省人民政府规章立项办法》第十三条。

3. 考核标准

规章制定年度工作计划全面得到执行的，得3分；有1件没有按照工作计划完成的，扣1分，以此类推，扣完即止。工作计划依法调整并及时向公众公开说明的，以调整后的工作计划计算。

A06. 规章起草过程中听取社会公众的意见（2分）

1. 考核内容

规章起草过程中是否采取多种形式听取社会公众的意见。

2. 考核依据

《规章制定程序条例》第十五条；《广东省人民政府法规规章起草工作规定》第六条；《广东省人民政府立法听取意见工作规定》第三条。

3. 考核标准

规章起草过程中听取了社会公众的意见，举行1次听证会，或制定的规章举行过论证会、座谈会等在50%以上的（含50%），得2分；没有举行过听证会，或者举行座谈会、论证会的比例在50%以下的，得1分；没有举行过听证会，也没有举行过座谈会、论证会的，得0分。

A07. 与市场主体生产经营活动密切相关的规章起草过程中听取市场主体的意见（1分）

1. 考核内容

与市场主体生产经营活动密切相关的规章起草过程中是否听取市场主体的意见。

2. 考核依据

《国务院办公厅关于在制定行政法规规章行政规范性文件过程中充分听取企业和行业协会商会意见的通知》；《优化营商环境条例》第六十二条；《规章制定程序条例》第十五条；《广东省人民政府法规规章起草工作规定》第六条；《广东省人民政府立法听取意见工作规定》第三条。

3. 考核标准

与市场主体生产经营活动密切相关的规章起草过程中听取了有关市场主体的意见的，得 1 分；没有听取的，得 0 分。

A08. 规章草案向社会公开征求意见并反馈（5 分）

1. 考核内容

规章草案是否向社会公开征求意见并反馈。

2. 考核依据

《法治政府建设实施纲要（2015—2020）》；《规章制定程序条例》第二十一、二十二、二十三条。

3. 考核标准

已制定（包括修改）的地方政府规章，均通过起草单位门户网站、政府法制机构门户网站或者官方媒体网站公开征求过公众意见并反馈的，得 5 分；有 1 个规章草案没有向社会公开征求意见，或没有对公众意见进行反馈的，扣 1 分，以此类推，扣完为止。

A09. 规章草案向社会公开征求意见的期限不少于 30 日（3 分）

1. 考核内容

政府规章草案向社会公布征求意见的期限是否不少于 30 日。

2. 考核依据

《规章制定程序条例》第十五条、第二十一条。

3. 考核标准

已制定（包括修改）的地方政府规章，公开征求过公众意见的期限均不少于 30 日的，得 3 分；每有 1 件少于 30 日的，扣 1 分，以此类推，扣完为止。

A10. 法制机构采取实地调研、座谈会、论证会、听证会、委托研究等形式听取各方对规章送审稿的意见（2 分）

1. 考核内容

法制机构是否采取实地调研、座谈会、论证会、听证会、委托研究等形式听取各方面对规章送审稿的意见。

2. 考核依据

《规章制定程序条例》第二十二条、第二十三条。

3. 考核标准

法制机构在审查过程中，有采取实地调研、座谈会、论证会、听证会、委托研究等任何一种形式听取各方面对规章送审稿的意见，并在其门户网站有相关报道的，得 2 分；没有的，得 0 分。

A11. 规章自公布之日起 30 日后施行（1 分）

1. 考核内容

规章是否自公布之日起 30 日后施行。

2. 考核依据

《规章制定程序条例》第三十二条。

3. 考核标准

政府制定规章自公布之日起 30 日后施行的，得 1 分；公布之日起 30 日内施行的，得 0 分。但公布后不立即施行将有碍规章施行或者不利于保障公共利益的，将其视为 30 日后施行。

A12. 对规章审查请求和解释请求依法处理（1 分）

1. 考核内容

政府是否对规章审查请求和解释请求依法处理。

2. 考核依据

《中共广东省委贯彻落实〈中共中央关于全面推进依法治国若干重大问题的决定〉的意见》；《法规规章备案条例》第九条；《规章制定程序条例》第十九条、第三十三条；《广东省人民政府立法听取意见工作规定》第十六条。

3. 考核标准

政府对规章审查请求和解释请求依法处理的，得 1 分；其他情形，得 0 分。政府未收到规章审查请求以及没有国家机关、社会组织提出规章解释请求的，视为依法处理。

B. 立法结果

本部分主要考察广东省已获地方立法权的地方政府是否积极行使立法权，制定规章以满足地方发展的管理需要。下设二级指标 1 个，即"规章制定数量"；三级指标 1 个，即 B01；总分值，4 分。

B01. 根据社会需要制定一定数量的规章（4 分）

1. 考核内容

有立法权的地方政府是否根据社会需要行使地方立法权，制定一定数量的规章。

2. 考核依据

《中共广东省委贯彻落实〈中共中央关于全面推进依法治国若干重大问题的决定〉的意见》；《立法法》第八十二条。

3. 考核标准

通过1件以上地方政府规章的（含1件），得4分；没有通过的，得0分。

C. 立法内容

本部分考察政府规章内容的具体情况。下设二级指标4个，即"规章的合法性""规章的协调性""规章的可操作性""规章的技术合理性"；三级指标6个，即C01、C02、C03、C04、C05、C06；总分值，32分。在进行本部分的考察时，随机选取该年度地方政府制定的一部规章作为考察对象。本年度地方政府没有制定地方政府规章的，按总分的60%，四舍五入为19分计算。

C01. 规章内容符合法治精神、法治原则，有上位法依据（24分）

1. 考核内容

规章内容是否符合中央和省委政策精神，有上位法依据。

2. 考核依据

十八大以来中央相关文件精神；《立法法》第八十二条、第八十七条、第八十八条、第八十九条；《规章制定程序条例》第三条；《广东省规章设定罚款限额规定》以及其他相关法律法规。

3. 考核标准

规章内容有1条与中央和省委政策相抵触，或没有上位法依据的，扣6分；有2条的，扣12分；依此类推，扣完即止。

C02. 规章内部条款之间、规章与本级政府制定的其他规章之间的协调（3分）

1. 考核内容

规章内部条款之间、规章与本级政府制定的其他规章之间是否协调。

2. 考核依据

《中共广东省委贯彻落实〈中共中央关于全面推进依法治国若干重大问题的决定〉的意见》；《立法法》第四条。

3. 考核标准

政府通过的规章内部不存在矛盾与冲突等不协调的,且规章内容与本级政府其他规章不存在不协调的,得3分;有1处规章内部或规章内容与本级政府其他规章存在不协调的,扣1分,依此类推,扣完即止。

C03. 规章内容具有可操作性（2分）

1. 考核内容

规章内容是否具有可操作性。

2. 考核依据

《立法法》第六条;《规章制定程序条例》第八条;《广东省人民政府法规规章起草工作规定》第五条。

3. 考核标准

规章强制性条款均具有可操作性的,得2分;存在1处以上不具有可操作性的（含1处）,得0分。

C04. 规章名称科学（1分）

1. 考核内容

政府制定规章名称是否科学。

2. 考核依据

《规章制定程序条例》第七条、第八条。

3. 考核标准

规章名称符合立法技术规范要求的,得1分;有不符合立法技术规范要求的,得0分。

C05. 规章结构合理（1分）

1. 考核内容

政府制定的规章体系结构和逻辑结构是否合理。

2. 考核依据

《规章制定程序条例》第八条;《广东省人民政府法规规章起草工作规定》第五条。

3. 考核标准

规章体系结构符合立法技术规范要求的,且规章的条款、构成要件（完备）和法律效果齐备的,得1分;规章体系结构有不符合立法技术要求的,或有条款缺乏构成要件或必要的法律效果的,得0分。

C06. 规章语言文字符合技术规范（1分）

1. 考核内容

规章语言文字是否符合技术规范。

2. 考核依据

《规章制定程序条例》第七条、第八条；《广东省人民政府法规规章起草工作规定》第五条。

3. 考核标准

规章的语言文字均符合规范要求的，得1分；有不符合规范要求的，得0分。

D. 立法公开

本部分主要考察政府规章制定过程中立法信息公开的情况。下设二级指标5个，即"规章制定工作计划公开"、"规章草案公开"、"规章文本公开"、"规章数据库的建立"、"规章制定工作总结公开"；三级指标8个，即D01、D02、D03、D04、D05、D06、D07、D08；总分值29分。

D01. 设有专门的立法网站或在政府门户网站设有立法专栏（3分）

1. 考核内容

政府是否设有专门的立法网站或在其门户网站设有立法专栏。

2. 考核依据

《政府网站发展指引》、《政府网站集约化试点工作方案》、《中共广东省委贯彻落实〈中共中央关于全面推进依法治国若干重大问题的决定〉的意见》、《广东省法治政府建设实施纲要（2016—2020年）》

3. 考核标准

地方政府设有专门的立法网站或立法专栏，得3分；未设专门的立法网站或立法专栏的，得0分。

D02. 规章制定年度工作计划向社会公开（2分）

1. 考核内容

规章制定年度工作计划是否向社会公开。

2. 考核依据

《广东省人民政府规章立项办法》第十一条、第十二条。

3. 考核标准

政府在其门户网站或法制机构门户网站向社会公开征求年度规章制定计划项目，并将规章制定年度工作计划向社会公开的，得 2 分；仅公布规章制定计划但没有征集意见的，得 1 分；其他，得 0 分。

D03. 规章制定年度工作计划项目变化时及时向社会公开说明（2 分）

1. 考核内容

规章制定年度工作计划项目变化时是否及时向社会公开说明。

2. 考核依据

《广东省人民政府规章立项办法》第十一条、第十二条。

3. 考核标准

规章制定年度工作计划没有调整，或者调整并及时向公众公开说明的，得 2 分；其他，得 0 分。立法实践中出现当年工作计划项目外的其他规章项目，该规章项目属于以往年份立法项目的，不视为工作计划变化。

D04. 公开规章草案并附立法说明（8 分）

1. 考核内容

规章草案是否公开并附立法说明。

2. 考核依据

《广东省人民政府立法听取意见工作规定》第三条；《广东省人民政府法规规章审查工作规定》第四条。

3. 考核标准

规章制定过程中所有草案向社会公开征求意见且均附有立法说明，说明完整包含立法必要性、制定过程、主要内容和对个别条款的说明等内容的，得 8 分；附有立法说明，但缺少前述内容的，每 1 件少一项内容，扣 1 分，依此类推；有 1 件规章草案未附立法说明的，扣 4 分，依此类推，扣完即止。

D05. 规章文本依法向社会公布（2 分）

1. 考核内容

规章文本是否依法向社会公布。

2. 考核依据

《立法法》第五条、第八十六条；《规章制定程序条例》第三十一条、三十二条。

3. 考核标准

所有规章文本按照《立法法》《规章制定程序条例》及相关政府立法程序规则规定的法定形式（政府门户网站和政府公报）公布的，得2分；公布形式不齐全的，得0分。

D06. 在地方人大、政府或政府法制机构门户网站建立具有检索功能的地方立法数据库或提供数据库外部链接（6分）

1. 考核内容

在地方人大、政府或政府法制机构门户网站是否建立具有检索功能的地方立法数据库或提供数据库外部链接。

2. 考核依据

《中共广东省委贯彻落实〈中共中央关于全面推进依法治国若干重大问题的决定〉的意见》；《政府信息公开条例》第七条、第八条、第二十条。

3. 考核标准

在地方人大常委会、地方政府或法制机构门户网站上建立地方立法数据库或提供数据库外部链接的，且数据库可以按照规章颁布年份、效力以及类型进行检索的，得6分；建立了地方立法数据库，但数据库不能按照规章颁布年份、规章效力以及规章类型进行检索的，每少1项检索类型扣2分；没有建立地方立法数据库或提供链接的，得0分。提供链接的，以链接的数据库为考核对象。

D07. 地方立法数据库或相应外部链接收录的地方立法文本齐全（4分）

1. 考核内容

地方立法数据库或相应外部链接收录的地方立法文本是否齐全。

2. 考核依据

《中共广东省委贯彻落实〈中共中央关于全面推进依法治国若干重大问题的决定〉的意见》。

3. 考核标准

建立的地方立法数据库所收录的规章齐全的，得4分；每少1件，扣2分，以此类推，扣完即止。提供链接的，以链接的数据库为考核对象。

D08. 地方立法工作总结向社会公布（2分）

1. 考核内容

地方立法工作总结是否向社会公布。

2. 考核依据

《立法法》第五条；《政府信息公开条例》第七条。

3. 考核标准

在地方政府及其法制机构门户网站上公布了地方立法工作总结的，或在其网上公布的地方政府工作报告或政府依法行政工作报告中有专节总结地方立法工作的，得2分；其他，得0分。

E. 立法机制完善

本部分主要考察关于机制完善的具体情况。下设二级指标5个，即"立法民主协商制度""立法基层联系点制度""立法专家顾问制度""规章评估制度""规章清理制度"；三级指标7个，即E01、E02、E03、E04、E05、E06、E07；总分值，8分。

E01. 建立立法民主协商制度（1分）

1. 考核内容

立法民主协商制度是否建立。

2. 考核依据

《中共中央关于全面推进依法治国若干重大问题的决定》《中共广东省委贯彻落实〈中共中央关于全面推进依法治国若干重大问题的决定〉的意见》《法治政府建设实施纲要（2015—2020年）》。

3. 考核标准

建立立法民主协商制度的，得1分；没有建立的，得0分。在立法程序规则中有相应制度规定的，视为已建立。

E02. 建立立法基层联系点制度（1分）

1. 考核内容

立法基层联系点制度是否建立。

2. 考核依据

《中共中央关于全面推进依法治国若干重大问题的决定》《中共广东省委贯彻落实〈中共中央关于全面推进依法治国若干重大问题的决定〉的意见》《法治政府建设实施纲要（2015—2020年）》。

3. 考核标准

建立立法基层联系点制度的，得 1 分；没有建立的，得 0 分。在立法程序规则中有相应制度规定的，视为已建立。

E03. 建立立法专家顾问制度并实施（2 分）

1. 考核内容

立法专家顾问制度是否建立并实施。

2. 考核依据

《中共中央关于全面推进依法治国若干重大问题的决定》；《中共广东省委贯彻落实〈中共中央关于全面推进依法治国若干重大问题的决定〉的意见》；《法治政府建设实施纲要（2015—2020 年）》；《广东省人民政府立法听取意见工作规定》第十五条。

3. 考核标准

建立了立法专家顾问制度并实施的，得 2 分；建立了立法专家顾问制度但没有实施的，得 1 分；没有建立的，得 0 分。在立法程序规则中有相应制度规定的，视为已建立。

E04. 建立规章制定后评估制度（1 分）

1. 考核内容

规章制定后评估制度是否建立。

2. 考核依据

《规章制定程序条例》第三十八条；《广东省人民政府规章立法后评估规定》。

3. 考核标准

建立规章立法后评估制度，得 1 分；没有建立规章立法后评估制度的，得 0 分。在立法程序规则中有相应制度规定的，视为已建立。

E05. 实施规章制定后评估，并将评估情况向社会公开（1 分）

1. 考核内容

政府是否实施规章制定后评估，并将评估情况向社会公开。

2. 考核依据

《广东省政府规章立法后评估规定》第二十八条。

3. 考核标准

政府实施规章制定后评估，并将评估情况向社会公开，得 1 分；其他情况，得 0 分。按照规章立法后评估制度本年度不需要进行规章立法后评估的，视为已评估。

E06. 建立规章清理制度（1分）

1. 考核内容

规章制定后清理制度是否建立。

2. 考核依据

《广东省政府规章清理工作规定》第二条。

3. 考核标准

建立规章清理制度的，得1分；没有建立的，得0分。在立法程序规则中有相应制度规定的，视为已建立。

E07. 实施规章清理，并将规章清理情况向社会公开（1分）

1. 考核内容

政府是否实施规章清理，并将规章清理情况向社会公开。

2. 考核依据

《广东省法治政府实施纲要（2016—2020）》；《规章制定程序条例》第三十九条；《广东省政府规章清理工作规定》第二十八条、第二十九条。

3. 考核标准

实施了规章清理，并将规章清理情况向社会公开的，得1分；其他情况，得0分。按照规章清理评估制度本年度不需要进行规章清理的，视为已清理。